统计软件应用与方法系列丛书

R语言与应用统计分析实验指导

覃义 南江霞 编

中国统计出版社
China Statistics Press

图书在版编目（CIP）数据

R 语言与应用统计分析实验指导 / 覃义，南江霞编.
-- 北京 ：中国统计出版社，2017.10（2022.1 重印）
ISBN 978-7-5037-8368-5

Ⅰ. ①R… Ⅱ. ①覃… ②南… Ⅲ. ①统计分析—统计程序 Ⅳ. ①C819

中国版本图书馆 CIP 数据核字(2017)第 241054 号

R 语言与应用统计分析实验指导

编　　者/覃　义　南江霞
责任编辑/徐　颖
封面设计/黄俊杰　黄　晨
出版发行/中国统计出版社有限公司
通信地址/北京市丰台区西三环南路甲 6 号　邮政编码/100073
发行电话/邮购(010)63376909　书店(010)68783171
网　　址/http://www.zgtjcbs.com/
印　　刷/北京捷迅佳彩印刷有限公司
经　　销/新华书店
开　　本/ 880mm×1230mm　1/16
字　　数/ 415 千字
印　　张/ 13.5
版　　别/ 2017 年 10 月第 1 版
版　　次/ 2022 年 1 月第 2 次印刷
定　　价/ 48.00 元

前　言

在接触R语言之前，我一直用MATLAB，尽管只是初窥门径，但我仍认为，没有MATLAB解决不了的问题（对于不同计算机语言的使用者，会把前面那一句话中的MATLAB换成他们的语言，他们是对的）。一直到2010年，张茂军博士给我推荐了R语言，并把安装包发给了我，如果没有记错的话，当时的版本是 2.12.1（其实安装包是可以从官方网站免费获取的）。第一感觉就是：界面和MATLAB很象，但体量要小很多（这个版本只有37M左右，与之相比MATLAB就是一个庞然大物）。但功能一点也不比MATLAB差，关键还是免费的！于是就不可救药的喜欢上了R，开始找一个与R有关的书籍来看，最早是看李洪成翻译的《R语言经典实例》和薛毅编的《R语言实用教程》，到后来，就是方匡南编的《R数据分析：方法与案例详解》，并在自己所教授的统计专业课上，建议我的学生学习并使用R语言。

2016年3月的“人机大战”，AlphaGo在韩国首尔以4:1的总比分战胜了人类的顶尖高手李世石九段；随后，在2017年5月，又在中国浙江乌镇AlphaGo以3:0的绝对优势战胜世界排名第一的柯洁九段。一时之间，大数据和人工智能成为大街小巷热议的话题，成为公众关注的焦点。而与之相对应的开发工具的使用也呈现出上升的趋势，其中又以R语言和Python最为显著。据已公布的数据，2016年PYPL（编程语言流行指数，依据 Google 上关于语言教程的搜索频率进行统计）R语言排在第9位，在MATLAB之前。而在 Indeed（美国最高流量的工作网站之一）上，R语言的使用量排名是第5位，甚至在Python之前，并有继续上升的趋势。

在这个背景之下，我产生了要把我多年来给学生上R语言实验课的讲义整理出版的想法。

关于R的书籍，市面上非常之多，从入门操作到应用实例开发，不一而足。而本书则定位为一本实验教材（当然，R语言的爱好者和自主学习者也可以使用），总共为 32 个课时，由浅入深以及统计学内容设计了15个常规实验和一个综合实验，每个实验都有一个特定的目的，完成相应的任务即可掌握相应的R的操作。当然，在实际的教学中，也可以根据需要删减掉部分实验，本书假定读者有一定的数据分析与数据挖掘的基础，所以相关的知识，本书做简略的介绍或是不介绍，请读者查阅相关的书籍以获得相关的知识。

本书的主要内容包括：实验1，熟悉R语言的操作环境和基本的使用方法，R语言的数据结构，如，向量、矩阵、数组、列表、数据框的建立和操作，以及数据的读写操作等。实验 2，介绍 R 语言中编写函数的方法，顺序、分支和循环等流程控制的方法。实验 3，介绍 R 语言对数据进行预处理的操作，包括如何发现数据中的缺失值，并如何对缺失值进行插补。实验 4，介绍 R 语言的绘图，包括高、低水平绘图函数及绘图参数的设置。实验 5，主要介绍如何用 R 语言对数据进行统计性的描述，并介绍如何用 R 实现蒙特卡洛算法计算定积分。实验 6 和实验 7 分别介绍了用 R 语言作假设检验和非参数检验，还包括正态性检验和分布检验。实验 8 和实验 9，主要介绍用 R 内置函数处理回归问题，包括多元线性回归和一元线性、非线性回归。实验 10，主要介绍方差分析，包括单因素和双因素的方差分析。实验 11，主要介绍用 R 语言进行相关性分析。实验 12，主要介绍用 R 语言进行判别分析，包括一次判别和二次判别。实验 13，主要介绍用 R 语言进行聚类分析。实验 14，主要介绍用 R 语言进行主成分分析。实验 15，主要介绍用 R 语言进行关联规则分析。实验 16 是综合实验，主要介绍如何用 R 语言综合解决一个实际问题。

R 语言一个开源工具，是由所有的 R 语言开发者共同维护，R 语言的扩展程序包会在其官方网站（https://www.r-project.org）或者 Github 上找到，本书中某些实例需要下载安装相应的程序包才能够运行。另外，本书的实例都是在 3.3.3 版本下调试运行通过的。

本书的出版得到国家自然科学地区基金项目“违约传染视角下的公司债券定价研究”（项目编号 71461005）、直觉模糊合作博弈的理论及在区域旅游合作中的应用研究：以注北部湾区域为例（项目编号：71561008）、广西高校数据分析与计算重点实验室、桂林电子科技大学统计学专业硕士学位建设经费的资助。此外，本书的完成得到很多人的帮助，在此对他们表示诚挚的感谢！我要感谢张茂军博士从他的项目里给予本书出版的经费支持。张博士具有渊博的学识和广阔的视野，不但把我引入到 R 语言的奇妙世界里，而且在学术上也给予我诸多有益的建议和帮助。我要感谢数学与计算科学学院院长朱志斌教授和书记段复建教授，在他们领导下的数学学院有一个宽松的工作环境和积极向上的氛围，为青年教师的成长和提高提供了许多便利的条件，我是其中的受益者之一。另外，2013 级统计专业学生赵爱萍同学和吴名茜同学、2014 级统计专业学生叶成同学，对本书部分内容的编辑、排版、校对和习题的搜集，做了大量的工作，在此，对他们的辛勤工作表示感谢。中国统计出版社的编辑给予本书很多中肯的修改建议，在此一并谢过。最后，我要特别感谢我的夫人周玲玲女士，感谢她对我工作上的支持和理解，任劳任怨的照顾我的生活，使得本书得以顺利完成；我还要感谢我的儿子覃楚涵，他的欢笑声是我工作中的最好调味品。

限于编者的水平，书中必存在着不足甚至是错误之处，欢迎读者批评指正。

作者的电子邮箱：slqinyi@163.com（覃义）

目 录

第一章 R语言入门

R 语言是主要用于统计分析、绘图的语言和操作环境。R 最初是由来自新西兰奥克兰大学的 RossIhaka 和 Robert Gentleman 开发，因此称为 R。现在有“R 开发核心团队”负责开发和维护。R 是基于 S 语言的一个 GNU 项目，所以也可以当作 S 语言的一种实现，通常用 S 语言编写的代码都可以不作修改地在 R 环境下运行。

实验1 R语言入门操作

1.1 实验目的

1. 掌握R语言的基本操作；
2. 掌握R语言的基本运算；
3. 掌握R语言存取数据的方法。

1.2 实验过程

1.2.1 赋值操作

1.2.1.1 数值赋值

```
> a <- 100
> a
[1] 100
```

或者

```
> b = 100
> b
[1] 100
```

还可以

```
> 100 -> c
> c
[1] 100
```

以上语句的作用是将100赋值给a变量，其中“<-”、“->”、“=”都是R中的赋值的符号。除此之外，在R中，还可以作用函数assign()来给变量赋值，例如：

```
> (assign("x",100))
[1] 100
```

其中，最外层的括号的作用是为了显示变量x的值；命令中的双引号必须在英文状态下输入；在R中，是区分大小写的。

我们可以用函数ls()来查看当前工作空间中的变量：

```
> ls()
[1] "a" "b" "c" "x",
```

1.2.1.2 向量赋值

在R语言中，生成向量的方法很多，最简单的方法就是使用连接函数c() 来生成。例如：把数据12.1　11.9　12.0　12.3　11.8 赋值给变量x，可以输入命令：

```
> x <- c(12.1,11.9,12.0,12.3,11.8)
> x
[1] 12.1 11.9 12.0 12.3 11.8
```

函数c() 不但可以连接数值，还可以连接已有的向量，例如，当输入命令：

```
> y <- c(x,1,x)
```

```
> y
[1] 12.1  11.9  12.0  12.3  11.8  1.0  12.1  11.9  12.0  12.3  11.8
```

如果要生成有一定规律的向量，则要用到 R 中的相应函数。

(1) 步长为 1 的等差数列构成的向量

用符号 ":" 可以产生步为 1 的等差数列，其使用格式为：a:b，表示起始值为 a，步长为 1，终止值为 b 的等差数列，若 b 不在首项为 a 步长 1 的数列里，则产生的数列的末项为小于 b 的最大值，比较以下命令：

```
> (a <- 1 : 10)
 [1]  1  2  3  4  5  6  7  8  9  10
> (b <- 1.1:10)
[1] 1.1  2.1  3.1  4.1  5.1  6.1  7.1  8.1  9.1
> (c <- 10:1)
 [1] 10  9  8  7  6  5  4  3  2  1
```

在这里，符号 ":" 的作用与 matlab 中的作用相同，但要注意的是，该符号并不能指定数列的步长，如果要产生指定步长的等差数列，则要用函数 seq()。

(2)任意步长的等差数列构成的向量

如果要生成任意步长的等差数列，可以用函数 seq()，其基本语法如下：

```
seq(from = 1, to = 1, by = ((to - from)/(length - 1)), length.out = NULL, along.with = NULL, ... )
```

参数说明：

from：　　数值，表示数列的起始值，默认值为 1

to　：　　数值，表示数列的终止值，默认值为 1

by　：　　数值，指定数列的步长

length.out：数值，表示数列的长度

along.with：向量，表示产生的数列与该向量具有相同的长度

注 1.参数 by，length.out，along.with 这三个参数只能选一项。

注 2.当参数 to 指定的终止值不在以 from 为起始值，以 by 指定的步长的数列中的值时，所产生的数列终止值为不超过 to 的最大值。在 R 中输入以下命令，观察其结果。

```
> seq(1,10) #默认的步长是 1
 [1]  1  2  3  4  5  6  7  8  9  10
> seq(10) #默认起始值为 1，步长为 1
 [1]  1  2  3  4  5  6  7  8  9  10
> seq(2,10,by = 2)
[1]  2  4  6  8  10
> seq(1,10,by = 2)
[1]  1  3  5  7  9
> seq(1,10,length.out = 5) #  向量的维数指定为 5
[1]  1.00  3.25  5.50  7.75  10.00
> seq(1,10,along.with = c(1,3,5)) #  向量的维数与向量(1,3,5)的维数相同
[1]  1.0  5.5  10.0
```

(3) 使用重复函数

重复函数 rep()的作用是将变量或是向量复制若干次，函数的调用格式：

```
rep(x, ...)
```

x: 数量、向量或是数据对象，是要复制的对象

... 是可选的一些参数，包括

times: 表示 x 被复制的次数

length.out: 表示复制后输出的向量长度

each: 表示 x 中每个分量被复制的次数

正整数构成的向量：长度与 x 一致，其分量表示 x 的对应分量被复制的次数

在 R 中输入以下命令，观察其效果。

```
> x = 1 : 4
> rep(x , times = 2)
[1] 1  2  3  4  1  2  3  4
> rep(x , length.out = 10)
 [1] 1  2  3  4  1  2  3  4  1  2
> rep(x , each = 2)
[1] 1  1  2  2  3  3  4  4
> rep(x , c(1 : 4))
 [1] 1  2  2  3  3  3  4  4  4  4
```

对于已构建好的向量 x ，如果想要查看向量 x 中的元素，可以输入 x[i]，其中的索引 i 可以是数字，也可以是向量，输入以下命令，观察其效果。

```
> x <- 1 : 10
> x[1]
[1] 1
> x[1 : 3]
[1] 1  2  3
> x[c(1,4,7)]
[1] 1  4  7
```

注 1：在 R 中引用向量时，用的是[ ]，而 matlab 等编程语言用的是( )，不要混淆。

注 2：在 R 中向量的下标是从 1 开始的，而 C 等编程语言是从 0 开始的，不要混淆。

1.2.1.3 删除和修改元素

如果要删除向量 x 中的元素，可以输入 x[- i] ,其中的索引 i 可以是数字，也可以是向量，输入以下命令，观察其效果。

```
> x <- 1 : 10
> x[ - 3 ]
[1]  1  2  4  5  6  7  8  9  10
> x[ - (1 : 4) ]
[1]  5  6  7  8  9  10
> x[ - c(3,6,9) ]
[1]  1  2  4  5  7  8  10
```

注意，以上操作并未真正从变量 x 中删除掉相应的元素，要达到删除的目的，可以把以上操作的结果赋值给其它变量。如果要修改向量中的某些元素，可以直接给相应的分量赋值，输入以下命令，观察其结果。

```
> x[ 3 ] <- 18
> x
```

```
 [1]  1  2  18  4  5  6  7  8  9  10
> x[ 1 : 3 ] <- c(10,20,30)
> x
 [1] 10  20  30  4  5  6  7  8  9  10
> x[ c(3,6,9) ] <- c(12,24,36)
> x
 [1] 10  20  12  4  5  24  7  8  36  10
```

1.2.2 算术操作

R 语言提供了方便的算术运算的操作，包括+、-、*、/等，这些运算与 matlab 的运算含义完全一样，都可以对向量进行运算。下面是一些 R 中特有的运算：

(1)求余：%%

如：

```
> 9 %% 4
[1] 1
> (1 : 10) %% 2
[1] 1  0  1  0  1  0  1  0  1  0
```

(2)求商：%/%

如：

```
> 9 %/% 4
[1] 2
> (1 : 10) %/% 2
[1] 0  1  1  2  2  3  3  4  4  5
```

(3)乘方：^

如：

```
> 2 ^ 3
[1] 8
> (1 : 10)^3
[1]    1    8   27   64  125  216  343  512  729  1000
```

(4)开方：sqrt()

如：

```
> sqrt(9)
[1] 3
> sqrt(1 : 10)
[1]  1.000000  1.414214  1.732051  2.000000  2.236068  2.449490  2.645751  2.828427
3.000000 3.162278
```

注：函数 sqrt()只能是在实数范围内开平方，如果输入的参数是负数，则会输出 NaN（NaN 是 Not a Number 的缩写，表示不确定），并提示警告信息。输入以下命令，观察其结果。

```
> sqrt(- 9)
[1] NaN
Warning message:
In sqrt(-9) : 产生了 NaNs
```

(5)对数及以 e 为底的指数：log()；log2()；log10()；exp()；

①log()有两个参数，一个为 x，一个是 base，即底数。如果要求以 2 为底数，16 的对数，可以如下操作：

```
> log(16,2)
    [1] 4
    或者
    > log(x = 16, base = 2)
    [1] 4
    > log(x = c(2,4,8,16),base = 2)
    [1] 1   2   3   4
```

②log2()和 log10()均只有一个参数，即 x，他们分别是以 2 为底和以 10 为底取对数。

③exp()是计算以 e 为底的指数，只有一个参数 x ，其作用是计算 e ^ x 如：

```
> exp(1)
[1] 2.718282
> exp(1:3)
[1]   2.718282   7.389056   20.085537
```

在 R 语言中，可以完成各种初等函数的运算，如对数、指数、三角函数和反三角函数以及其他的运算，表 1.1 列出了 R 语言中常用的函数。

表1.1 R语言中的数学函数

sqrt	开平方函数
abs	绝对值函数
exp	2.71828......
expm1	当 x 的绝对值比 1 小很多的时候，它将能更加正确的计算 exp(x)-1
log	对数函数
log10	对数(底为 10)函数
log2	对数(底为 2)函数
sin	正弦函数
cos	余弦函数
tan	正切函数
asin	反正弦函数
acos	反余弦函数
atan	反正切函数
sinh	双曲正弦函数
cosh	双曲余弦函数
tanh	双曲正切函数
asinh	反双曲正弦函数
acosh	反双曲余弦函数
atanh	反双曲正切函数
logb	和 log 函数一样
log1px	当 x 的绝对值比 1 小很多的时候，它将能更加正确的计算 log(1+x)
gamma	Γ 函数(伽玛函数)
lgamma	等同于 log(gamma(x))
ceiling	返回大于或等于所给数字表达式的最小整数
floor	返回小于或等于所给数字表达式的最大整数
trunc	截取整数部分
round	四舍五入
signif(x,a)	数据截取函数，x:有效位，a:到 a 位为止

1.2.3 比较运算符及逻辑操作

除了以上的四则运算和函数运算之外，各向量之间还可以进行比较运算，其返回值为真(TRUE)或假(FALSE)，比较运算符包括：

>	大于；	>=	大于等于；
<	小于；	<=	小于等于；
==	等于；	!=	不等于。

如：

```
> 3 == 5
[1] FALSE
```

需要注意的是，当进行比较运算的两个向量的长度不一样长时，R 会将向量补齐，然后再进行比较，输入以下命令，观察其运行效果。

```
> a <- 1:10
> b = c(1,3,5)
> a == b
 [1]  TRUE  FALSE  FALSE  FALSE  FALSE  FALSE  FALSE  FALSE  FALSE  FALSE
Warning message:
In a == b ： 长的对象长度不是短的对象长度的整倍数
```

其补齐的方式是：较短的向量自我复制，直到与较长的向量的长度一致；当较长向量的长度不是较短向量长度的整数倍时，会返回警告信息，但这不会影响运算的结果。在上例中，向量 b 自我复制的结果是：b <- c(1,3,5,1,3,5,1,3,5,1)。

逻辑操作的对象是逻辑值，在 R 语言的逻辑操作包括以下几项：

(1) !

感叹号表示“取非”。

如：

```
> x <- TRUE
> ! x
[1] FALSE
```

又如：

```
> x <- c(T,T,F,T,F)
> ! x
[1] FALSE   FALSE   TRUE FALSE   TRUE
```

(2) &和&&

这两者都是逻辑“与”，操作都是 x & y 和 x && y。

如：

```
> x <- c(T,T,F)
> y <- c(F,T,F)
> x && y
[1]FALSE
> x & y
[1]FALSE   TRUE   FALSE
```

可以看到，&是对每一个元素一一求与，而&&是所有元素求与操作。

(3) | 和 | |

这两者的使用与前者类似：

```
> x <- c(T,T,F)
> y <- c(F,T,F)
> x | y
[1]TRUE   TRUE   FALSE
> x || y
[1]TRUE
```

(4)异或操作 xor()

xor()为异或操作函数，当两个数值相等时，结果为假；当两个数值不等时，结果为真，如

```
> xor(0,1)
[1] TRUE
> x <- c(T,T,F)
> y <- c(F,T,F)
> xor(x,y)
[1]   TRUE   FALSE   FALSE
```

(5)all()和 any()

判断数据中是否存在 TRUE 值，其中 all()是在全部为 TURE 时返回 TURE，any()是在存在任何一个 TRUE 时返回 TRUE，他们都还有另外一个参数，即是否删除 NA 值，即 not available 值：na.rm，其调用格式为：

```
all(x, na.rm = F)
any(x,na.rm = F)
```

当 na.rm = F 时，在逻辑操作过程中不考虑 x 中的 NA 值；否则，在进行逻辑操作过程中考虑 x 中的 NA 值。在 R 中输入以下命令，观察其运行的效果。

```
> x <- c(1,3,5,7,9,NA)
> all(x > 5,na.rm = T)
[1] FALSE
> any(x > 5, na.rm = F)
[1] TRUE
```

另外，如果想判断一个逻辑向量中哪些元素为真，可以用函数 which()，如

```
> which(x > 5)
[1] 4   5
```

若要构造一个初始逻辑向量，可以用函数 logical()，如

```
> logical(5)
[1] FALSE   FALSE   FALSE   FALSE   FALSE
```

1.2.4 R 语言的数据结构

1.2.4.1 数组(向量和矩阵)

数组是带有多个下标的且类型相同的元素构成的集合，可以看成是向量和矩阵的推广，可用来储存数值型(numeric)、逻辑型(logical)和字符型(character)三种类型的数据。可以使用函数 array()来生成一个数组，其调用格式为：

```
array(data = NA, dim = length(data), dimnames = NULL)
```

其中：

data：　　保存到数组的数据，可以是空值

dim：　　　指定数组的维数

dimnames：　指定数组各维度的名称，默认为整数

```
> (x <- array(1:12,dim = c(3,4))) # 数值型
     [,1] [,2] [,3] [,4]
[1,]    1    4    7   10
[2,]    2    5    8   11
[3,]    3    6    9   12
> x = array(rep(T,6),dim = c(2,3)) # 逻辑型
> x
```

结果如下：

```
     [,1] [,2] [,3]
[1,] TRUE TRUE TRUE
[2,] TRUE TRUE TRUE
> x = array(rep("a",6),dim = c(2,3))#字符型
> x
```

结果如下：

```
     [,1] [,2] [,3]
[1,] "a"  "a"  "a"
[2,] "a"  "a"  "a"
```

以下的例子展示了如何修改各维度的名称，输入以下命令，观察其运行的效果。

```
> x = array(rpois(6,10),dim = c(2,3),dimnames = list(c("male","female"),c("apple","banana","pear")));x
```

结果如下：

```
       apple banana pear
male      13     12   10
female    11     10    3
```

这里，我们使用了 rpois()来产生了 6 个符合泊松分布的数字。

当然，我们的数组不局限于二维，可以是三维或者更多维。

```
> x = array(rpois(24,10),dim = c(2,3,4),dimnames = list(c("male","female"),c("apple","banana","pear"),
c("Mon","Tue","Wed","Thu")));x
```

结果如下：

```
, , Mon

       apple banana pear
male       8     14   10
female    10     12   10

, , Tue

       apple banana pear
male       8      5    7
female     8      8    6

, , Wed
```

```
         apple   banana   pear
male       13      13       8
female     12      12       6

, , Thu

         apple   banana   pear
male        7      17      17
female     15      13       3
```

上面这个例子是一个三维的数组。我们继续来看这个 dimnames。

dimnames 这个参数是用来指定有关的每一个维度的名字的，其中第一个维度的两行分别为 male 和 female，第二个维度的两个分别为 apple，banana 和 pear。

需要注意的是，一维数组跟向量很相近，二维数组就是矩阵。但是一维数组跟向量在某些函数的处理过程中会有区别的对待，如 str()函数：

```
> x = array(rpois(2,10),dim = c(1,2),dimnames = list(c("apple"),c("male","female")))
> str(x)
int [1, 1:2] 16 9
 - attr(*, "dimnames")=List of 2
  ..$ : chr "apple"
  ..$ : chr [1:2] "male" "female"
```

在这里我们用到了函数 list()，其作用是生成一个列表，在后面我们会做详细的介绍。对于数组的引用，可用 A[i,j,...]，输入以下命令，观察其运行效果。

```
> A <- array(data = 1:36,dim = c(3,3,4)) # 产生 3*3*4 维的数组
> A[1,2,3] # 引用第 3 层的第 1 行第 2 列的元素
[1] 22
> A[1,c(1,2),3]
[1] 19 22
> A[1,,3]
[1] 19 22 25
> A[1,,]
     [,1] [,2] [,3] [,4]
[1,]    1   10   19   28
[2,]    4   13   22   31
[3,]    7   16   25   34
```

下面来看看如何定义向量和矩阵。

(1) 向量

在前面我们已经介绍了生成向量的一些方法，而在 R 中可以用函数 vector()来生成一个空向量，其调用格式为：

```
vector(mode = "logical",length = 0)
```

其中

mode：表示的是该向量储存数据的类型，可取的值有："logical"，"integer"，"numeric"，"complex"，"character" 及 "raw"，默认值是"logical"

length：表示该向量的长度，默认值为 0

```
> (x <- vector(mode = "numeric", length = 5))
[1] 0  0  0  0  0
```

与向量相关的函数还有：

as.vector()：将其它类型的对象强制转换成向量

is.vector()：判断对象是否为向量

(2)矩阵

矩阵是一个二维的特殊数组，在 R 中可以用函数 matrix()来生成矩阵，其调用格式为：

matrix(data = NA,nrow = 1,ncol = 1,byrow = FALSE,dimnames = NULL)

其中：

data：　　　　表示该向量要储存的数据

nrow 和 ncol：表示矩阵的行数和列数，注意 data 的个数等于 nrow 乘以 ncol

byrow：　　　　表示数据是否以行的方式进行排列

dimnames：　　指定矩阵各维度的名称，默认为整数

```
> x = matrix(data = 1:6,nrow = 2,ncol = 3,byrow = T); x
     [,1]  [,2]  [,3]
[1,]    1     2     3
[2,]    4     5     6
> x = matrix(data = 1:6,nrow = 2,ncol = 3,byrow = F);x
     [,1]  [,2]  [,3]
[1,]    1     2     3
[2,]    4     5     6
```

对于矩阵的四则运算(+，-，*,、/)，是对其中对应元素的四则运算，如果要实现线性代数中的矩阵的乘法，则要用%*%，输入以下命令，比较其运算结果：

```
> B <- A <- matrix(data = 1:9, nrow = 3, ncol = 3)
> A*B
     [,1] [,2] [,3]
[1,]    1   16   49
[2,]    4   25   64
[3,]    9   36   81
> A%*%B
     [,1] [,2] [,3]
[1,]   30   66  102
[2,]   36   81  126
[3,]   42   96  150
```

如果要求矩阵的转置，可以使用函数 t()，如：

```
> t(A)
     [,1] [,2] [,3]
[1,]    1    2    3
[2,]    4    5    6
[3,]    7    8    9
```

如果要求矩阵的逆矩阵，可以使用函数 solve()，如：

```
> A <- matrix(data = 1:4, nrow = 2, ncol = 2)
> solve(A)
```

```
      [,1]   [,2]
[1,]   -2    1.5
[2,]    1   -0.5
```

如果要求矩阵的特征值和特征向量，可以使用函数 eigen()，如

```
> eigen(A)
$values
[1]  5.3722813 -0.3722813

$vectors
            [,1]        [,2]
[1,] -0.5657675  -0.9093767
[2,] -0.8245648   0.4159736
```

当然，对于矩阵的运算还有很多，但大多都是与线性代数和数值分析有关，不在本书的讨论范围，读者可自行查看相关的帮助命令或书籍。

1.2.4.2 列表

数组（向量和矩阵）所存储的数据必须属于同一类型。当数据对象包含有不同的数据类型，则可以采用列表（list）。列表是 R 语言中使用非常广泛的一种结构，构成列表的对象又可称为它的分量，分量可以是不同的模式或类型，如一个列表可以包括数值向量、逻辑向量、矩阵、字符和数组，甚至可以是列表。列表可以用 list()函数进行创建，其调用格式如下：

```
list(var1 = componet1, var2 = component2,...)
```

例如：

```
> x <- list(fruit = c("apple","banana","pear"),price = c(1,1,1.5),market = c("newabest"));x
```

结果：

```
$fruit
[1] "apple"   "banana" "pear"

$price
[1] 1.0   1.0   1.5

$market
[1] "newabest"
```

在这个列表中，包含了 3 个分量，第一个是 fruit，它储存的是字符型，长度为 3。第二个是 price，储存的是数值型，长度为 3，第三个是 market，储存的是字符型，长度为 1。亦即，我们可以在一个列表中储存不同的类型数据，还可以储存不同的长度数据，每一个分量中都是一个向量(vector)。

列表的引用格式为“列表名[[下标]]”，如

```
> x[[1]]
[1] "apple"   "banana"   "pear"
> x[[1]][2]
[1] "banana"
> x[[1]][1:3]
[1] "apple"   "banana"   "pear"
```

注意：“列表名[[下标]]”的引用方式，不支持向量格式的下标，如

```
> x[[1 : 3]]
```

```
Error in x[[1 : 3]] : 递回索引在 2 层失败
```

如果在定义列表的时候指定了各分量的名称（如 x 中的"fruit"，"price"，"market"），则在引用的时候可以用分量的名称作为下标，引用格式为 "列表名[[分量名称]]"，如

```
> x[["fruit"]]
[1] "apple"   "banana"   "pear"
```

还有一种调用格式是"列表名$分量名称"，如

```
> x$fruit
[1] "apple"   "banana"   "pear"
> x$fruit[2]
[1] "banana"
```

如果要修改列表，可以直接对相应的引用赋值就可以了，例如，apple 的价格改为 1.2，可以输入命令：

```
> x$price[1] <- 1.2
```

如果要删除列表中的某些项，则只需将空值（NULL）赋值给相应的引用即可。

1.2.4.3 数据框

数据框（data frame）是 R 中特有的、非常实用的数据结构。数据框是矩阵形式的数据，但矩阵的各列可以存储不同类型数据。数据框是矩阵的推广，也是一种特殊的列表。数据框进行统计分析的最为有用的的数据类型，每列为一个变量，每行为一个观测样本。

在 R 语言中，可以用函数 data.frame()生成数据框，其调用格式如下：

```
data.frame(..., row.names = NULL, check.rows = FALSE, ...)
```

其用法与列表的相同，输入以下命令，观察其运行效果。

```
> fruit = c("apple","banana","pear")
> price = c(1,1,1.5)
> buy = c(TRUE,FALSE,FALSE)
> x = data.frame(fruit,price,buy)
> x
```

结果如下：

```
    fruit    price    buy
1 apple      1.0     TRUE
2 banana     1.0     FALSE
3 pear       1.5     FALSE
```

数据框的列名默认为变量名，也可以重新对列名进行命名，如

```
> (x = data.frame(shuiguo = fruit, jiage = price, goumai = buy))
   shuiguo jiage goumai
1   apple     1.0    TRUE
2   banana    1.0    FALSE
3   pear      1.5    FALSE
```

也可以对行名进行重新命名，如

```
> row.names(x) <- c("item1", "item2", "item3")
> x
          shuiguo    jiage     goumai
item1    apple      1.0       TRUE
item2    banana     1.0       FALSE
```

item3 pear 1.5 FALSE

数据框的引用与矩阵及列表的引用一样，输入以下命令，观察其运行效果。

```
> x[1,]
  fruit  price   buy
1 apple    1   TRUE
> x[[1]]
[1] apple  banana  pear
Levels: apple  banana  pear
> x$price
[1] 1.0  1.0  1.5
```

1.2.5 R 语言的数据导入与导出

1.2.5.1 保存和加载 R 的数据(与 R.data 的交互：save()函数和 load()函数)

在 R 语言中 save()函数用于将数据保存为 R 数据文件.Rdata，load()函数用于加载 R 的数据。

```
> a <- 1:10
> save(a,file = "data_R/dumData.Rdata") #data 文件为当前工作目录下的文件，必须存在
```

注：可以用函数 getwd()查看 R 当前的工作目录，进入当前目录下的文件夹 data_R，可以看到已保存的 dumData.Rdata 文件。一般我们会把数据放在固定的地方以便于查找，这时，可以在保存数据的命令中指定目录，如

```
>save(a,file = "D:/R_practice_book/data/dumData.Rdata") #已在指定位置建好文件夹
> rm(a) #删除向量 a
> load("data_R/dumData.Rdata")   #加载目录中的*.RData
> print(a) #打印
[1] 1 2 3 4 5 6 7 8 9 10
```

1.2.5.2 导出和加载文本文件（write.table()函数和 read.table()函数）

（1）从文本文件读取数据

把文本文件中的数据导入到 R 中，可以使用 read.table()，其调用格式是：

```
read.table(file, header = FALSE, sep = "", quote = "\"'",
           dec = ".", numerals = c("allow.loss", "warn.loss", "no.loss"),
           row.names, col.names, as.is = !stringsAsFactors,
           na.strings = "NA", colClasses = NA, nrows = -1,
           skip = 0, check.names = TRUE, fill = !blank.lines.skip,
           strip.white = FALSE, blank.lines.skip = TRUE,
           comment.char = "#",
           allowEscapes = FALSE, flush = FALSE,
           stringsAsFactors = default.stringsAsFactors(),
           fileEncoding = "", encoding = "unknown", text, skipNul = FALSE)
```

其中主要参数意义：

file：　表示要读取的数据所在文件的文件名

header：　逻辑变量，取值为 TRUE 时，表示数据文件第一行为表头；取值为 FALSE（默认值）时，表示数据包含表头且第一列为序号

sep：　分隔数据的字符，通常是空格

row.names： 向量，表示行名，即样本名

col.names： 向量，表示列名，即变量名。如果数据文件无表头，则变量名为“V1”、“V2”的形式

skip： 非负整数，表示读取数据时跳过的行数

例如，“score.txt”保存的是某班的成绩，其中变量包括：姓名（name）、学号（no）、数学（math）、英语（english）、历史（history），共5位同学的成绩，数据格式如图1.1所示：

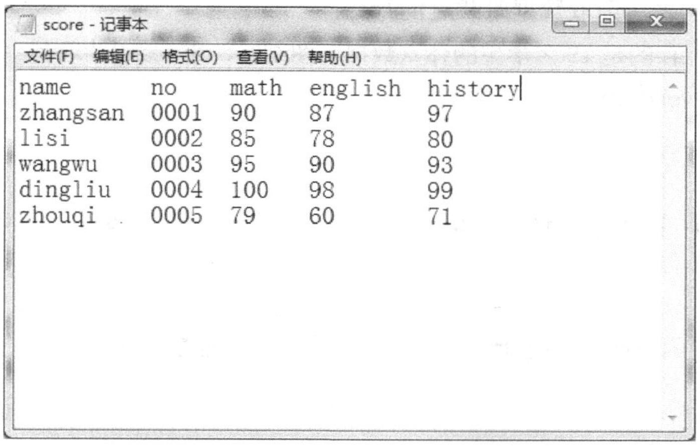

图 1.1 score.txt 保存的数据

读取数据的代码及运行效果：

```
> score1 <- read.table("score.txt")
> score1
        V1    V2    V3      V4      V5
1     name    no  math English history
2 zhangsan  0001    90      87      97
3     lisi  0002    85      78      80
4   wangwu  0003    95      90      93
5  dingliu  0004   100      98      99
6   zhouqi  0005    79      60      71
> score2 <- read.table("score.txt", header = T)
> score2
      name no math English history
1 zhangsan  1   90      87      97
2     lisi  2   85      78      80
3   wangwu  3   95      90      93
4  dingliu  4  100      98      99
5   zhouqi  5   79      60      71
```

如果文本文件中的数据不是以表格的形式保存，则可以用 scan()函数读取，其调用格式为：

```
scan(file = "", what = double(), nmax = -1, n = -1, sep = "",
     quote = if(identical(sep, "\n")) "" else "'\"", dec = ".",
     skip = 0, nlines = 0, na.strings = "NA",
     flush = FALSE, fill = FALSE, strip.white = FALSE,
     quiet = FALSE, blank.lines.skip = TRUE, multi.line = TRUE,
     comment.char = "", allowEscapes = FALSE,
```

fileEncoding = "", encoding = "unknown", text, skipNul = FALSE)

其中的主要参数意义如下：

file：　表示所要读取文件的文件名

what：表示函数返回值的类型，包括 numeric，logical，character，list 等，其中数值型的初始值为 0，字符型的初始值为" "

sep：　表示分隔符的类型

skip：　非负整数，表示读取数据时跳过的行数

例如，weight.txt 保存的是 15 名学生的体重数据（图 1.2），用 scan()读取其中数据，输入以下命令：

```
> weight <- scan("weight.txt")
Read 15 items
> weight
 [1] 75.0  64.0  47.4  66.9  62.2  62.2  58.7  63.5  66.6  64.0  57.0  69.0  56.9  50.0  72.0
> is.vector(weight)
[1] TRUE
```

如果在调用 scan()函数时，没有指定参数 file，则直接从屏幕上读取数据，输入以下命令并观察运行效果：

```
> x <- scan()
```

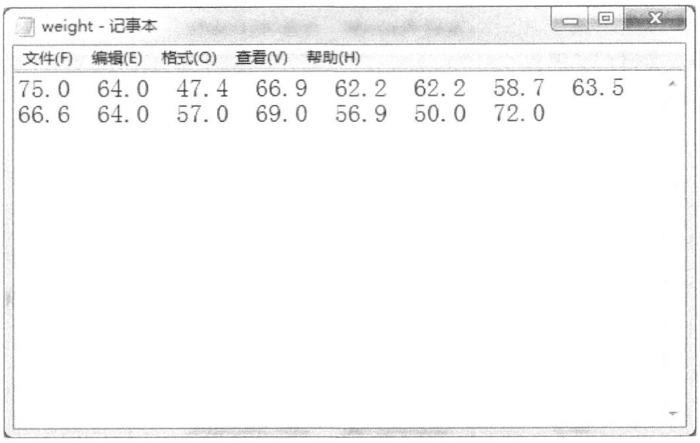

图 1.2　15 名学生的体重数据

```
1: 2 3 5 7 11 13 17
8:
Read 7 items
> x
[1]   2   3   5   7   11   13   17
```

（2）把数据保存到文本文件

把工作空间中的变量保存到纯文本文件中，可以使用 write()函数，其调用格式为：

```
write(x, file = "data",
      ncolumns = if(is.character(x)) 1 else 5,
      append = FALSE, sep = " ")
```

其中：

x：　矩阵或向量，表示需要保存的数据

file：　表示文件名，默认值为 data

ncolumns：　正整数，表示保存到文件中数据的列数，若是字符型数据，默认值为 1；若是数值型

　　　　　数据，默认值为 5
append:　逻辑变量，取值为 TRUE 时，表示在已有文件上添加数据；取值为 FALSE（默认值）时，写入一个新文件

例如，在 R 中输入以下命令，观察其运行效果：

```
> A <- matrix(1:25,ncol = 5)
> A
     [,1] [,2] [,3] [,4] [,5]
[1,]    1    6   11   16   21
[2,]    2    7   12   17   22
[3,]    3    8   13   18   23
[4,]    4    9   14   19   24
[5,]    5   10   15   20   25
> write(A, file = "write_a_data.txt", ncolumns = 6)
```

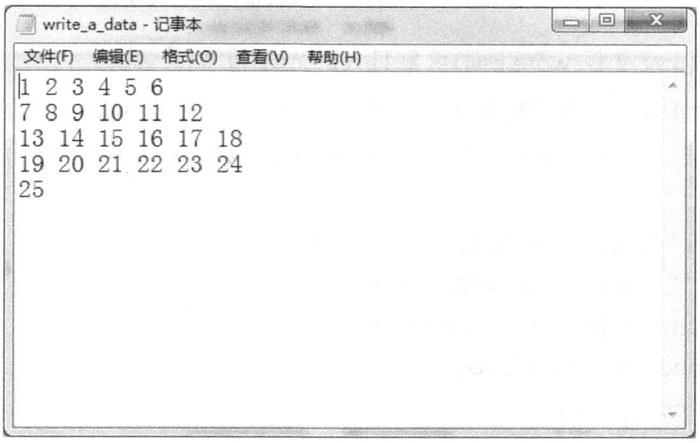

图 1.3　保存数据到纯文本文件

这表明在保存的时候，是按列（ncolumns = 6）写入文件的。

如果需要将数据以表格格式存入文本文件，可以使用 write.table()函数，其调用格式为：

```
write.table(x, file = "", append = FALSE, quote = TRUE, sep = " ",
            eol = "\n", na = "NA", dec = ".", row.names = TRUE,
            col.names = TRUE, qmethod = c("escape", "double"),
            fileEncoding = "")
```

其中：

x:　矩阵或数据框，表示需要保存的数据
file:　表示文件名
append:　逻辑变量，取值为 TRUE 时，表示在已有文件上添加数据；取值为 FALSE（默认值）时，写入一个新文件
sep:　表示分隔数据的字符，默认值为空格

例如，在 R 中输入以下命令，观察其运行效果：

```
> Name = c("Alice","Becka","James","Jeffrey","John")
> Sex = c("F","F","M","M","M")
> Age = c(13,13,12,13,12)
> Height = c(56.5,65.3,57.3,62.5,59.0)
> Weight = c(84.0,98.0,83.0,84.0,99.5)
```

```
> tijian <- data.frame(Name,Sex,Age,Height,Weight)
> write.table(tijian, file = "tijian.txt")
```

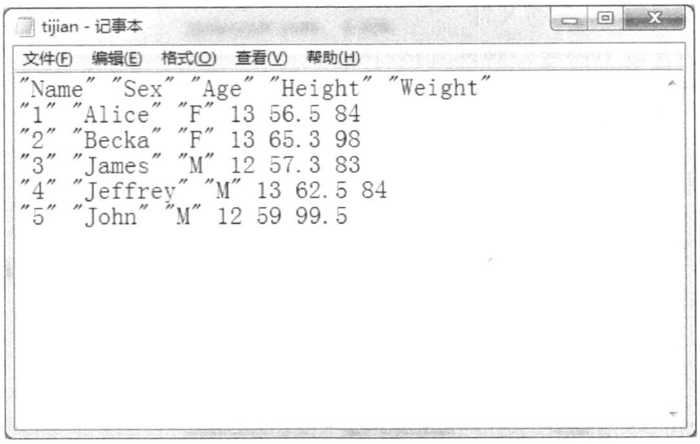
tijian - 记事本
文件(F) 编辑(E) 格式(O) 查看(V) 帮助(H)
"Name" "Sex" "Age" "Height" "Weight"
"1" "Alice" "F" 13 56.5 84
"2" "Becka" "F" 13 65.3 98
"3" "James" "M" 12 57.3 83
"4" "Jeffrey" "M" 13 62.5 84
"5" "John" "M" 12 59 99.5

图 1.4 保存数据到表格格式的文本文件

1.2.5.3 导出和加载.csv 文件(write.csv()函数和 read.csv()函数)

csv 文件是一种通用的、相对简单的文件格式，其文件以纯文本形式保存表格数据，大部分的程序都支持这种数据格式。在 R 语言中，可以用 write.csv()函数导出 R 中的数据成.csv 格式的数据， 其调用格式为：

```
write.csv(x, file = " ", append = FALSE, quote = TRUE,
          sep = " ", eol = "\n", na = "NA", dec = " . ",
          row.names = TRUE, col.names = TRUE,
          qmethod = c("escape","double")
          fileEncoding = " ")
```

主要的参数说明：

x:　　　要写入文件的数据，通常是一个数据框

file:　　指定文件名

append：逻辑变量，当取值为 TURE 时，在文件后面添加数据；否则，将数据写入一个新文件。默认值是 FALSE

sep:　　分离数据的字符，默认值是空格

输入以下命令，观察其运行的效果。

```
> var1 <- 1:5
> var2 <- (1:5)/10
> var3 <- c("R","and","DataMining","Examples","Case Studies")
> a <- data.frame(var1,var2,var3)#把三个变量放在数据框中赋值给 a
> names(a) <- c("VariableInt","VariableReal","VariableChar")#对 a 中的三个变量重命名
> write.csv(a,"D:/R_practice_book/data/data_1_01.csv",row.names = FALSE) #导出 a 的数据到 data_1_01.csv 文档中。
```

结果如图 1.5 所示：

要从 csv 文件中读取数据到 R 的工作空间中，可以用函数 read.csv()，其调用格式为：

```
read.csv(file, header = TRUE, sep = ",", ...)
```

其中：

file:　　要导入的文件

	A	B	C
1	VariableInt	VariableReal	VariableChar
2	1	0.1	R
3	2	0.2	and
4	3	0.3	Data Mining
5	4	0.4	Examples
6	5	0.5	Case Studies
7			

图 1.5 导出数据框 a 结果

header： 逻辑变量，表示是否含有列名

sep： 表示 csv 文件的分隔方式，默认值是逗号分隔符

...： 是进一步的参数

例如，要导入 D:\R_practice_book\data\目录下的 data_1_01.csv 文件，可输入以下命令：

```
> b <- read.csv(file = "D:/R_practice_book/data/data_1_01.csv")
> b
  VariableInt VariableReal VariableChar
1           1          0.1            R
2           2          0.2          and
3           3          0.3   DataMining
4           4          0.4     Examples
5           5          0.5 Case Studies
```

1.2.5.4 导入 SPSS/SAS/Matlab 等数据集

导入 spss 的 sav 格式数据则要用到 foreign 扩展包，加载后直接用 read.spss 读取 sav 文件。

```
> library(foreign)#加载 foreign 扩展包
> mydata = read.spss('d:/test.sav')#读取 sav 文件
```

上面的函数在很多情况下没能将 sav 文件中的附加信息导进来，例如数据的 label，那么建议用 Hmisc 扩展包的 spss.get 函数，效果会更好一些。

```
> library(Hmisc)
> data = spss.get("D:/test.sav")
```

1.2.5.5 导入 Excel 数据

对于 Excel 中的数据，也可以不用转换成.csv 格式再导入 R，而是直接以.xls 格式导入，这时需要用到 RODBC 程序包，然后用里面的 odbcConnectExcel()函数来导入数据。

```
> library(RODBC)
> channel = odbcConnectExcel("d:/test.xls")
> mydata = sqlFetch(channel,'Sheet1')
```

- 注：如果是 Excel2007 格式数据则要换一个函数 odbcConnectExcel。

1.3 实验练习

1. 用 R 语言计算，其中 $\theta=\pi/4$.

(1) $3\sin\theta+2\cos\theta$;

(2) $e^{\theta}\sin 2\theta+e^{2\theta}\sin\theta$.

2．用适当 R 语句产生数列：1，4，7，10，13，16，19；

(1)求以上数列的均值，中位数，方差；

(2)删去第 1 和第 3 个数。

3．构造一个向量，该向量由 5 个 1，3 个 2，4 个 3 和 2 个 4 组成。

4．已知有 5 名学生的数据如下表所示，用数据框的形式读入数据。

表 1.2 学生数据

	姓名	性别	年龄	身高/cm	体重/kg
1	张三	女	14	156	42.0
2	李四	男	15	165	49.0
3	王五	女	16	157	41.5
4	赵六	男	14	162	52.0
5	丁一	女	15	159	45.5

5．将上题的数据写成一个文本文件，用函数 read.table()读该文件，然后用 write.csv 写成一个能用 excel 打开的文件，并且 excel 打开。

6．将实验练习 4 中的数据表 1.2 的数据保存成 Excel 文件， 直接读取 Excel 数据表格的方法读取相关的数据。

7．用 scan( )函数读取下列数据，并将它们放在列表中。

1	Dog	3
2	Cat	5
3	Duck	7

8．求组合数：①C_5^2；②$1/C_5^2$。

9．构造4×5矩阵 A 和 B，其中 A 是将 1，2，…，20 按列输入，B是按行输入；矩阵 C 是由 A 的前 3 行和前 3 列构成的矩阵；矩阵 D 是由矩阵 B 的各列构成的矩阵，但不含 B 的第 3 列。

10．设$x=(1,3,5,7,9)^T$，构造5×3矩阵 X，其中第 1 列全为 1，第 2 列为向量x，第 3 列的元素为x^2，并给矩阵的 3 列命名，分别是 const，x，x^2。

1.4 附录

R 语言是一个免费开源、能够自由有效地用于统计分析和绘图的语言和环境。R 最初是由新西兰奥克兰大学的 Ross Ihaka 和 Robert Gentlemam 共同开发的面向对象的编程语言，因此命名为“R”。在这一部分，我们将对 R 做简单介绍。

1.4.1 R的获取与安装

R 是开源软件，可以免费从网上获取，只须登录 R 的官方网站：www.r-project.org，进入如图 1.6 的页面。点击页面左侧的“CRAN”，可以进入镜像列表。除了 R 的主程序外，还丰富而全面的程序包和各种文档，这些内容通过镜像提供给全世界 R 的开发者使用。

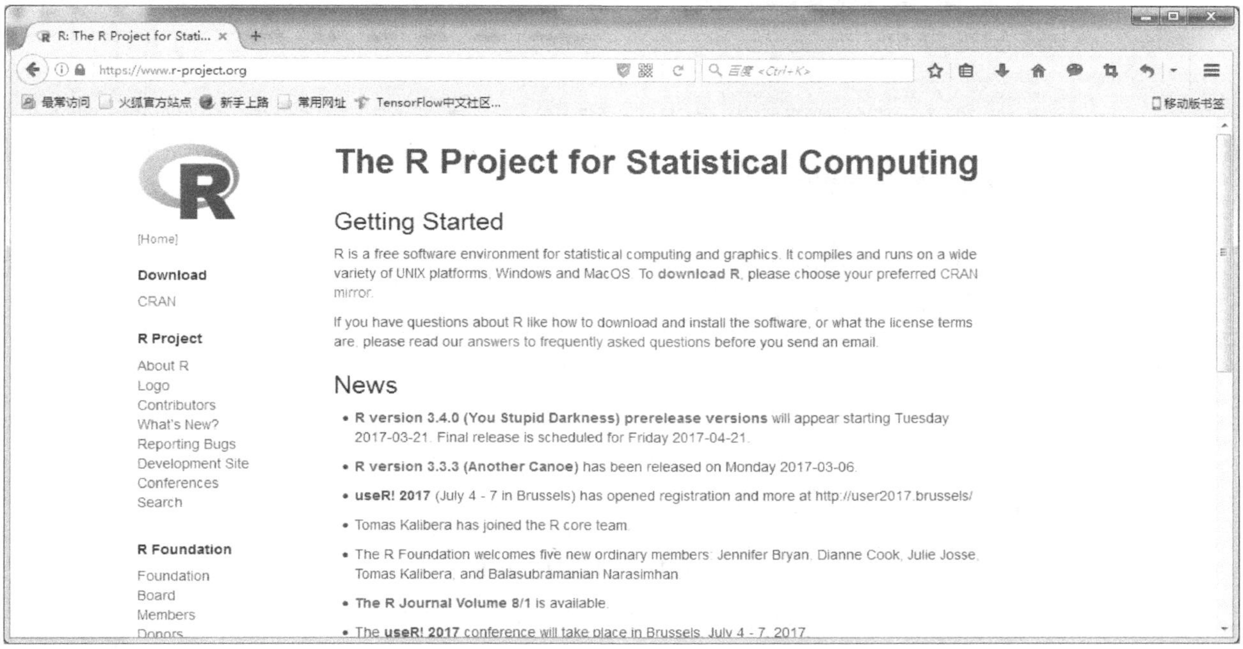

图 1.6 R 的官方网站页面

作为一名国内的用户，我们可以选择的镜像有：

https://mirrors.tuna.tsinghua.edu.cn/CRAN/ TUNA Team, Tsinghua University
http://mirrors.tuna.tsinghua.edu.cn/CRAN/ TUNA Team, Tsinghua University
https://mirrors.ustc.edu.cn/CRAN/ University of Science and Technology of China
http://mirrors.ustc.edu.cn/CRAN/ University of Science and Technology of China
https://mirror.lzu.edu.cn/CRAN/ Lanzhou University Open Source Society
http://mirror.lzu.edu.cn/CRAN/ Lanzhou University Open Source Society
http://mirrors.xmu.edu.cn/CRAN/ Xiamen University

选择一个合适的镜像，点击，进入到下载页面。R 有三个版本：

Download R for Linux
Download R for (Mac) OS X
Download R for Windows

对应于不同的操作系统，Windows 操作系统可以选择下载“Download R for Windows”，点击进入，然后点击 base 进入下载页面。R 会不定期的进行更新，目前的最新版本是 3.3.3，点击 Download R 3.3.3 for Windows (71 megabytes, 32/64 bit)就可以下载最新版本的 R。

双击刚刚下载的文件 R-3.3.3-win.exe 即可安装，过程并不困难，只须按“下一步”就可以完成安装。在安装过程中最好选择一个安装目录。R 允许在一个系统里安装不同的版本，相互之间不会受到影响。

安装完成后，双击图标“R x64 3.3.3”即可运行 R，进入主界面（console，控制台，如图 1.7）：

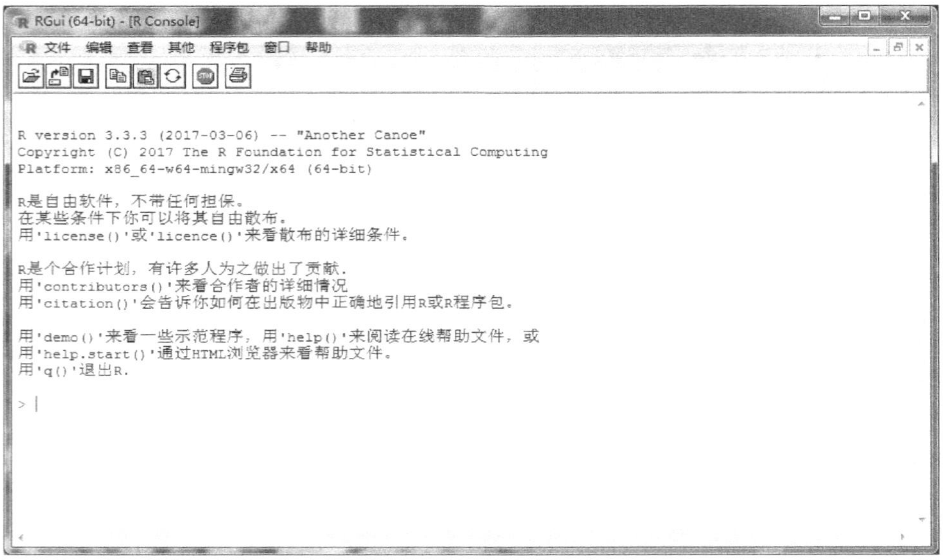

图 1.7 R运行主界面

其界面类似于 matlab，可以在符号“>”后输入命令。其菜单与一般编程软件的菜单相同，在此不做详细介绍。

1.4.2 程序包的安装与加载

在安装 R 时候，系统只会安装一些基础的包，如 base、datasets、utils、stats、grDevices、graphics 和 methods 包。使用一些函数的时候，除了系统默认安装的程序包，其他的程序包需要自己另外安装并加载，然后才能使用其中的函数

1.4.2.1 自动安装(在线安装)

在 R 的控制台，输入

> install.packages("gridExtra")#安装 gridExtra

> install.packages("stepNorm",contriburl ="http://www.your.url",dependencies = TRUE)# 安装 stepNorm

若要指定安装目录(e.g. "mydir")，则输入

> install.packages("stepNorm",contriburl = "http://www.biostat.ucsf.edu/jean/software",lib = "mydir")

这种方法可能找不到需要的 package，则用手动安装。

1.4.2.2 手动安装(离线安装)

(1)Windows：

下载 package.zip 文件；打开 R 的“菜单栏→Packages→Installpackagefromlocalzipfile...”；选择 package.zip 文件；

(2)Linux 上安装 R 包(离线安装)：

下载 package.tar.gz 文件；

(3)在 Shell 终端(注意不是 R)输入：

sudo R CMD INSTALL package.tar.gz

注：需要 sudo 权限才能安装。否则提示：username is not in the sudoers file. This incident will be reported.

1.4.2.3 查看全部安装的 R 包

.packages(all.available = T)或者 View(installed.packages())

1.4.2.4 查看某个安装的 R 包

```
> library("XML")
> help(package = "XML")
```

1.4.2.5 加载某个安装的 R 包

library 和 require 函数。主要的区别在于 require 会返回一个布尔值(True 或 False)来表示被加载的包是不是可用，而 library 函数会根据调用方式不同而有不同返回结果。

```
> library(tm)
> print(require(XML))#[1]TRUE
```

1.4.2.6 其他

```
> .libPaths()#结果第一行显示包将被默认安装的位置
> .libPaths("/path/to/directory/with/libraries")#改变 R 默认存储包的路径
> library()#显示库中的包，包括载入的与未载入的
> search()#查看当前 R 中载入哪些包
> detach(package:gclus)#卸载 gclus 包
> remove.packages("zoo")#删除 zoo 包
> update.packages(ask = FALSE)#设置自动更新包
```

1.4.2.7 R 的帮助系统

要想发挥 R 强大的功能，必须学会熟练使用 R 的帮助系统。通过 R 的帮助菜单获得一些函数的信息，也可以在主控制台上输入相应的命令来获得这些函数的信息，如

```
>help(“Fun_Name”)
>help(Fun_Name)
>? Fun_Name
```

以上三个命令的效果都是相同的，都可以查询函数 Fun_Name 的相关信息。用命令

```
>arg(Fun_Name)
```

可以查看函数 Fun_Name 的参数。用命令

```
>example(Fun_Name)
```

可以查看函数 Fun_Name 的使用实例。用命令

```
>help.search(“Fun_Name”)
```

或以查看所有与 Fun_Name 有关的函数名，或者输入“>?? Fun_Name”也可以获得同样的效果。用命令

```
>apropos(“Fun_Name”)
```

可以查看所有含有字符 Fun_Name 的全部函数名与变量名。

实验 2　R 语言程序设计

2.1　实验目的

1．掌握建立 R 函数的方法；
2．掌握 R 函数的顺序结构；
3．掌握 R 函数的分支结构；
4．掌握 R 函数的循环结构。

2.2　实验过程

2.2.1　建立 R 函数文件

R 语言虽然包含了丰富的程序包，能够满足基本的数据分析应用，但是我们在使用的过程中，往往有一些个性化的需求，此时就须要编写自己的函数，以实现这些个性化的功能。

R 语言的函数编写，可以在 R 编辑器中进行。在主界面单击“文件→新建程序脚本”，打开“R 编辑器”，在该窗口下编写程序。

当程序编写完成后，单击“文件→保存”(或是对应的快捷键)，打开“保存程序脚本为”窗口，输入文件名后，点击“保存”按钮，可以把编写好的程序保存在当前目录下。

2.2.2　函数的定义

定义函数的格式为：

funname <- function(arg1,arg2,...) expression

其中

funname:　　　表示函数名
function:　　　表示定义函数的关键字
arg1,arg2 等：　表示输入参数
expression：　　表示函数的主体部分，包含函数要执行的语句

注：R 语言定义的函数与其它语言的不一样，在定义的时候没有输出的变量，放在 expression 中最后的对象(数值、向量、矩阵、数组、列表或是数据框)为函数的返回值。

2.2.3　调用函数

调用时，需要将函数调到 R 的系统中才能运行(在操作窗口编写的函数除外)，单击“文件→运行 R 脚本文件”，选择需要运行的函数，如 funname.R,或 source(funname.R)，这样就可以调用 funname 函数了。

如果 X 和 Y 分别是来自两个总体的样本，总体的方差相同且未知，编写一个计算两个样本 t 统计量的函数。

由统计学知识可知，t 统计量的计算公式为

$$T=\frac{\overline{X}-\overline{Y}}{S\sqrt{\frac{1}{n_1}+\frac{1}{n_2}}}$$

其中

$$S^2 = \frac{(n_1-1)S_1^2+(n_2-1)S_2^2}{n_1+n_2-2}$$

$\overline{X}$和$\overline{Y}$分别是两组数据的样本均值，S_1^2和S_2^2分别是两组数据的样本方差，n_1和n_2分别是两组数据的样本容量。

相应的程序如下(程序名：t.stat.R)

```
t.stat <- function(x,y){
n1 <- length(x); n2 <- length(y);
xb <- mean(x); yb <- mean(y);
sx2 <- var(x); sy2 <- var(y);
s <- ((n1-1)*sx2+(n2-1)*sy2)/(n1+n2-2);
(xb-yb)/sqrt(s*(1/n1+1/n2))
}
```

例 2.1 现有两个样本如下：

A：79.98 ,80.04 ,80.02 ,80.04 ,80.03 ,80.03 ,80.04 ,79.97 ,
80.05 ,80.03 ,80.02 ,80.00 ,80.02

B：80.02 ,80.03 ,80.02 ,80.00 ,80.02

计算两个样本的 t 统计量。

解 则可以输入以下代码：

```
> X <- c(79.98,80.04,80.02,80.04,80.03,80.03,80.04,79.97,80.05,80.03,80.02,80.00,80.02);
> Y <- c(80.02,80.03,80.02,80.00,80.02);
> source("t.stat.R")
> t.stat(X, Y)
```

计算结果：t 统计量为 3.472245。

2.2.4 分支结构

2.2.4.1 if/else 函数

函数格式为：

```
if(condition) expr1
else expr2
```

其中条件表达式 condition 必须返回一个逻辑值，操作符&&和||经常被用于条件部分。

&和|与&&和||的区别在于，&和|按照逐个元素的方式进行计算，&&和||对向量的第一个元素进行运算，只有在必需的时候才对第二个参数求值。

if/else 结构的向量版本是函数 ifelse，其形式为 ifelse(condition,a,b)，产生函数结果的规则是：

如果 condition[i]为真，对应 a[i]元素；反之对应的是 b[i]元素。

根据这个原则函数返回一个由 a，b 中相应元素组成的向量，向量长度与其最长的参数等长。

例 2.2 输入一个成绩，如果大于等于 90，则输出“优”；如果大于等于 80 且小于 90，则输出“良”，如果大于等于 70 且小 80，则输出“中”；如果大于等于 60 且小于 70，则输出“及格”；如果小于 60，则输出“不及格”。

解 代码如下：

```
chengji <-function(x){
if (x> =90) {
  print("优")
}else
  if (x> =80){
    print("良")
  }else
    if (x> =70){
      print("中")
    }else
      if (x> =60){
        print("及格")
      }else
        print("不及格")
}
```

运行结果：

```
> source("chengji.R")
> chengji(50)
[1] "不及格"
> chengji(100)
[1] "优"
```

注：R 的分支结构 if/else 与其它语言有很大区别，else 要放在前一个 if 语句的{}后，否则运行将会出错，读者可自行测试。

从上例来看，如果一个问题的分支很多，则用 if/else 结构会非常复杂，使得程序的可读性非常差，此时我们可以使用 switch 语句。

2.2.4.2 switch 语句

switch 适用于多分支的情况，其使用方法为：

switch(expr, list)

其中，expr 为表达式，list 为列表。

如果 expr 的取值在 1~length(list)之间，则函数返回列表相应位置的值；

如果 expr 超出范围，则无返回值。

如：

```
> switch(1,c(3,2,1))
[1] 3 2 1
> switch(1,"A","B","C")
[1] "A"
> switch(2,"A","B","C")
[1] "B"
> switch(10,"A","B","C")
```

例 2.3 用 switch 语句实现例 2.2 中的问题。

解 代码如下：

```
chengji2 <- function(x)
{
 G <- switch(x%/%10+1,"不及格","不及格","不及格","不及格","不及格","不及格","及格","中","良","优","优");
 print(G)
}

> source("chengji2.R")
> chengji2(90)
 [1] "优"
```

2.2.5 循环结构

2.2.5.1 for 函数

for 函数的使用格式为：

for(var in seq) expr

其中

var：循环变量

seq：向量表达式

expr：通常为一组表达式。

例 2.4 数列 $F_1 = F_2 = 1, F_{n+2} = F_{n+1} + F_n, n = 1, 2, \cdots$ 称为斐波那契数列，试用 R 产生前 n 个元素。

解 代码如下：

```
myfib <- function(n)
{
 f <- vector(mode = "numeric", length = n); #  先生成长度为 n 的空向量
 f[1] <- 1;
 f[2] <- 1;
 for (i in 3:n){
     f[i] = f[i - 1] + f[i - 2]
 }
 f
}
```

运行效果如下：

```
> source("myfib.R")
> myfib(5)
[1] 1   1   2   3   5
> myfib(15)
 [1]    1    1    2    3    5    8   13   21   34   55   89  144  233  377  610
```

注：我们在代码中用到了字符“#”，这是 R 语言中的注释标志，该代码行的“#”后面的语句是不会执行的，是为了提高代码的可读性而写的。

与其它的编程语言一样，在循环体可以嵌套循环，请看下面的例子。

例 2.5 n 阶 Hiltbert 矩阵 H 是一个 n 阶方阵，其第 i 第 j 列的元素为

$$H(i,j)=\frac{1}{i+j-1}$$

试用 R 语言产生一个 4 阶的 hiltbert 矩阵。

解 代码如下：

```
myhiltbert <- function()
{
 H = matrix(rep(0,16), nrow = 4, ncol = 4); # 生成一个初始矩阵
 for (i in 1:4){
    for (j in 1:4){
       H[i,j] = 1/(i + j - 1);
    }
 }
 H
}
> source(myhilbert.R)
> myhilbert()
```

结果：

```
          [,1]      [,2]      [,3]      [,4]
[1,] 1.0000000 0.5000000 0.3333333 0.2500000
[2,] 0.5000000 0.3333333 0.2500000 0.2000000
[3,] 0.3333333 0.2500000 0.2000000 0.1666667
[4,] 0.2500000 0.2000000 0.1666667 0.1428571
```

while 循环

while 循环的合用格式为：

while (condition) expr

当条件 condition 成立时，则执行 expr；否则不执行 expr，退出循环。

例 2.6 编写一个计算 1000 以内的斐波那契数列。

解 函数代码如下：

```
myfib2 <- function()
{
 f <- c(1,1);
 i <- 1;
 while(f[i] + f[i+1]<1000)
 {
  f[i+2] <- f[i] + f[i+1];
  i <- i + 1;
 }
 f
```

```
}
> source('myfib2.R')
> myfib2()
[1]  1  1  2  3  5  8  13  21  34  55  89  144  233  377  610  987
```

当已知循环次数时，用 for 循环比较，但若循环次数不能预先确定，则用 while 循环比较方便。

2.2.5.2 repeat()函数

repeat 函数的调用格式为

repeat expr

repeat 函数依赖中止语句"break"跳出循环。

例 2.7 用 repeat 语句实现上例。

解 注意区别：

```
myfib3 <- function(n)
{
 f <- c(1,1);
 i <- 1;
 repeat{
   f[i+2] <- f[i]+f[i+1];
   i <- i+1;
   if (f[i]+f[i+1]> 1000) break
 }
 f
}
> source('myfib3.R')
> myfib3()
[1]  1  1  2  3  5  8  13  21  34  55  89  144  233  377  610  987
```

2.2.6 递归函数

所有的编程语言都支持递归的编程方式，这是一种特殊的函数调用方式，即在函数体内调用函数本身。使用递归函数可以大大地降低编写程序的工作量。例如计算正整数 n 的阶乘 $n!$，比较以下两个程序。

根据阶乘的定义：$n!=n\times(n-1)\times\cdots\times 2\times 1$：

```
fib1 <- function(n)
{
   f <- 1;
   for (i in 1:n)
   {
      f <- f * i;
   }
   f
}
```

根据阶乘的性质：$n! = n \times (n-1)!$：

```
fib2 <- function(n)
{
  if (n == 1)
  {
    1;
  }else
  {
    n * fib2(n - 1);
  }
}
```

注：R 中有计算阶乘的相关函数，如，可以使用连乘函数：prod(1:n)、使用Γ函数：gamma(n + 1)、直接使用阶乘函数 factorial(n)。我们在此只是通过此例来说明递归编程方式。

2.3 实验练习

1．编写一个 R 程序，实现以下功能：根据输入的数据，计算均值，方差，最大值，最小值；

2．编写一个 R 程序，验证角谷猜想：输入一个正整数 n，如果是偶数，则除以 2，并赋给 n；如果是奇数，则乘 3 再加 1，并赋给 n；重复以上过程，直到 n = 1，中断循环，并打印“运算成功！”；

3．根据级数

$$e = 1 + \frac{1}{1!} + \frac{1}{2!} + \cdots + \frac{1}{n!} + \cdots$$

编写 R 程序计算e的近似值，精度要求达到10^{-5}；

4．编写 R 程序找出 10000 以内所有的素数；

5．编写 R 程序列出斐波那契数列的前 20 项；

6．设计一个猜数字的游戏：计算机随机生成一个 1~100 之间的整数，然后由用户猜测所产生的随机数。根据用户猜测的情况给出不同提示，如猜测的数大于产生的数，则显示"High"，小于则显示"Low"，等于则显示"Youwon"，同时退出游戏。用户最多可以猜 7 次。

7．由统计知识知，t 统计量的计算公式为

$$T = \frac{\overline{X} - \overline{Y}}{S\sqrt{\frac{1}{n_1} + \frac{1}{n_2}}}$$

其中

$$S^2 = \frac{(n_1 - 1)S_1^2 + (n_2 - 1)S_2^2}{n_1 + n_2 - 2}$$

假设 X 和 Y 分别是来自两个总体的样本，总体的方差相同且未知。$\overline{X}$ 和 $\overline{Y}$ 分别为两组数据的样本均值，S_1^2 和 S_2^2 分别为两组数据的样本方差，n_1 和 n_2 分别为两组数据样本的个数。编写一个计算两样本 t 统计量的函数。

8．编写一个计算样本原点矩和中心矩的函数；在此基础上，根据偏度系数计算公式编写计算样本偏度系数的函数。

9. n 阶 Hilbert 矩阵定义如下：

$$H=\left(h_{ij}\right)_{n\times n},\quad h_{ij}=\frac{1}{i+j-1},\quad i,j=1,2,\cdots,n$$

用循环函数生成一个 5 阶的 Hilbert 矩阵。

10. 按照$n!$的定义，运用递归算法编写计算函数。

2.4 扩展阅读

2.4.1 程序调试

调试程序是一个程序员的必修的一个环节，因为我们不能保证在编写程序过程中百分之百的正确，有时候，我们要花比写程序更多的时间来调试程序。程序的错误大致可以分成两类。第一类是语法错误。此类错误会导致程序无法继续运行，并且 R 会给出错误信息，我们只须根据错误信息进行修改，基本就可以使程序正常运行。第二类是逻辑错误。此类错误就比较麻烦，因为程序能够正常运行，但得不到预期的结果。造成此类错误的原因非常复杂，如算法错误、全局变量使用不当，等等。因此，编写程序过程中，除了正确理解和掌握算法、养成良好的编程风格、养成添加注释的习惯外，掌握高效的程序调试方法也是一项必要的技能。

2.4.1.1 语法错误或输入错误的调试

当程序因错误而无法继续运行时，R 会给出错误信息，根据这些信息查看相应的函数或变量，基本上可以解决此类问题。例如，运行以下函数，查看错误信息，并改正其中的错误。

```
debug_test1 <- function(A,B)
# 编程实现矩阵 A，B 在线性代数意义下的乘法：A*B
# 用于说明函数的调试
{
  m1 = nrow(A); n1 = ncol(A);
  m2 = nrow(B); n2 = ncol(B);
  C = matrix(rep(0,ml*n2),m1,n2);
  for (i in 1:m1)
  {
    for (j in 1:n2)
    {
      C[i,j] = 0;
      for (k in 1:n1)
      {
        C[i,j] = C[i,j] + A[i,k]*B[k,j];
      }
    }
  }
  C
}

> source("debug_test1.R")
```

```
> A = matrix(1:12,3,4)
> debug_test1(A,B)
Error in nrow(B)：找不到对象'B'
```

因此函数 debug_test1(A,B)需要两个输入参数，而调用的时候，只给了一个变量赋值，所以程序无法正常运行，根据错误信息，再给变量 B 赋值，输入以下命令，再运行函数 debug_test1(A,B)：

```
> B = matrix(1:12,4,3)
> debug_test1(A,B)
Error in matrix(rep(0, ml * n2), m1, n2)：找不到对象'ml'
```

此时，程序仍然无法正常运行，并提示语句“matrix(rep(0, ml * n2), m1, n2)”中无法找到对象’ml’，这说明，程序并未给变量’ml’赋值就对其进行乘积的运算，再仔细观察，发现由于数字’1’和字母’l’非常相象，而误把数字’1’打成了字母’l’而导致了错误，将其改正后，再运行函数 debug_test1(A,B)：

```
> source("debug_test1.R") # 修改程序后再运行之前，要重新 source 一下
> debug_test1(A,B)
     [,1] [,2] [,3]
[1,]   70  158  246
[2,]   80  184  288
[3,]   90  210  330
```

至此，已修改完所有的错误，并运行得到正确的结果。

注：从以上调试过程可以看出，由于数字’1’和字母’l’非常相象，所以在变量命名时很少用字母’l’，如果一定要用，最好是将其改写成大写。

2.4.1.2 显示变量（对象）的内容

如果程序能够正常运行到程序结束，但是却得不到预期的结果，那么此时程序的错误为逻辑错误。要排查逻辑错误，打印输出中间变量是有效的方法之一。例如，在 debug_test1 中加入 print()语句：

```
debug_test2 <- function(A,B)
# 编程实现矩阵 A，B 在线性代数意义下的乘法：A*B
# 用于说明函数的调试
{
  m1 = nrow(A); n1 = ncol(A);
  m2 = nrow(B); n2 = ncol(B);
  C = matrix(rep(0,m1*n2),m1,n2);
  for (i in 1:m1)
  {
    for (j in 1:n2)
    {
      print(A[i,]); # 打印输出中间变量
      print(B[,j]); # 打印输出中间变量
      C[i,j] = 0;
      for (k in 1:n1)
      {
        C[i,j] = C[i,j] + A[i,k]*B[k,j];
      }
      print(C[i,j]); # 打印输出中间变量
    }
```

```
    }
    C
}

> source("debug_test2.R")
> debug_test2(A,B)
[1]  1  4  7  10
[1]  1  2  3  4
[1]  70
[1]  1  4  7  10
[1]  5  6  7  8
[1]  158
… …  # 中间输出结果较多，只取其中的部分
```

debug_test2 中加入了 print()语句虽然能够打印输出中间变量，但由于循环中输出的变量太多，很难分辨出哪个是 A 的第 i 行，哪个是 B 的第 j 列，哪个是它们乘积的结果，想要克服这一困难，可以使用 cat()函数。例如，可以将程序改为：

```
debug_test3 <- function(A,B)
# 编程实现矩阵 A，B 在线性代数意义下的乘法：A*B
# 用于说明函数的调试
{
    m1 = nrow(A); n1 = ncol(A);
    m2 = nrow(B); n2 = ncol(B);
    C = matrix(rep(0,m1*n2),m1,n2);
    for (i in 1:m1)
    {
        for (j in 1:n2)
        {
            cat(paste('A[',i,',] = '), A[i,], '\n'); # 打印输出中间变量
            cat(paste('A[,',j,'] = '), B[,j], '\n'); # 打印输出中间变量
            C[i,j] = 0;
            for (k in 1:n1)
            {
                C[i,j] = C[i,j] + A[i,k]*B[k,j];
            }
            cat(paste('C[',i,',',j,'] = '), C[i,j], '\n'); # 打印输出中间变量
        }
    }
    C
}

> source("debug_test3.R")
> debug_test3(A,B)
A[ 1 ,] =  1  4  7  10
```

```
A[, 1 ] =   1   2   3   4
C[ 1 , 1 ] =   70
A[ 1 ,] =   1   4   7   10
A[, 2 ] =   5   6   7   8
C[ 1 , 2 ] =   158
… …   # 中间输出结果较多，只取其中的部分
```

注：其中我们用到了 paste()函数，是字符串的连接函数。

2.4.1.3 跟踪程序

print()函数和 cat()函数虽然可以打印出中间变量的值，但使用起来不是很方便，比如，打印输出的结果太多，查找难度和工作都很大，此时，可以使用 R 提供的函数 brower()，可以很好的解决这些困难。例如，在前面的程序中去掉 print()或 cat()语句，然后加入 browser()函数：

```
debug_test4 <- function(A,B)
# 编程实现矩阵 A，B 在线性代数意义下的乘法：A*B
# 用于说明函数的调试
{
  browser();
  m1 = nrow(A); n1 = ncol(A);
  m2 = nrow(B); n2 = ncol(B);
  C = matrix(rep(0,m1*n2),m1,n2);
  for (i in 1:m1)
  {
    for (j in 1:n2)
    {
      C[i,j] = 0;
      for (k in 1:n1)
      {
        C[i,j] = C[i,j] + A[i,k]*B[k,j];
      }
    }
  }
  C
}

> source("debug_test4.R")
> debug_test4(A,B)
Called from: debug_test4(A, B)
Browse[1]> n
debug 在 debug_test4.R#6: m1 = nrow(A)
Browse[2]>
debug 在 debug_test4.R#6: n1 = ncol(A)
Browse[2]>
debug 在 debug_test4.R#7: m2 = nrow(B)
Browse[2]>
```

```
debug 在 debug_test4.R#7: n2 = ncol(B)
Browse[2]>
debug 在 debug_test4.R#8: C = matrix(rep(0, m1 * n2), m1, n2)
Browse[2]>
debug 在 debug_test4.R#9: for (i in 1:m1) {
    for (j in 1:n2) {
        C[i, j] = 0
        for (k in 1:n1) {
            C[i, j] = C[i, j] + A[i, k] * B[k, j]
        }
    }
}
Browse[2]>
debug 在 debug_test4.R#11: for (j in 1:n2) {
    C[i, j] = 0
    for (k in 1:n1) {
        C[i, j] = C[i, j] + A[i, k] * B[k, j]
    }
}
Browse[2]> ls()
[1] "A"   "B"   "C"   "i"   "m1" "m2" "n1" "n2"
Browse[2]> C
      [,1]  [,2]   [,3]
[1,]    0     0     0
[2,]    0     0     0
[3,]    0     0     0
```

当程序运行过程中遇到 browser()函数时进入调试状态，用 n 命令进入单步跟踪运行，此时显示程序运行到了哪一行，执行了哪些语句。在 Browser[2]> 命令下，可以执行其它的命令，比如 ls()函数，显示局部变量（对象）的内容，可以显示这些变量的值，如 C[i,j]，也可以进行修改，如赋值。用 c 可以退出 Browser 菜单。

除此之外，使用 debug()函数，可以更简单的实现程序跟踪。例如，在执行 debug_test4()函数时，不需要在程序中加入 browser()函数，只要在运行前执行命令

>debug()

然后再执行

>debug_test4(A,B)

命令时，程序会自动进入单步跟踪状态。在单步跟踪时，可以执行各种操作，用 c 退出跟踪。使用命令

>undebug()

解除跟踪。

第二章 R语言数据预处理

现实世界中数据大体上都是不完整，不一致的脏数据，无法直接进行数据挖掘，或挖掘结果差强人意。为了提高数据挖掘的质量产生了数据预处理技术。数据预处理有多种方法：数据清理，数据集成，数据变换，数据归约等。这些数据处理技术在数据挖掘之前使用，大大提高了数据挖掘模式的质量，降低实际挖掘所需要的时间。数据预处理是数据挖掘一个热门的研究方面，毕竟这是由数据预处理的产生背景所决定的。现实世界中的数据几乎都是脏数据。

实验3　R语言中的数据预处理

3.1　实验目的

1．识别数据中的缺失数据；
2．掌握对缺失数据进行插补的方法。

3.2　实验原理

3.2.1　数据清理

数据清理例程通过填写缺失的值、光滑噪声数据、识别或删除离群点并解决不一致性来"清理"数据。主要是达到如下目标:格式标准化，异常数据清除，错误纠正，重复数据的清除。

3.2.2　数据集成

数据集成例程将多个数据源中的数据结合起来并统一存储，建立数据仓库的过程实际上就是数据集成。

3.2.3　数据变换

通过平滑聚集，数据概化，规范化等方式将数据转换成适用于数据挖掘的形式。

3.2.4　数据归约

数据挖掘时往往数据量非常大，在少量数据上进行挖掘分析需要很长的时间，数据归约技术可以用来得到数据集的归约表示，它小得多，但仍然接近于保持原数据的完整性，并且结果与归约之前的结果相同或几乎相同。

3.3　实验过程

3.3.1　处理缺失值

3.3.1.1　什么是缺失值，NA与NULL的区别

(1)NA表示数据集中的该数据遗失、不存在。

在针对具有NA的数据集进行函数操作的时候，该NA不会被直接剔除。如：

```
> x <- c(1,2,3,NA,4)
> mean(x)
[1] NA
```

如果想去除NA的影响，需要显式告知mean方法，如：

```
> mean(x,na.rm = T)
[1] 2.5
```

NA是没有自己的mode的，在vector中，它会“追随”其他数据的类型，比如刚刚的x，mode(x)为numeric，mode(x[4])亦然。

(2)NULL 表示未知的状态。

它不会在计算之中，如：

```
> x <- c(1,2,3,NULL,4)
> mean(x)
[1] 2.5
> length(c(NULL))
[1] 0
> length(c(NA))
[1] 1
```

可见，NULL 是不算数的，而 NA“占着”位置，它存在着，而 NULL 没有“占着”位置，或者说，“不知道”有没有真正的数据。

3.3.1.2 识别缺失值 NA

在 R 语言中缺失值通常以 NA 表示，判断是否缺失值的函数是"is.na"。另一个常用到的函数是 complete.cases，它对数据框进行分析，判断某一观测样本是否完整。

例 3.1 读取 VIM 包(需要安装 VIM 包)中的 sleep 数据作为例子，它的样本数为 62，变量数为 10，由 complete.cases 函数计算可知完整的样本个数为 42。

解 代码及结果如下：

```
> data(sleep,package = "VIM")
> dim(sleep)
[1] 62 10
> sum(complete.cases(sleep))
[1] 42
```

可以使用 vim 包的 aggr 函数以图形方式描述缺失数据。

```
> library(colorspace)
> library(grid)
> library(data.table)
> library(VIM)#要按要求加载一系列的包
> aggr(sleep)
```

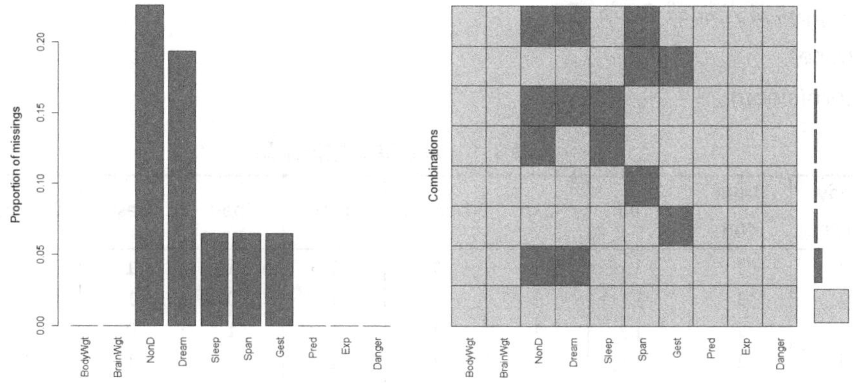

图 3.1 aggr ()函数使用结果

上面的左图显示各变量缺失数据比例，右图显示了各种缺失模式和对应的样本数目，显示 nond 和 dream 经常同时出现缺失值。

也可以用 matrixplot()函数来观察缺失值。

> matrixplot(sleep)

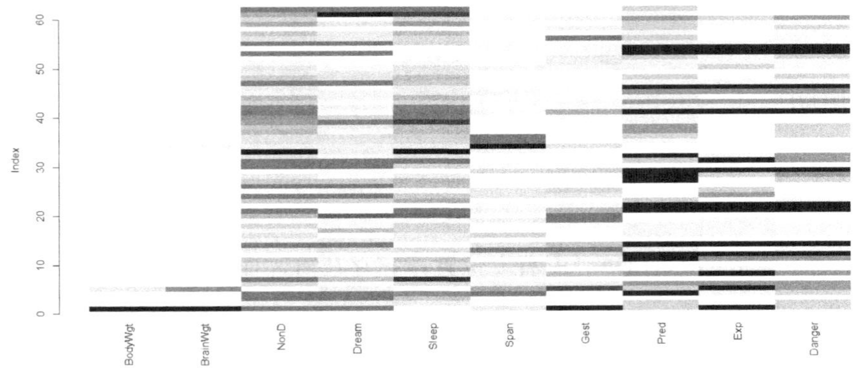

图 3.2　matrixplot()函数使用结果

其中，浅色表示值小，深色表示值大；默认缺失值为红色。

除此之外，也可以使用 marginplot()函数。

> marginplot(sleep[c("Gest","Dream")],pch = c(20),col = c("darkgray","red","blue"))

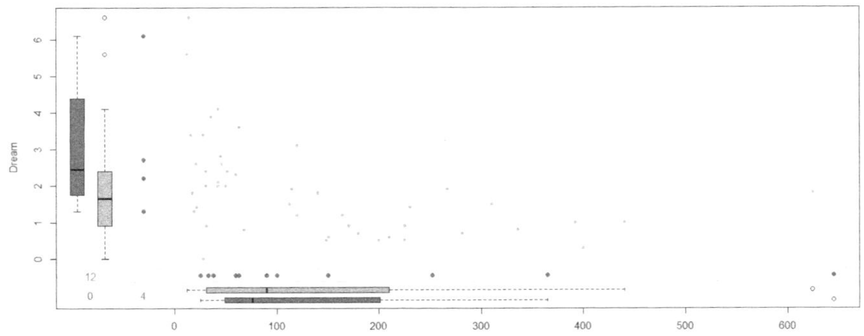

图 3.3　marginplot()函数使用结果

marginplot()函数可生成一幅散点图，在图形边界展示两个变量的缺失值信息。

3.3.1.3　识别缺失数据的模式

存在缺失数据情况下，需进一步判断缺失数据的模式是否随机。在 R 中是利用 mice 包(需要安装)中的 md.pattern 函数。

> library(Rcpp)#要先加载 Rcpp 包

> library(mice)

> md.pattern(sleep)

表 3.1　识别缺失数据结果

	Body Wgt	Brain Wgt	Pred	Exp	Danger	Sleep	Span	Gest	Dream	NonD	
42	1	1	1	1	1	1	1	1	1	1	0
2	1	1	1	1	1	1	0	1	1	1	1
3	1	1	1	1	1	1	1	0	1	1	1
9	1	1	1	1	1	1	1	1	0	0	2
2	1	1	1	1	1	0	1	1	1	0	2
1	1	1	1	1	1	1	0	0	1	1	2
2	1	1	1	1	1	0	1	1	0	0	3
1	1	1	1	1	1	1	0	1	0	0	3
	0	0	0	0	0	4	4	4	12	14	38

上表中的“1”表示没有缺失数据，“0”表示存在缺失数据。第一列第一行的“42”表示有42个样本是完整的，第一列最后一行的“1”表示有一个样本缺少了 span、dream、nond 三个变量，最后一行表示各个变量缺失的样本数合计。

3.3.1.4 处理缺失数据

(1)当缺失数据较少时直接删除相应样本

删除缺失数据样本，其前提是缺失数据的比例较少，而且缺失数据是随机出现的，这样删除缺失数据后对分析结果影响不大。如：

①删去行

```
> x <- matrix(1:15,ncol = 5,byrow = T)
> x
     [,1] [,2] [,3] [,4] [,5]
[1,]    1    2    3    4    5
[2,]    6    7    8    9   10
[3,]   11   12   13   14   15
> x[-1,]
     [,1] [,2] [,3] [,4] [,5]
[1,]    6    7    8    9   10
[2,]   11   12   13   14   15
```

②删去列

```
> x <- matrix(1:15,ncol = 5,byrow = T)
> x
     [,1] [,2] [,3] [,4] [,5]
[1,]    1    2    3    4    5
[2,]    6    7    8    9   10
[3,]   11   12   13   14   15
> x[,-3]
     [,1] [,2] [,3] [,4]
[1,]    1    2    4    5
[2,]    6    7    9   10
[3,]   11   12   14   15
```

在R中，可以同时删去多行或是多列。

(2)对缺失数据进行插补

用变量均值或中位数来代替缺失值，其优点在于不会减少样本信息，处理简单。但是缺点在于当缺失数据不是随机出现时会产成偏误。

①固定值插补

对于缺失值用固定的值进行插补，如

```
> sarary <- c(2000,NA,2500,3000,3500,NA,7500)
> sarary
[1] 2000   NA 2500 3000 3500   NA 7500
> sarary[is.na(sarary)]<-2000
> sarary
[1] 2000 2000 2500 3000 3500 2000 7500
```

均值插补使用平均值对缺失值进行插补，如

```
> sarary <- c(2000,NA,2500,3000,3500,NA,7500)
> sarary[is.na(sarary)] <- mean(sarary,na.rm = T)
> sarary
[1] 2000 3700 2500 3000 3500 3700 7500
```

②多重插补法(Multipleimputation)

多重插补是通过变量间关系来预测缺失数据，利用蒙特卡罗方法生成多个完整数据集，再对这些数据集分别进行分析，最后对这些分析结果进行汇总处理。可以用 mice 包实现。

```
> library(Rcpp)
> library(mice)
> imp = mice(sleep,seed = 1234)
```

结果：

```
iter imp variable
  1   1 NonD Dream Sleep Span Gest
  1   2 NonD Dream Sleep Span Gest
  1   3 NonD Dream Sleep Span Gest
  1   4 NonD Dream Sleep Span Gest
  1   5 NonD Dream Sleep Span Gest
  2   1 NonD Dream Sleep Span Gest
  2   2 NonD Dream Sleep Span Gest
  2   3 NonD Dream Sleep Span Gest
  2   4 NonD Dream Sleep Span Gest
  2   5 NonD Dream Sleep Span Gest
  3   1 NonD Dream Sleep Span Gest
  3   2 NonD Dream Sleep Span Gest
  3   3 NonD Dream Sleep Span Gest
  3   4 NonD Dream Sleep Span Gest
  3   5 NonD Dream Sleep Span Gest
  4   1 NonD Dream Sleep Span Gest
  4   2 NonD Dream Sleep Span Gest
  4   3 NonD Dream Sleep Span Gest
  4   4 NonD Dream Sleep Span Gest
  4   5 NonD Dream Sleep Span Gest
  5   1 NonD Dream Sleep Span Gest
  5   2 NonD Dream Sleep Span Gest
  5   3 NonD Dream Sleep Span Gest
  5   4 NonD Dream Sleep Span Gest
  5   5 NonD Dream Sleep Span Gest
> fit=with(imp,lm(Dream~Span+Gest))
> pooled=pool(fit)
> summary(pooled)
```

输出结果：

```
                    est          se         t       df     Pr(>|t|)        lo 95         hi 95 nmis        fmi     lambda
(Intercept)  2.546199168 0.254689696  9.997260 52.12563 1.021405e-13  2.035156222  3.0572421151   NA 0.08710301 0.05273554
Span        -0.004548904 0.012039106 -0.377844 51.94538 7.070861e-01 -0.028707741  0.0196099340    4 0.08860195 0.05417409
Gest        -0.003916211 0.001468788 -2.666287 55.55683 1.002562e-02 -0.006859066 -0.0009733567    4 0.05442170 0.02098354
```

其中：

imp　　是一个包含 m 个插补数据集的列表对象，同时还含有完成插补过程的信息，默认的 m = 5；

fit　　是一个包含 m 个单独统计分析结果的列表对象；

pooled　是一个包含这 m 个统计分析平均结果的列表对象。

(3)使用对缺失数据不敏感的分析方法

虽然可以使用上述方法对缺失数据进行处理，但是仍不可避免地会导致数据的准确性下降，所以在后续的数据分析中可以采用一些对缺失数据不敏感的分析方法，例如决策树。

3.4 实验练习

1．以 VIM 包中的数据 sleep 为研究对象，考察数据中的缺失数据，探究缺失数据的特征，并用不以的方法对缺失数据进行插补，对比不同的插补方法的效果。

2．读取下列数据，并将数据结构中，行数据相同的剔除。

1	Dog	3
2	Cat	5
2	Cat	5

3．读取下列数据，并剔除数据结构中值为空（即缺失值以 NA 表示）的数据。

姓名	身高（cm）	体重（kg）
丁一	160	50
张三	175	60
李四	180	65
王五	NA	NA
赵六	158	47

4. 读取以下字符型数据，并使用 trim 函数清除字符型数据前后的空格。注：trim 函数来自 raster 包，使用前先安装并加载该程序包。

A B C D EFG H I J K L MN O P Q R S T UVWXYZ

5．分别读取下列数据，并将这两个结构相同的数据框合并成为一个数据框。

数据框 1：

ID	品牌	名称
1	Apple	Ipad Mini
2	Apple	Iphone

数据框 2：

ID	品牌	名称
11	M1	小米手机
12	M1	红米手机

6. 有以下数据，并使用 paste( )函数将同一个数据框中的不同列（运营商、地区、号码段）进行合并，形成新的列（电话号码）。

运营商	地区	号码段	电话号码
189	2225	4812	
135	2225	5003	
188	2225	9938	
134	2225	6753	
138	2225	9313	

7. Lagrange 插值，已知 n+1 个点，构造一个次数不超过 n 的多项式，如下，

$$L_n(x)=\sum_{k=0}^{n} y_k l_k(x)$$

其中

$$l_k(x)=\frac{(x-x_0)\cdots(x-x_{k-1})(x-x_{k+1})\cdots(x-x_n)}{(x_k-x_0)\cdots(x_k-x_{k-1})(x_k-x_{k+1})\cdots(x_k-x_n)}$$

为差值基数。根据这两个式子编写 Lagrange 插值程序。

8. 在实验练习 7 的基础上，已知 $\sqrt{1}=1,\sqrt{4}=2,\sqrt{9}=3$，用 Lagrange 插值公式求 $\sqrt{5}$ 和 $\sqrt{6}$ 的近似值。

9. 用三次样条函数逼近车门曲线，插值节点如表 3.2 所示。

表 3.2 车门曲线数据

x	y	x	y	x	y	x	y
0	2.51	3	4.70	6	5.78	9	5.70
1	3.30	4	5.22	7	5.40	10	5.58
2	4.04	5	5.54	8	5.57		

在区间 $[0,10]$ 画出 $\sin(x)$ 的曲线，取插值节点 $x_k=k,k=0,1,\ldots,10$ 和节点处的函数值 $y_k=\sin\left(x_k\right)$，作分段线性插值，分段常数插值，并画出这些条曲线。

3.5 扩展阅读

3.5.1 噪声数据处理

噪声是一个测量变量中的随机错误或偏差，包括错误值或偏离期望的孤立点值。在 R 中可以通过调用 outliers 软件包中的 outlier 函数寻找噪声数据，该函数通过寻找数据集中与其他观测值及均值差距最大的点作为异常值,其调用格式如下：

```
outlier(x,opposite = FALSE,logical = FALSE)
```

其中，各参数含义如下：

x： 一个数据，通常是一个向量，如果 x 输入的是一个数据框或矩阵，则 outlier 函数将逐列算出；

opposite：默认为 FALSE，当为 TRUE 时，给出相反值；

logical： 默认为 FALSE，当为 TRUE 时，给向量赋予逻辑值，可能为噪声的位置用 TRUE 表示。

例子：

```
#outlier 函数
> install.packages("outliers")
> library(outliers)
> set.seed(1);s1 = .Random.seed    #设置随机数种子，保证每次出现的随机数相同
> y = rnorm(100)                   #生成 100 个标准正太随机数
> outlier(y)
[1] -2.2147
> plot(y)
> points(-2.2147,pch = 8)          #用星号标记离群值
```

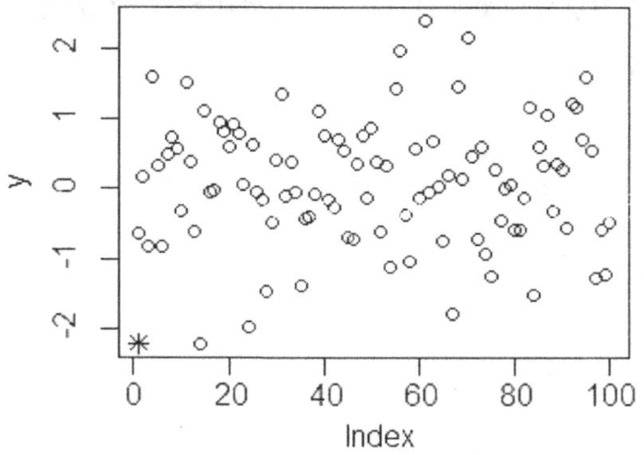

图 3.4 标出噪声后的散点图(*为噪声点)

离群点检测还可以通过聚类方法进行检测。

在进行噪声检查后，常用分箱、回归、计算机检查和人工检查结合等方法“光滑”数据，去掉数据中的噪声。

3.5.2 数据集成

数据集成是指将多个数据源中的数据合并，存放到一个一致的数据存储中。

在数据集成时，首先要考虑如何对多个数据集进行匹配。

冗余是数据集成的另一个重要问题，可用相关性对数据集冗余进行检测。给定的两个属性，对于定性数据，可以使用卡方检验，对于定量数据，使用相关系数和协方差。

3.5.2.1 卡方检验

```
> x = cbind(sample(c(1:50),10),sample(c(1:50),10))
> chisq.test(x)
```

结果：

```
        Pearson's Chi-squared test
data:   x
X-squared = 100, df = 9, p-value <2e-16
```

P-value<0.05，即在 0.05 显著性水平下拒绝相关的原假设，即变量不相关。

对于定量数据的相关系数，若两个属性的相关系数为 0，表示两个属性独立，不存在相关性；相关系数小于 0，负相关；相关系数大于 0，正相关；相关系数绝对值越大，相关性越强。

协方差为正，说明两个属性趋向于一起改变，协方差为负，则表示两个属性趋向于相反方向改变。

3.5.2.2 相关系数，协方差

```
> x = cbind(rnorm(10),rnorm(10))
```

```
> cor(x)
      [,1]  [,2]
[1,]  1.00 -0.31
[2,] -0.31  1.00
> cov(x)
      [,1]  [,2]
[1,]  0.77 -0.24
[2,] -0.24  0.75
```

除了检测属性间的冗余外，还应该检测观测值是否存在重复。

3.5.2.3 查重

```
> x = cbind(sample(c(1:10),10,replace = T),rnorm(10))#随机生成数据集，第一列为样本编号，存在重复
> head(x)
     [,1]   [,2]
[1,]    1 -1.894
[2,]    8 -0.702
[3,]    9  0.169
[4,]    8  0.219
[5,]    3 -0.056
[6,]   10 -1.906
> y = unique(x[,1])      #将样本编号去重
> x = x[y,]
> head(x)
     [,1]  [,2]
[1,]    1 -1.89
[2,]    9  0.53
[3,]    4 -0.12
[4,]    9  0.17
[5,]    6 -0.32
[6,]    8 -0.70
```

第三章 R语言绘图

对于一份优秀的数据分析报告来说，如果能将数据结果以适当的方式展示，能够使数据更直观，结果更有说服力。“统计的本质就是数据的可视化。”R 语言除了具有强大的数据处理和分析能力外，同时也提供了非常丰富的绘图功能，能够完成各种类型的图形绘制。可以通过以下命令：

```
>demo (graphics)
>demo(image)
>demo(persp)
```

来演示常用的绘图函数的功能以及相应的使用方法。

R 提供了多种绘图的相关命令，可分成三种基本类型：

高级水平绘图函数：在图形设备上产生一个新的图区，它可能包括坐标轴、标签、标题等；

低级水平绘图函数：在已有的图上添加更多的图形元素，如点、线、标题等；

交互式绘图函数：支持交互式地用鼠标在已有的图上添加图形信息或提取图形信息。

实验4 R语言的绘图

4.1 实验目的

1. 掌握R高级水平作图的方法。
2. 掌握R低级水平作图的方法。
3. 掌握R交互作图的方法。

4.2 实验过程

4.2.1 高级水平绘图

4.2.1.1 基本绘图函数（plot()）

在基本的绘图函数中，最常用的函数是plot()函数，它可以绘制数据的散点图、曲线图等，用途非常广泛，其使用格式为：

plot(x, y, ...)

参数x和y分别表示所绘图形横坐标和纵坐标构成的对象。“...”为附加参数。函数的默认使用格式为：

plot(x, y = NULL, type = "p",xlim = NULL, ylim = NULL, log = "", main = NULL, sub = NULL, xlab = NULL, ylab = NULL, ann = par("ann"), axes = TRUR, frame.plot = axes, panel.first = NULL, panel.last = NULL, asp = NA, ...)

其中，各参数的取值及意义如下：

(1)图形类型

参数type为所绘图形的类型，其取值和类型如下：

'p' 绘点(默认值)；

'l' 画线；

'b' 同时画点和线，但点线不相交；

'c' 将type = 'b'中的点去掉，只剩下相应的线条部分；

'o' 同时画点和线，且相互重叠，这是它与type = 'b'的区别；

'h' 画铅垂线；

's' 画阶梯线，从一点到下一点时，先画水平线，再画垂直线；

'S' 也是画阶梯线，但从一点到下一点是先画垂直线，再画水平线；

'n' 作一幅空图，没有任何内容，但坐标轴、标题等其它元素都照样显示。

(2)图形范围

用参数xlim和ylim来控制图形的范围，log是对数据取对数，其取值及意义如下：

xlim 二维向量，表示所绘图形x轴的范围；

ylim 二维向量，表示所绘图形y轴的范围；

log "x"或"y",表示对x轴或对y轴的数据取对数；

"xy"或"yx",表示对x轴与对y轴的数据同时取对数。

(3)图题及坐标轴

可通过设置下列参数来补充图形的说明，如图的标题、副标题、x轴和y轴的说明等。

main 字符串，描述图形的标题；

sub 字符串，描述图形的副标题；

xlab 字符串，描述 x 轴的标签，默认值为对象名；

ylab 字符串，描述 y 轴的标签，默认值为对象名；

例 4.1 cars 数据集是 R 自带的数据，包括 50 组数据，两个变量：speed 和 dist，用 plot()画出这两个变量的散点图。

解 代码如下：

```
> data(cars)   # 读取数据集到工作空间
> attach(cars) # 将数据集添加到搜索路径
> head(cars)   # 查看前 6 条数据
  speed dist
1     4    2
2     4   10
3     7    4
4     7   22
5     8   16
6     9   10
> plot(speed,dist)
> detach()   # 用完数据集后，将其从搜索路径中移除
```

绘制效果如图 4.1 所示。

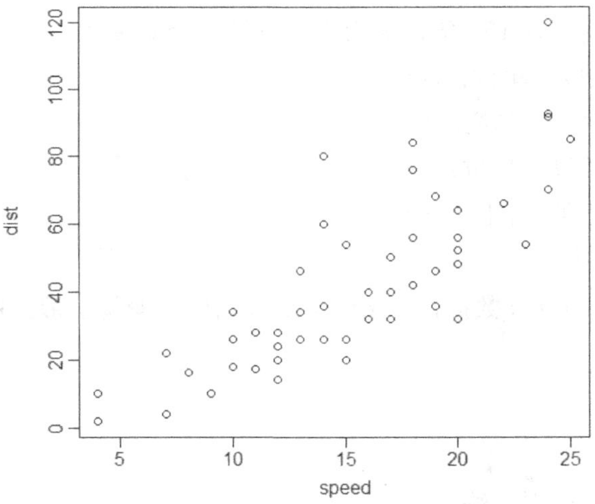

图 4.1 简单的散点图

4.2.1.2 绘制多组图（pairs()）

plot()可以绘制出两个变量的散点图或是曲线图，但是当统计数据中包含有多个变量时，想要查看变量之间的关系时，需要把任意两个变量的散点图在同一窗口中展示，这时可以使用 pair()函数，其作用是绘制多个变量的散点图，以阵列的方式排列。pair()的默认调用格式为：

```
pairs(x, labels, panel = points, ...,
        horInd = 1:nc, verInd = 1:nc,
        lower.panel = panel, upper.panel = panel,
        diag.panel = NULL, text.panel = textPanel,
        label.pos = 0.5 + has.diag/3, line.main = 3,
```

```
        cex.labels = NULL, font.labels = 1,
        row1attop = TRUE, gap = 1, log = "")
```

其中：

x：　　向量、矩阵或数据框，对应数据的坐标

labels：　　字符串，变量名称，默认值为对象的名称

panel：　　函数，绘制面板数据的方法，默认值为 points

horInd，verInd：在横轴与纵轴上变量的下标

lower.panel：　　函数，表示阵列下三角部分图形的绘制方法，默认值为 points

upper.panel：　　函数，表示阵列上三角部分图形的绘制方法，默认值为 points

diag.panel：　　函数，函数，表示阵列对角部分图形的绘制方法，默认值为 NULL

label.pos：　　函数，标签的位置

cex.labels：　　数值，标签的大小，默认值为 NULL

font.labels：　　数值，标签字体的类型，默认值为 1

pairs()也可以以公式的方式调用：

```
pairs(formula, data = NULL, ..., subset, na.action = stats: : na.pass)
```

其中：

formula：形如“~ x + y+ z”的公式

data：　数据框

subset：数值或字符串向量，表示数据的子集

例 4. 2　iris 数据集是一个著名的数据集，许多的科研著作都在 iris 数据集上作分类的操作。该数据集是由 3 种不同类的鸢尾花共 150 条记录构成，包括五个变量：

Sepal.Length：　花萼长度，单位：cm

Sepal.Width：　花萼宽度，单位：cm

Pental.Length：　花瓣长度，单位：cm

Pental.Width：　花瓣宽度，单位：cm

Spesies：　　类别属性

R 语言的基础包中自带了 iris 数据，用 pairs()函数画出各变量的散点图。

解　代码如下：

```
> data(iris)
> pairs(iris)
```

也可以使用公式形式的调用方法：

```
pairs(~Sepal.Length + Sepal.Width + Petal.Length + Petal.Width + Species, data = iris)
```

效果与图 4.2 相同。

4.2.1.3 绘制协同图（coplot()）

函数 pairs()虽然可以在同一窗口内绘制出各变量之间的散点，但每一个图都只能描述两个变量，如果要描述三个变量或者更多的变量之间的关系，则需要绘制协同图（条件图）。在 R 中，可以使用 coplot()函数绘制协同图，其调用格式为：

```
coplot(formula,  data,  given.values,  panel = points,  rows,  columns,
       show.given = TRUE,  col = par("fg"),  pch = par("pch"),
       bar.bg = c(num = gray(0.8),  fac = gray(0.95)),
```

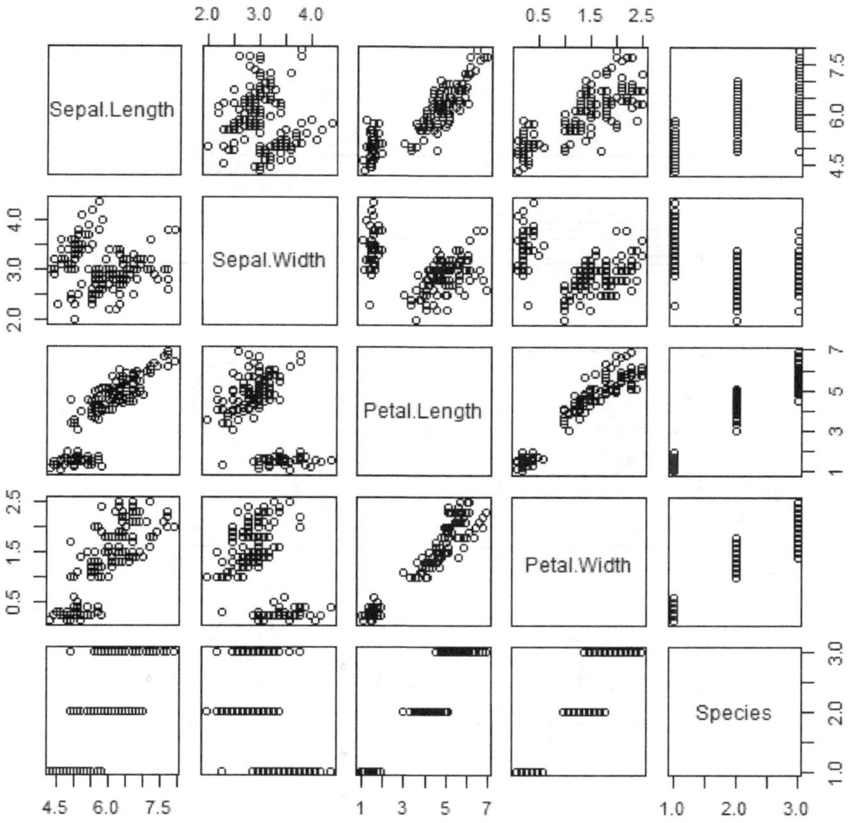

图 4.2 iris 数据集的多组图

```
xlab = c(x.name, paste("Given :", a.name)),
ylab = c(y.name, paste("Given :", b.name)),
subscripts = FALSE,
axlabels = function(f) abbreviate(levels(f)),
number = 6, overlap = 0.5, xlim, ylim, ...)
```

其中：

formula：表示公式

形如“y ~ x | a”表示单个条件变量

形如“y ~ x | a * b”表示两个条件变量

data： 数据，通常是数据框

panel： 函数，绘制面板数据的方法，默认值为 points

例 4.3 利用 iris 数据集，绘制出在花瓣长度条件下的协同图。

解 在 R 中输入命令：

```
> coplot(Sepal.Length ~ Sepal.Width | Petal.Length, data = iris)
```

结果如图 4.3 所示

4.2.1.4 绘制点图（dotchart()）

点图也叫克里夫兰点图，常用于检测数据的离群值。在 R 中可以使用 dotchart()函数绘制克里夫兰点图，其调用格式为：

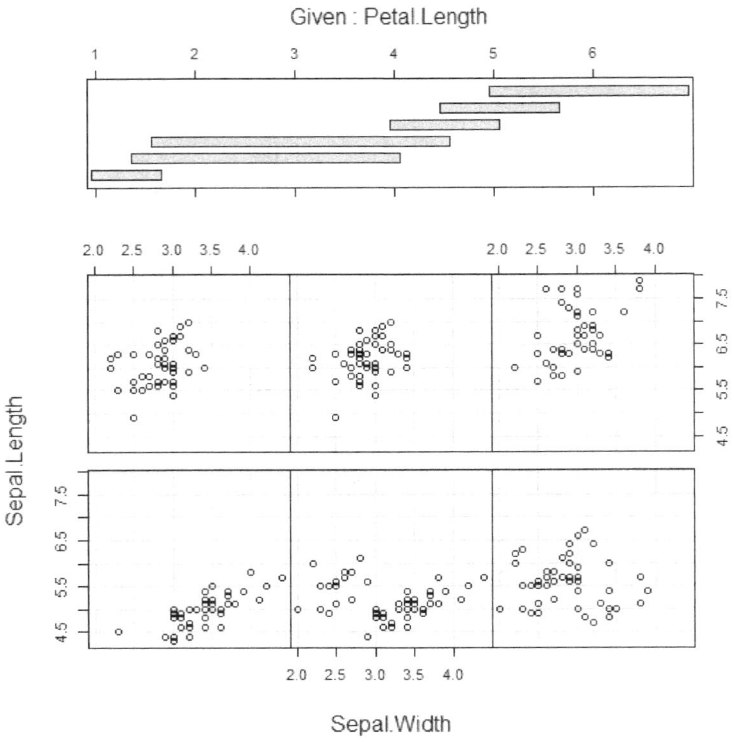

图 4.3 pch 的参数及其对应的形状

```
dotchart(x, labels = NULL, groups = NULL, gdata = NULL,
        cex = par("cex"), pch = 21, gpch = 21, bg = par("bg"),
        color = par("fg"), gcolor = par("fg"), lcolor = "gray",
        xlim = range(x[is.finite(x)]),
        main = NULL, xlab = NULL, ylab = NULL, ...)
```

其中：

x:　　向量或矩阵，表示绘制克里夫兰点图的数据

labels：向量，表示每个点的标签

　　当 x 为向量时，默认值是'names(x)'

　　当 x 为矩阵时，默认值是'dimnames(x)[1]'

groups：因子向量，表示 x 的分组情况

　　当 x 为矩阵时，默认值按 x 的列分组

gdata：数值向量，group 的数据值，最具代表性的就是每个组的中位数或平均值

例 4.4 R 自带的数据集 VADeaths 保存的是美国弗吉尼亚州 1940 年的人口死亡率（1/1000），绘制出该数据集的克里夫兰点图。

解 在 R 中输入如下命令：

```
> data(VADeaths)
> dotchart(VADeaths, main = 'Death Rates in Virginia - 1940')
```

结果如图 4.4 所示：

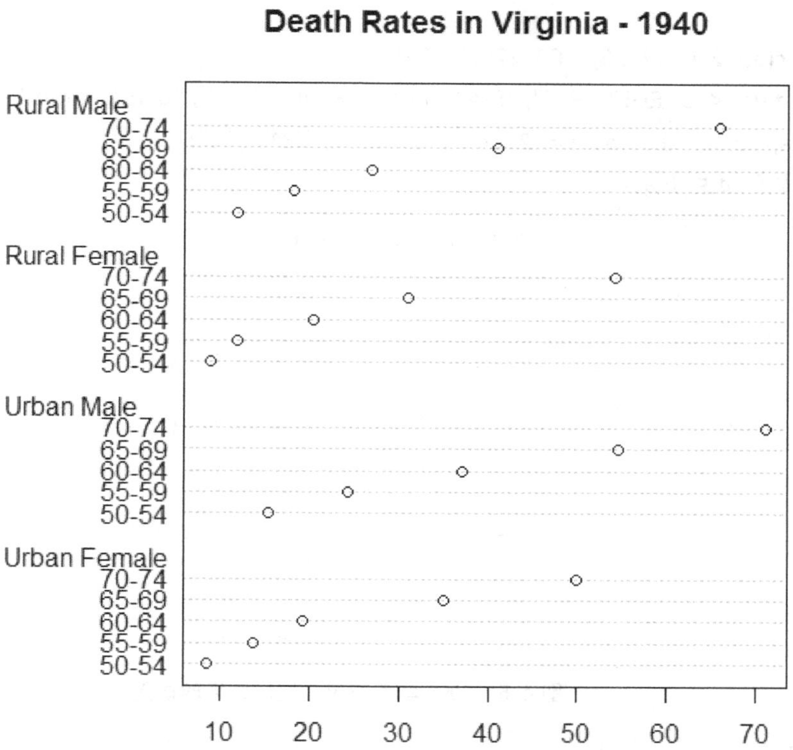

图 4.4 弗吉尼亚州 1940 年人口死亡率的克里夫兰点图

4.2.1.5 绘制饼图（pie()）

饼图是一种常用的统计图形，用整个圆表示总数，圆内各个扇形的大小表示各部分数量占总数的百分数，可以用于描述数量、频率及百分比之间的关系。在 R 中，可以使用 pie()函数绘制饼图，其调用格式为：

```
pie(x, labels = names(x), edges = 200, radius = 0.8,
    clockwise = FALSE, init.angle = if(clockwise) 90 else 0,
    density = NULL, angle = 45, col = NULL, border = NULL,
    lty = NULL, main = NULL, ...)
```

其中：

x： 非负值构成的向量，x 的分量表示扇形所占饼图的大小

labels： 表达式或字符串，表示饼图中各扇形的名称，默认值是“namex(x)”

edged： 正号数，表示近似圆的多边形的边数

radius： 数值，饼图的半径，默认值为 0.8

clockwies： 逻辑变量，当取 FALSE（默认）时为逆时针，取 TRUE 时为顺时针

init.angle： 数值，表示饼图开始的角度。逆时针的默认值是 0 度（3 点钟的位置），顺时针的默认值为 90 度（12 点钟的位置）

density： 正整数，表示阴影线条的密度，即每英寸的线条的条数

angle： 数值或向量，表示阴影线条倾斜的角度

例 4.5 2004 年欧洲议会选举的初步结果数据如下：

EUL	PES	EFA	EDD	ELDR	EPP	UNE	other
39	200	42	15	67	276	27	66

根据这组数据绘制出饼图。

解 代码如下：

```
> pie.data <- c(39, 200, 42, 15,   67, 276, 27,66)
> names(pie.data) <- c("EUL", "PES", "EFA", "EDD", "ELDR", "EPP", "UNE", "other")
> pie(pie.data,radius = 0.9, main = "2004 年欧洲议会选举结果")
```

其运行结果如图 4.5 所示：

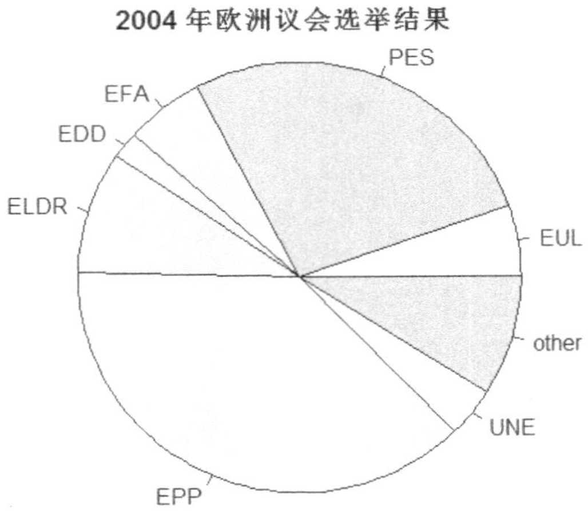

图 4.5 2004 年欧洲议会选举结果的饼图

4.2.1.6 绘制条形图（barplot()）

条形图是一种以长方形的长度表示变量的统计表，它在统计图形中得到广泛应用。在 R 中，可以使用 barplot()函数来绘制条形图，其调用格式如下：

```
barplot(height, width = 1, space = NULL,
        names.arg = NULL, legend.text = NULL, beside = FALSE,
        horiz = FALSE, density = NULL, angle = 45,
        col = NULL, border = par("fg"),
        main = NULL, sub = NULL, xlab = NULL, ylab = NULL,
        xlim = NULL, ylim = NULL, xpd = TRUE, log = "",
        axes = TRUE, axisnames = TRUE,
        cex.axis = par("cex.axis"), cex.names = par("cex.axis"),
        inside = TRUE, plot = TRUE, axis.lty = 0, offset = 0,
        add = FALSE, args.legend = NULL, ...)
```

其中：

height： 向量或矩阵，表示条形的长度

width： 数值或向量，表示条形的宽度，默认值为 1

space： 数值，表示条形之间的空白的宽度，默认值为 NULL

legend.text：字符串，表示图例说明

beside： 逻辑变量，FALSE（默认值）表示重叠，TRUE 表示平行排列

horiz： 逻辑变量，FALSE（默认值）表示绘制竖条，TRUE 表示绘制横条

例 4.6 使用例 4.5 中的数据，绘制出条形图。

解 输入以下命令：

```
> barplot(pie.data, space = 0.5)
```

运行效果如图 4.6 所示：

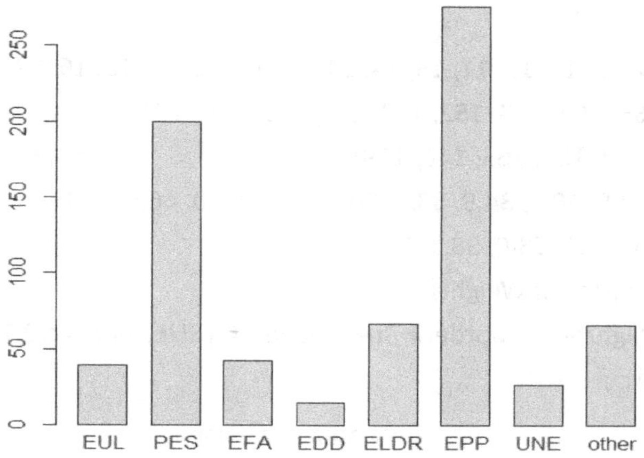

图 4.6　2004 年欧洲议会选举结果的条形图

4.2.1.7　绘制直方图（hist()）

直方图又称为质量分布图，由一系列高度不等的纵向条纹或线段表示数据分布的情况，是一种常用的统计报告图。直方图常被用于展示连续数据的分布，也常用于估计数据的概率分布。在 R 中，可以使用 hist()函数来绘制直方图，其调用格式为：

```
hist(x, breaks = "Sturges",
     freq = NULL, probability = !freq,
     include.lowest = TRUE, right = TRUE,
     density = NULL, angle = 45, col = NULL, border = NULL,
     main = paste("Histogram of" , xname),
     xlim = range(breaks), ylim = NULL,
     xlab = xname, ylab,
     axes = TRUE, plot = TRUE, labels = FALSE,
     nclass = NULL, warn.unused = TRUE, ...)
```

其中：

x：　　　向量，表示用于绘制直方图的数据

breaks：数值、向量或字符串，表示直方图的断点

freq：　逻辑变量，TRUE 表示频数，FALSE 表示密度

border：数字或字符串，表示直方边框的颜色

labels：　逻辑变量，当取值为 TRUE 时，表示标出频数或密度，默认值是 FALSE

例 4.7　已知 19 名学生的体检数据如表 4.1 所示，变量包括年龄、身高（cm）和体重（kg），根据这些数据画出身高的直方图。

表 4.1　19 名学生的体检数据

序号	年龄	身高/cm	体重/kg	序号	年龄	身高/cm	体重/kg
1	13	144	38.1	11	14	161	46.5
2	13	166	44.5	12	15	170	60.3
3	14	163	40.8	13	12	146	37.7
4	12	143	34.9	14	13	159	38.1
5	12	152	38.3	15	12	150	45.1
6	15	169	50.8	16	16	183	68.0
7	11	130	22.9	17	12	165	58.1
8	15	159	51.0	18	11	146	38.6
9	14	160	46.5	19	15	169	50.8
10	14	175	51.0				

解 代码如下：

```
> Age <- c(13, 13, 14, 12, 12, 15, 11, 15, 14, 14, 14, 15, 12, 13, 12, 16, 12, 11, 15)
> Height <- c(144, 166, 163, 143, 152, 169, 130, 159, 160, 175,
161, 170, 146, 159, 150, 183, 165, 146, 169)
> Weight <- c(38.1, 44.5, 40.8, 34.9, 38.3, 50.8, 22.9, 51.0, 46.5, 51.0,
46.5, 60.3, 37.7, 38.1, 45.1, 68.0, 58.1, 38.6, 50.8)
> tj <- data.frame(Age,Height,Weight)
> hist(Height, col = "lightblue", border = "red", labels = TRUE, ylim = c(0,7.2))
```

运行效果如图 4.7 所示：

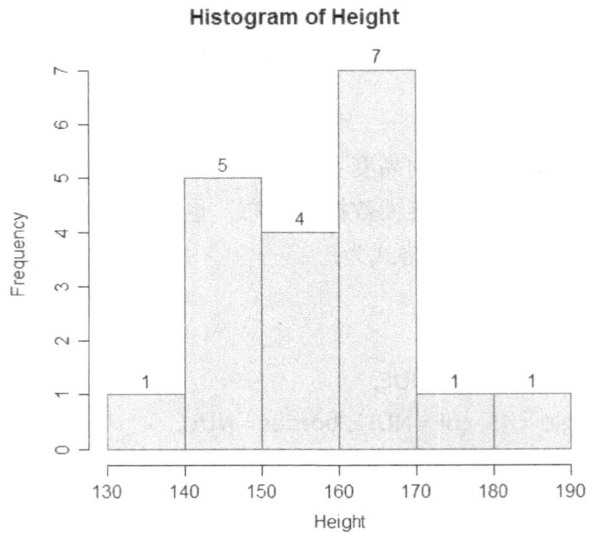

图 4.7 学生体重的直方图

如果想要绘制出该数据的密度曲线，可输入以下代码：

```
> hist(Height, breaks = 12, freq = FALSE, density = 10)
> lines(density(Height), col = "blue", lwd = 2)   # 密度曲线
> x <- seq(from = min(Height), to = max(Height), by = 0.5)
> lines(x, dnorm(x,mean(Height),sd(Height)), col = "red", lwd = 2) # 正态分布曲线
```

运行效果如图 4.8 所示：

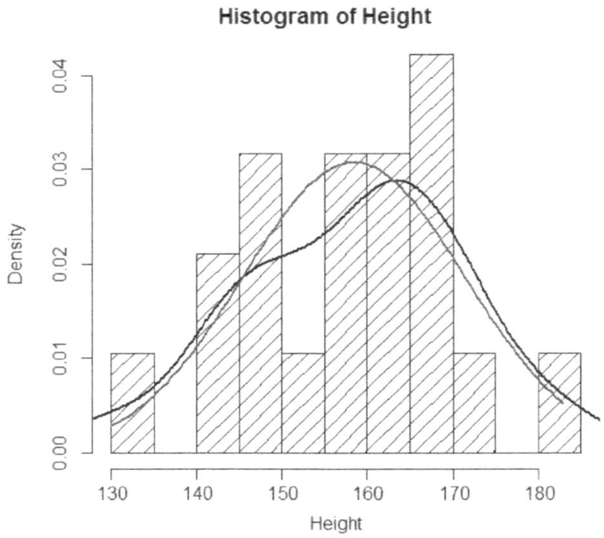

图 4.8 学生体重的直方图及密度曲线

4.2.1.8 绘制箱形图（boxplot()）

箱形图又称盒式图，能够提供有关数据位置和分散情况的关键信息。箱形图包括六个数据节点，即顺序统计量的上边缘、上四分位数 Q_3、中位数、下四分位数 Q_1、下边缘以及异常值（超过上下边缘的值）。在 R 中，可以使用 boxplot()函数来绘制箱形图，其调用格式为：

```
boxplot(x, ..., range = 1.5, width = NULL, varwidth = FALSE,
        notch = FALSE, outline = TRUE, names, plot = TRUE,
        border = par("fg"), col = NULL, log = "",
        pars = list(boxwex = 0.8, staplewex = 0.5, outwex = 0.5),
        horizontal = FALSE, add = FALSE, at = NULL)
```

也可以按公式的方式来调用：

```
boxplot(formula, data = NULL, ..., subset, na.action = NULL)
```

其中：

x： 向量、列表或数据框，用于绘制箱形图

formula： 公式，形如 y~grp，y 为向量，grp 为数据的分组

data： 数据框

range： 数值，表示“触须”的范围，即 $range\times(Q_3-Q_1)$，默认值为 1.5

notch： 逻辑变量，取值为 TRUE 时，表示绘制出的箱形图带有凹槽，默认值为 FALSE

outline： 逻辑变量，取值为 FALSE 时，表示不标明异常值，默认值为 TRUE

col： 数值或字符串，表示箱形图的颜色

horizontal：逻辑变量，取值为 TRUE 时，表示将箱形图绘制成水平状，默认值为 FALSE

例 4.8 用两种不同的方法测量得到如下数据：

方法 1：79.98 80.04 80.02 80.04 80.03 80.03 80.04 79.97
80.05 80.03 80.02 80.00 80.02

方法 2：80.02 79.94 79.98 79.97 79.97 80.03 79.95 79.97

问：两种方法测量得到的数据的均值是否相同？

解 代码如下：

```
> methodA <- c(79.98, 80.04, 80.02, 80.04, 80.03, 80.03, 80.04,
79.97, 80.05, 80.03, 80.02, 80.00, 80.02)
```

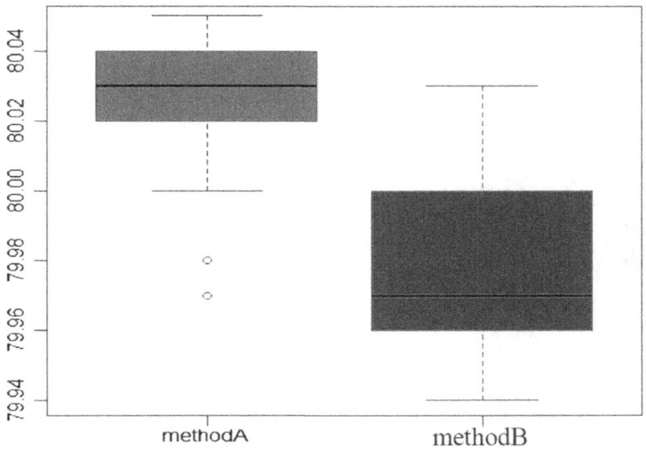

图 4.9 两种不同测量方法的箱形图

```
> methodB <- c(80.02, 79.94, 79.98, 79.97, 79.97, 80.03, 79.95, 79.97)
> boxplot(methodA,methodB, names = c('methodA', 'methodB'), col = c('red', 'blue'))
```

运行效果如图 4.9 所示。

4.2.1.9 绘制 Q-Q 图（qqnorm()）

Q-Q 图是一个概率图，在图形上表现为散点图。对应于正态分布的散点 Q-Q 图，是以标准正态分布的分位数做为横坐标，样本值做为纵坐标的散点图。当标本值的分布与正态分布相关时，点在 Q-Q 图上走近于落在一条直线上，因此，Q-Q 图可以用来判断一组样本数据是否服从正态分布。

在 R 中，可以使用 qqnorm()函数来绘制数据的正态 Q-Q 图，使用 qqline()函数来绘制一条理论上的直线，使用 qqplot()函数来绘制数据集的 Q-Q 图，它们的调用格式如下：

```
qqnorm(y, ylim, main = "Normal Q-Q Plot",
        xlab = "Theoretical Quantiles", ylab = "Sample Quantiles",
        plot.it = TRUE, datax = FALSE, ...)

qqline(y, datax = FALSE, distribution = qnorm,
        probs = c(0.25, 0.75), qtype = 7, ...)

qqplot(x, y, plot.it = TRUE, xlab = deparse(substitute(x)),
        ylab = deparse(substitute(y)), ...)
```

其中：

x：　　向量，表示第 1 组样本的数据，仅用于 qqplot()函数
y：　　向量，表示第 2 组样本的数据，或仅表示样本数据
main：　字符串，表示图题
xlab, ylab：字符串，表示 x 轴和 y 轴的标签
plot.it：　逻辑变量，取值为 TRUE（默认值）时，表示绘图，FALSE 表示不绘图

例 4.9 利用例 4.7 的学生体检数据，绘制出身高和体重的正态 Q-Q 图。

解 输入以下命令：

```
>attach(tj)
> qqnorm(Weight)
> qqline(Weight)
> qqnorm(Height)
```

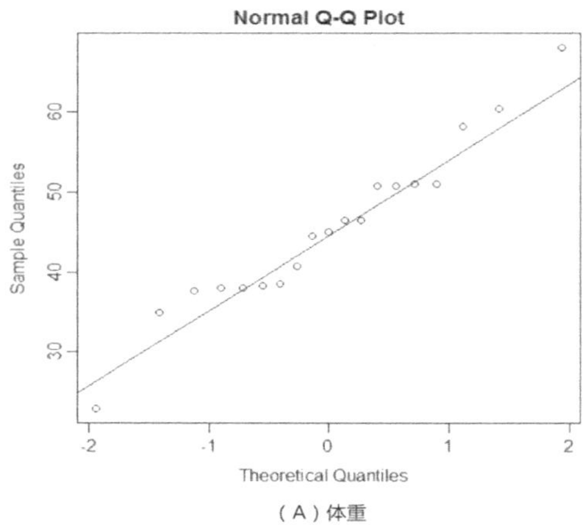

图 4.10（A）　体重的正态 Q-Q 图

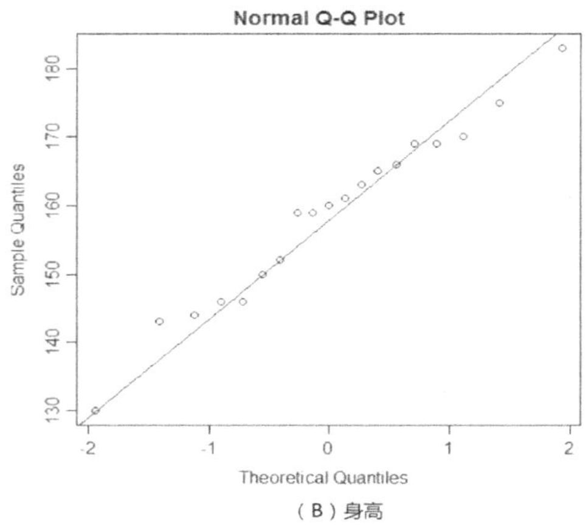

图 4.10（B）　身高的正态 Q-Q 图

```
> qqline(Height)
>detach()
```

运行效果如图 4.10 所示。

4.2.2 低级水平绘图

我们在前面介绍了高级水平绘图，能够绘制统计分析中常见的一些图形，虽然对绘图函数相关参数控制可以实现对图形的一些修饰，但在某些情况下可能须要绘制有特殊需求的图形。例如，绘制个人设计的坐标轴、在已有的图形上添加一些数据、在图中加入一些文字、对图中的多条曲线进行标注，等等。R 提供的低水平绘图函数可以在已有的图形止添加。

4.2.2.1 添加点、线、文字、符号或数学表达式

（1）添加点

在已有的图上添加点，可以使用 points()函数，其调用格式为：

```
points(x, y = NULL, type = "p", ...)
```

其中：

x，y：数值向量，表示添加的点的坐标

type：字符串，表示绘制的类型

...：附加参数

（2）添加线

在已有的图上添加线，可以使用 lines()函数，其调用格式为：

```
lines(x, y = NULL, type = "l", ...)
```

其中：

x，y：数值向量，表示添加的点的坐标

type：字符串，表示绘制的类型

...：附加参数

（3）添加文字或符号

在已有的图上添加文字或符号，可以使用 text()函数，其调用格式为：

```
text(x, y = NULL, labels = seq_along(x), adj = NULL,
     pos = NULL, offset = 0.5, vfont = NULL,
     cex = 1, col = NULL, font = NULL, ...)
```

其中：

x，y：数值向量，表示添加的文字所在的位置坐标

labels：数值或字符向量，表示要添加的文字或符号

adj：一个或两个[0,1]内的值，表示文字调整的位置

pos：数字或 NULL（默认值），1，2，3，4 分别表示原始位置的下、左、上、右位置

cex：数值，表示字体的大小，默认值是 1

（4）数学符号或数学表达式

在已有的图形中添加数学符号或数学表达式，可以使用函数 expression()来引导，作为字符串可以在 text()，mtext()及 title()中的任意一个函数中使用。关于数学表达式的详细信息可以在 R 中输入以下命令获得：

```
>help(plotmath)
>example(plotmath)
>demo(plotmath)
```

例 4.10 在 iris 数据集中，给出了鸢尾花的三种植物：setosa、versicolor 和 virginica，绘制这三种植物关于花瓣的长度和宽度的散点图。其中，不同的植物用不同的形状和颜色表示，并用文字进行标注。

解 代码如下：

```
>data(iris)
>plot(iris$Petal.Length, iris$Petal.Width,type = "n", xlab = "Petal.Length", ylab = "Petal.Width", cex = 1.3)
>points(iris$Petal.Length[1:50], iris$Petal.Width[1:50], pch = 23, col = 2, bg = 2)
>points(iris$Petal.Length[51:100], iris$Petal.Width[51:100], pch = 24, col = 3, bg = 3)
>points(iris$Petal.Length[101:150], iris$Petal.Width[101:150], pch = 19, col = 4, bg = 4)
>text(c(3, 2.5, 4), c(0.25, 1.5, 2.25),labels = c("setosa", "versicolor", "virginica"),
font = 2, col = c(2, 3, 4), cex = 1.5)
```

运行效果如图 4.11 所示：

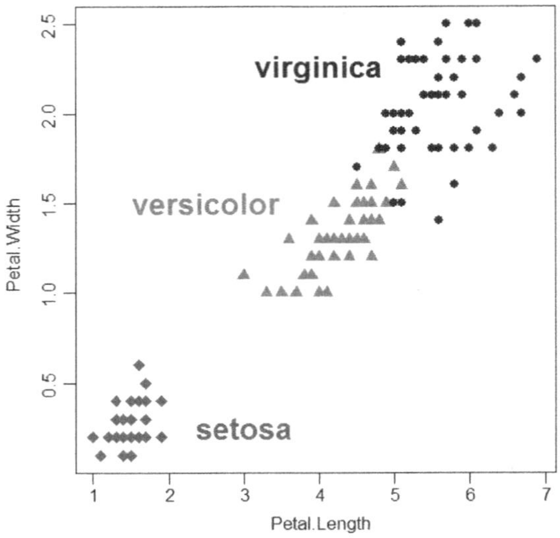

图 4.11 iris 数据集的散点图

4.2.2.2 添加直线、线段和图例

（1）添加直线

在已有的图上添加直线，可使用 abline()函数，其调用格式为：

```
abline(a = NULL, b = NULL, h = NULL, v = NULL, reg = NULL,
       coef = NULL, untf = FALSE, ...)
```

其中：

a，b：数值，分别表示直线的截距和斜率

h：　数值或数值型向量，表示水平直线

v：　数值或数值型向量，表示竖直直线

coef：二维向量，分别表示直线的截距和斜率

reg：由 lm()生成的对象，表示回归方程

（2）添加线段

在已有的图上添加线段，可使用 segments()函数，其调用格式为：

```
segments(x0, y0, x1 = x0, y1 = y0,
         col = par("fg"), lty = par("lty"), lwd = par("lwd"),
         ...)
```

其中：

x0，y0：数值向量，表示线段的起始坐标

x1，y1：数值向量，表示线段的终点坐标

（3）添加图例

在已有的图上添加图例，可使用 legend()函数，其调用格式为：

```
legend(x, y = NULL, legend, fill = NULL, col = par("col"),
       border = "black", lty, lwd, pch,
       angle = 45, density = NULL, bty = "o", bg = par("bg"),
       box.lwd = par("lwd"), box.lty = par("lty"), box.col = par("fg"),
       pt.bg = NA, cex = 1, pt.cex = cex, pt.lwd = lwd,
       xjust = 0, yjust = 1, x.intersp = 1, y.intersp = 1,
       adj = c(0, 0.5), text.width = NULL, text.col = par("col"),
       text.font = NULL, merge = do.lines && has.pch, trace = FALSE,
       plot = TRUE, ncol = 1, horiz = FALSE, title = NULL,
       inset = 0, xpd, title.col = text.col, title.adj = 0.5,
       seg.len = 2)
```

其中：

x，y：　　数值，表示放置图例的位置坐标

legend：　字条串或表达式（可以是 expression 引导的数学表达式），表示图例的内容

col：　　数字或字符串，表示点或线的颜色

border：　数字或字符串，表示边界的颜色

lty，lwd：数字，表示图例中线的类型、宽度

pch：　　数字，表示图例中符号的类型

例 4.11　数据集 cars 给出了行驶速度与制动距离的数据，现讨论行驶速度与制动距离之间的函数关系，分别用线性回归和二次多项式回归的方法得到回归方程，根据回归方程画出对应曲线，并对曲线进行注释。

解　代码如下：

```
>data(cars);
>plot(cars$speed, cars$dist, main = "速度与制动距离的回归分析",
     pch = 19, xlab = "速度(mile/h)", ylab = "距离(ft)");
>speed.reg <- lm(cars$dist ~ cars$speed, data = cars);
>abline(speed.reg, lty = 2, col = 2, lwd = 2);
>speed.p2 <- lm(cars$dist ~ cars$speed + I(cars$speed^2), data = cars)
#summary(speed.p2)

>x = cars$speed;
>y = 2.47014 + 0.91329 * x + 0.09996 * x * x;
>points(x, y, lty = 4, col = 3, lwd = 2)

>legend(4,100,legend = c("线性回归", "多项式回归"), lty = c(2,4), col = c("red", "green"))
```

运行效果如下：

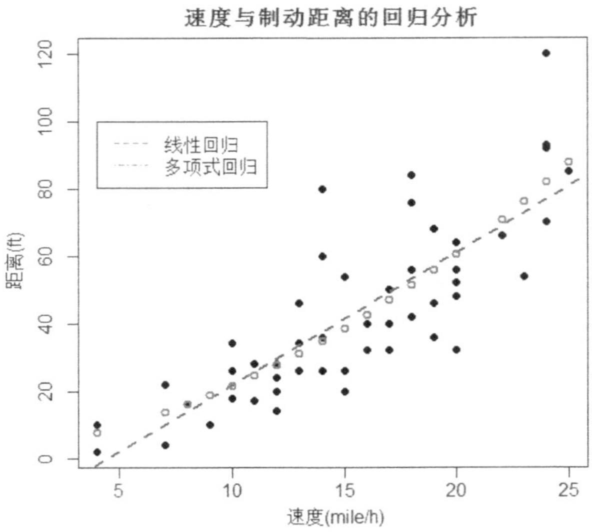

图 4.12 速度与制动距离的回归分析

4.2.2.3 添加图题、边和盒子

（1）添加图题

在已有的图上添加图题，可以使用 titile()函数，其调用格式为：

```
title(main = NULL, sub = NULL, xlab = NULL, ylab = NULL,
  line = NA, outer = FALSE, ...)
```

其中：

main：字符串，表示标题的内容，加在图的顶部

sub：字符串，表示副标题的内容，加在图的底部

xlab：字符串，表示 x 轴的内容

ylab：字符串，表示 y 轴的内容

outer：逻辑变量，TRUE 表示将标题放在图形空白处的外侧，FALSE（默认值）表示将标题放在图形空白处

（2）添加边

在已有的图上添加边或其它标记，可使用 axis()函数，其调用格式为：

```
axis(side, at = NULL, labels = TRUE, tick = TRUE, line = NA,
     pos = NA, outer = FALSE, font = NA, lty = "solid",
     lwd = 1, lwd.ticks = lwd, col = NULL, col.ticks = NULL,
     hadj = NA, padj = NA, ...)
```

其中：

side：数字，表示添加哪些位置的边。1，2，3，4 分别表示底部、左侧、顶部和右侧

at：向量，表示添加标记的位置

labels：逻辑变量，TRUE（默认值）表示在标记位置添加 at 的值，FALSE 表示不添加标记

（3）添加盒子

在已有的图上添加盒子，可以使用 box()函数，其调用格式为：

```
box(which = "plot", lty = "solid", ...)
```

其中：

which：字符串，“plot”、“figure”，“inner”，“outer”中的一个

lty：数字或字符串，表示盒子线的类型

例 4.12 绘制 cars 数据集的散点图，然后加上图题，添加坐标轴，添加边框。

解 代码如下：

```
>data(cars)
>plot(cars)
>title(main = "速度与制动距离的关系")
>axis(side = 1)
>axis(side = 2)
>box(lty = 2, lwd = 2, col = 2)
```

运行效果如图所示：

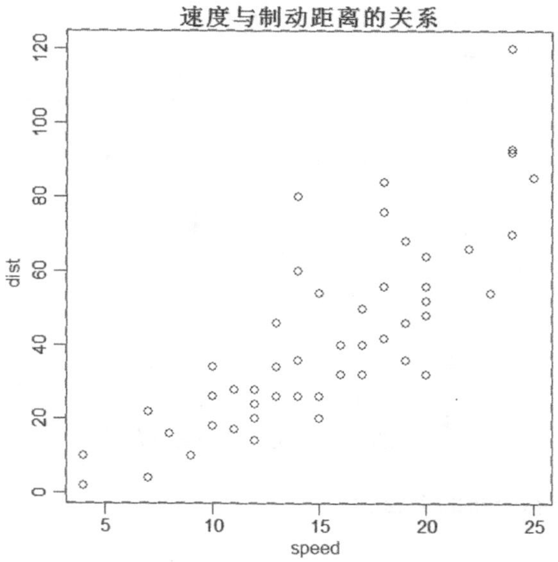

图 4.13 速度与制动距离的关系

4.2.2.4 添加多边形或图形阴影

在已有的图形上添加多边形，可以使用 polygon()函数，其调用格式如下：

```
polygon(x, y = NULL, density = NULL, angle = 45,
        border = NULL, col = NA, lty = par("lty"),
        ..., fillOddEven = FALSE)
```

其中：

x，y： 数值向量，表示多边形折点的坐标

density：数值，表示阴影线的密度，即每英寸线的条数

angle： 数值，表示阴影线的角度，默认值是 45 度

border：数字或字符串，表示边界的颜色

col： 数字或字符串，表示多边形内部的颜色

例 4.13 用 polygon()函数绘制一个五角星。

解 代码如下：

```
>n1 <- seq(from = 1, to = 11, by = 2);
>x1 <- sin(0.4 * n * pi);
>y1 <- cos(0.4 * n * pi);
>plot(x1, y1, type = "n", main = "五角星");
```

```
>polygon(x1, y1, col = "red");

>x2 <- cos(0.4 * pi) / cos(0.2 * pi) * sin(0.2 * n * pi);
>y2 <- cos(0.4 * pi) / cos(0.2 * pi) * cos(0.2 * n * pi);
>polygon(x2, y2, col = "red");
```

运行效果如下图所示：

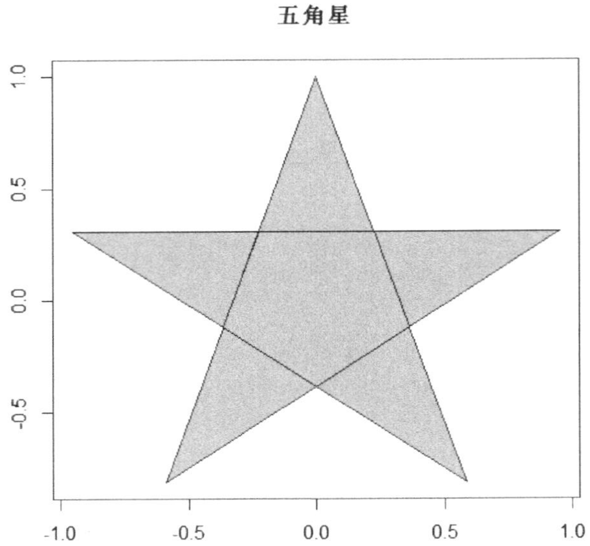

图 4.14　用 R 绘制的五角星

例 4.14　绘制标准正态分布的上 α 分位数。

解　代码如下：

```
>x <- seq(-4, 4, by = 0.1)
>plot(x, dnorm(x), type = "l", lwd = 2, col = 4, xlim = c(-3, 3), ylim = c(-0.01, 0.4), ylab = "Normal Density", main = "上分位数")
>abline(h = 0, v = 0)
>z <- qnorm(1-0.05);
>xx <- seq(z,4,by = 0.1)
>polygon(c(xx, z), c(dnorm(xx), dnorm(4)), col = "yellow")
```

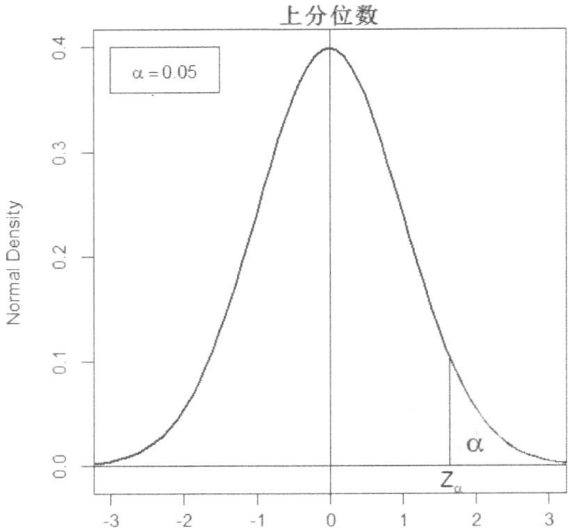

图 4.15　标准正态分布的上 α 分位数

```
>text(z, -0.015, expression(Z[alpha]),adj = 0.4, cex = 1.1)
>text(2, 0.02, expression(alpha),adj = 0.5, cex = 1.5)
>legend(-3,0.4, expression(alpha == 0.05),adj = 0.2)
```

运行效果如图 4.15 所示。

4.3 实验练习

1．数据集 pressure 给出了水蒸气温度与压力的观测数据。

（1）画出散点图；

（2）在上图中标出标题，坐标轴

2．数据集 VADeaths 给出了 Virginia 州在 1940 年的死亡率(1/1000)。

（1）画出按年龄分组死亡率的饼图；

（2）画出按人口性质分组死亡率的饼图；

3．为测试某种药物是否有效，共有 84 位患者服用了此药，其中 42 人无效，14 人病情有所好转，28 人治愈。画出数据的条形图，并在每个条形图上画一种颜色，分别为红色、黄色和绿色。

4．数据集 mtcars 给出了一组汽车测试数据，其中 mpg 为每加仑汽油行驶的英里数。

（1）画出数据的直方图；

（2）选择 12 个断点，直方图的颜色为淡蓝色，边框为红色；

（3）画出每种车型每加仑汽油行驶英里数的点图；

（4）画出每种汽车依照汽缸数分组的每加仑汽油行驶英里数的点图。

5．数据集 iris 给出鸢尾花属三种植物萼片的长度和宽度，花瓣的长度和宽度，绘出数据的阵列式散点图

6．使用数据集 mtcars。画出每种车型每加仑汽油行驶英里数的正态 Q-Q 散点图

7．某小学 60 位学生（11 岁）的身高（单位：cm）数据如下：

126	149	143	141	127	123	137	132	135	134	146	142	135	141	150
137	144	137	134	139	148	144	142	137	147	138	140	132	149	131
139	142	138	145	147	137	135	142	151	146	129	120	143	145	142
136	147	128	142	132	138	139	147	128	139	146	139	131	138	149

（1）做出直方图；

（2）做出茎叶图。

8．1997 年全国各省市区的城市煤气普及率数据如表 4.1（单位：%）。

表 4.1　1997 年各省市区煤气普及率数据

省市区名	普及率	省市区名	普及率	省市区名	普及率
北京	94.02	天　津	93.1	辽宁	86.63
山西	66.57	内蒙古	51.68	上海	94.80
吉林	61.84	黑龙江	66.32	安徽	65.06
江苏	87.79	浙　江	94.9	山东	80.29
福建	78.54	江　西	57.3	湖南	65.70
河南	52.06	湖　北	73.39	海南	88.53
广东	92.05	广　西	83.2	贵州	43.29
重庆	71.16	四　川	68.95	陕西	54.75
云南	68.42	西　藏	56.27	宁夏	71.84
甘肃	39.84	青　海	47.27		
新疆	88.44	河　北	85.93		

(1)做出直方图;

(2)做出茎叶图。

9. 1984年一些国家每平方公里可开发水资源数据如表4.2(单位:万度/年)。

表4.2 各国每平方公里可开发水资源数据

国家	每平方公里可开发水资源	国家	每平方公里可开发水资源
中国	20.0	墨西哥	4.9
前苏联	4.9	瑞典	22.3
巴西	4.1	意大利	16.8
美国	7.5	奥地利	58.6
加拿大	5.4	南斯拉夫	24.8
扎伊尔	28.1	瑞士	78.0
印度	8.5	罗马尼亚	10.1
哥伦比亚	26.3	原西德	8.8
日本	34.9	英国	1.7
阿根廷	6.9	法国	11.5
印尼	7.9	西班牙	13.4
挪威	37.4		

做出茎叶图。

10. 数据集 pressure 给出了水蒸气温度和压力的观测数据。以温度为横坐标,压力为纵坐标。

(1)绘出散点图;

(2)只画线不画点;

(3)同时绘点和画线,而线不穿过点;

(4)仅画(3)中的线;

(5)同时绘点和画线,且线穿过点;

(6)绘出点到横轴的竖线;

(7)绘出阶梯图(先横再纵);

(8)绘出阶梯图(先纵再横);

(9)作一幅空图,不绘任何图形。

4.4 参考文献

[1]薛毅,陈立萍.R 语言实用教程[M].北京:清华大学出版社,2014.

4.5 扩展阅读

4.5.1 中级绘图

主要关注用于展示双变量间关系(二元关系)和多变量间关系(多远关系)的绘图方法。

4.5.1.1 散点图

散点图可以用来描述两个连续变量间的关系。

首先,描述一个二元变量关系,然后探究各种通过添加而外信息来增强图形表达功能的方法。最后，通过添加第三个连续型变量，我们将把二维图形扩展到三位，包括三维散点图和气泡图。

> attach(mtcars)

> plot(wt,mpg,main="Basic Scatter plot of MPG vs Weight",

xlab="Car Weight(1bs/1000)",ylab="Miles Per Gallon ",pch=19)

abline()函数用来添加最佳拟合的线性直线。lowess()函数用来添加一条平滑曲线。 该平滑曲线拟合是一种基于局部加权多项式回归的非参数方法。算法来源 Cleveland(1981)。

> abline(lm(mpg~wt),col="red",lwd=2,lty=1)

> lines(lowess(wt,mpg),col="blue",lwd=2,lty=2)

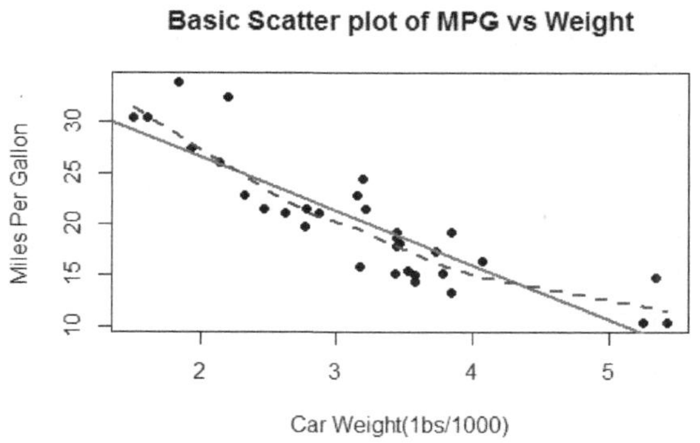

图 4.16 散点图(线性及平滑拟合线)

car 包中的 scatterplot()函数增强了散点图的需对功能，主要作用在添加拟合曲线，边界箱线图和之心椭圆，还可以按子集绘图和交互式地识别点。

> library(car)

> scatterplot(mpg~wt|cyl,data=mtcars,lwd=2,main="Scatter Plot of MPG vs. Weight by #Cylinders",xlab="Weight of Car(lbs/1000)",ylab="Miles Per Gallon", legend. plot=TRUE, id.method= "identify",labels=row.names(mtcars),boxplots="xy")

其中 scatterplot()函数用来描绘有 4 个 6 个 8 个气缸的汽车每加仑英里数对车重的图形。

表达式 mpg~wt|cyl 表示按条件绘图，按照 cyl 的水平分别绘制 mpg 和 wt 关系图。

默认条件下，各个子集通过颜色和图形符号加以区分，并同时绘制线性拟合和平滑拟合曲线。平滑拟合默认需要 5 个单独的数据点。

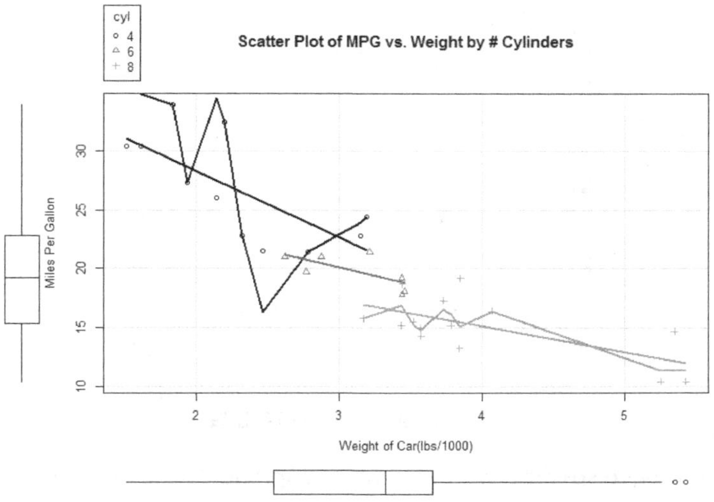

图 4.17 mpg 和 wt 关系图

id.method 选项的设点表明可以通过鼠标单击方式来交互式地识别数据点。知道 Stop。(在 studio 里面是 ESC)

legend.plot 表明在左上边界添加土里。

4.5.1.2 散点图矩阵

R 中至少有四种创建散点图矩阵的实用函数。pairs()函数可以创建基础的散点图矩阵。

```
> pairs(~mpg+disp+drat+wt,data=mtcars,main="Basic Scatter Plot Matrix")
```

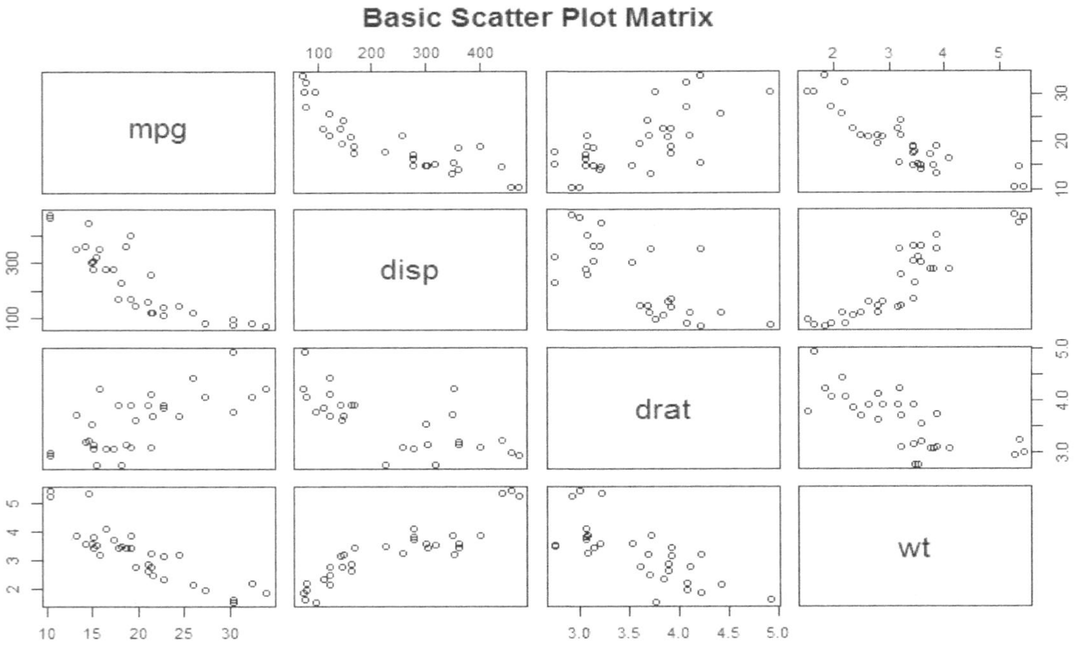

图 4.18 相关矩阵

通过调整参数，可以只显示下三角或上三角的图形。upper.panel=NULL 将只生成下三角图形。

```
> pairs(~mpg+disp+drat+wt,data=mtcars,main="Basic Scatter Plot Matrix",upper.panel=NULL)
```

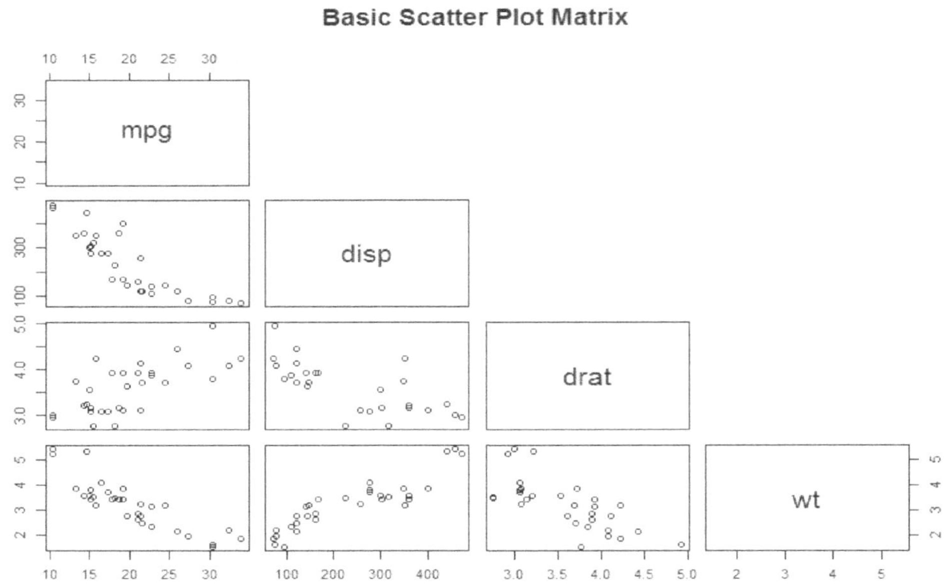

图 4.19 下三角相关矩阵

```
> scatterplotMatrix(~mpg+disp+drat+wt, data=mtcars, spread=FALSE, lty.smooth=2, main="Scatter Plot Matrix via car Pachage")
```

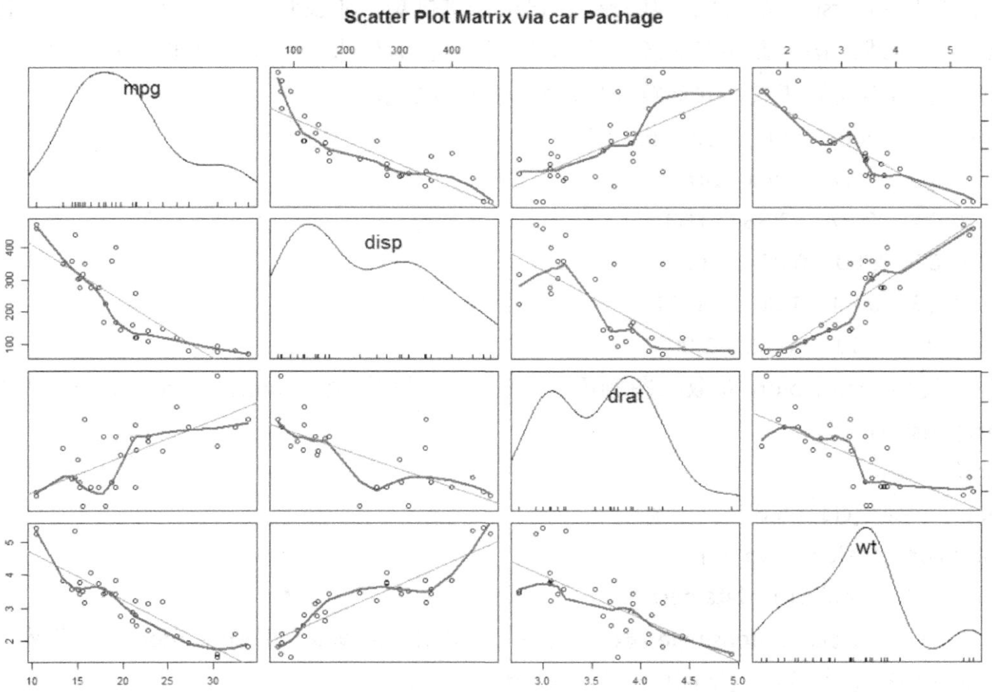

图 4.20 拟合曲线相关矩阵

这里 lty.smooth=2 本想设定平滑拟合曲线为虚线，但是报错 lty.smooth 不是图形参数，还没有解决。但是如果 lty=2，就把拟合的直线设置为虚线。

```
> library(car)
>
scatterplotMatrix(~mpg+disp+drat+wt|cyl,data=mtcars,spread=FALSE,diagonal="histogram",main="Scatter Plot Matrix via car Package")
```

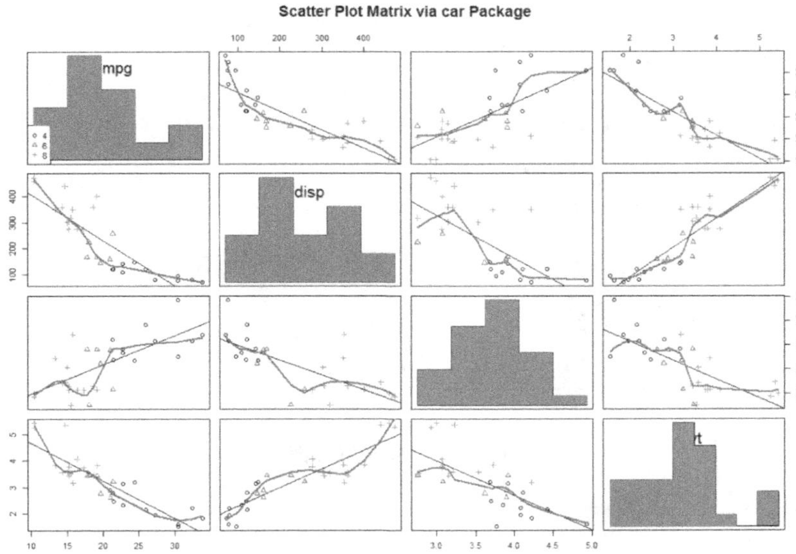

图 4.21 主对角线直方图的拟合曲线相关矩阵

这里，我们想主对角线的和密度曲线改成了直方图(各车汽缸数为条件)默认地，回归直线拟合整个样本，包好 by.groups=TRUE。

gclus 包中的 cpairs()函数提供了其变种。它可以重排矩阵中变量位置的选项，可以让相关性更好的变量更靠近对角线。该函数还能对各个单元格进行颜色编码来展示变量间的相关性大小。

第一步，选出需要的变量，并计算他们的相关系数的绝对值；

```
> cor(mtcars[c("mpg","wt","disp","drat")])
       mpg    wt   disp  drat
mpg   1.00 -0.87 -0.85  0.68
wt   -0.87  1.00  0.89 -0.71
disp -0.85  0.89  1.00 -0.71
drat  0.68 -0.71 -0.71  1.00
```

第二步，使用 dmat.color()获取绘图颜色。给定一个对称矩阵，dmat.color()将返回一个颜色矩阵；

```
> library(cluster)
> library(gclus)
> mydata=mtcars[c(1,3,5,6)]
> mydata.corr=abs(cor(mydata))
> mycolors=dmat.color(mydata.corr)
```

第三步，排序。通过 order.single()散点图矩阵将根据新的变量顺序(myorder)和颜色列表(mycolor)绘图上色，gap 使得矩阵各单元格间的间距稍微增大一些。

```
> myorder=order.single(mydata.corr)
> cpairs(mydata,myorder,panel.colors=mycolors,gap=.5,main="Variables Ordered and Colored by Correlation")
```

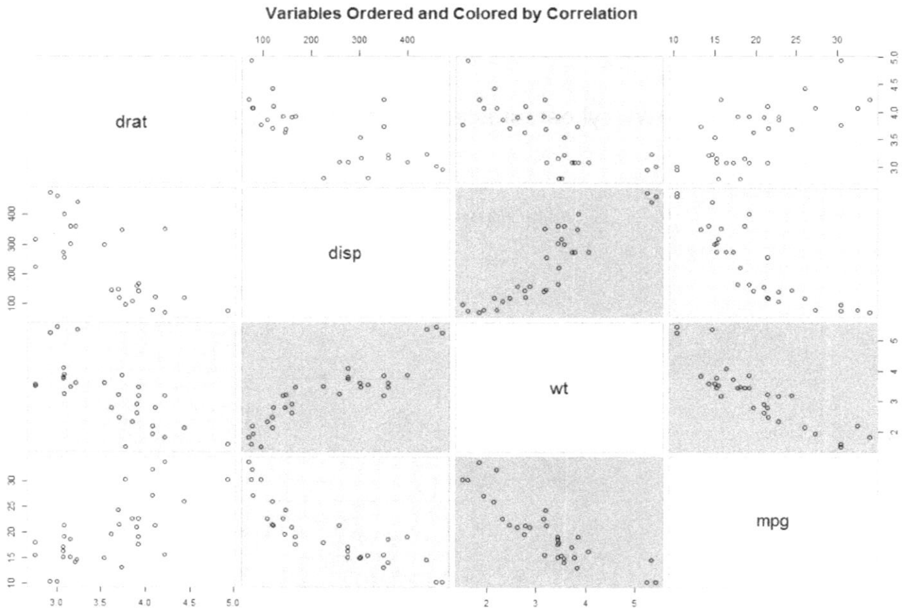

图 4.22 变种散点图

```
> set.seed(1234)
> n=10000
> c1=matrix(rnorm(n,mean=0,sd=.5),ncol=2)
> c2=matrix(rnorm(n,mean=3,sd=2),ncol=2)
> mydata=rbind(c1,c2)
> mydata=as.data.frame(mydata)
```

```
> names(mydata)=c("x","y")
> with(mydata,plot(x,y,pch=19,main="Scatter Plot with 10000 Observations"))
```

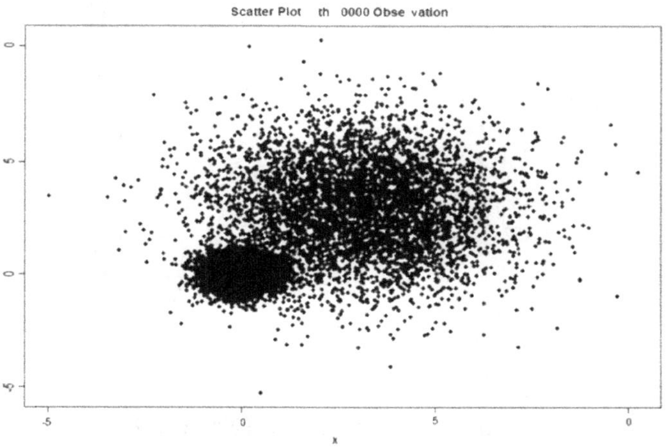

图 4.23 10000 个观测值的散点图

针对上述数据点的重叠导致识别 xy 间关系变得异常困难。可以使用封箱、颜色和透明度来指明图中任一点上重叠点的数目。smoothScatter()函数可利用核密度估计声称用颜色密度来表示店分布的散点图。

```
> with(mydata,smoothScatter(x,y,main="Scatterplot Colored by Smoothed Densities"))
```

hexbin 包中的 hexbin() 函数将二元变量的封箱放到六边形单元格中(图形比名称更直观)

```
> library(hexbin)with(mydata,{bin=hexbin(x,y,xbins=50)
> plot(bin,main="Hexagonal Binning with 10000 Observations")})
```

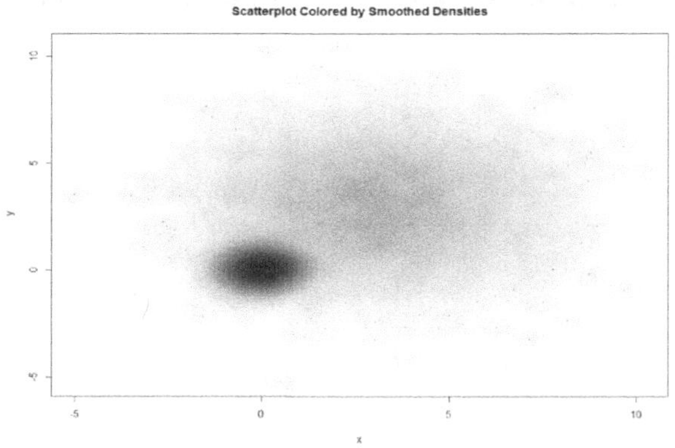

图 4.24 颜色密度表示的散点图(1)

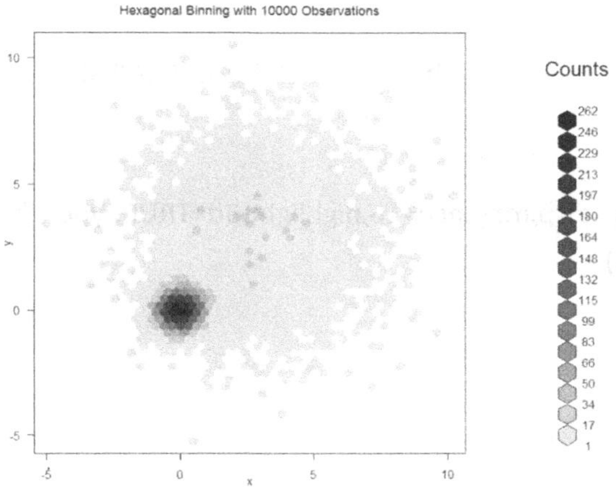

图 4.25 封箱后的散点图

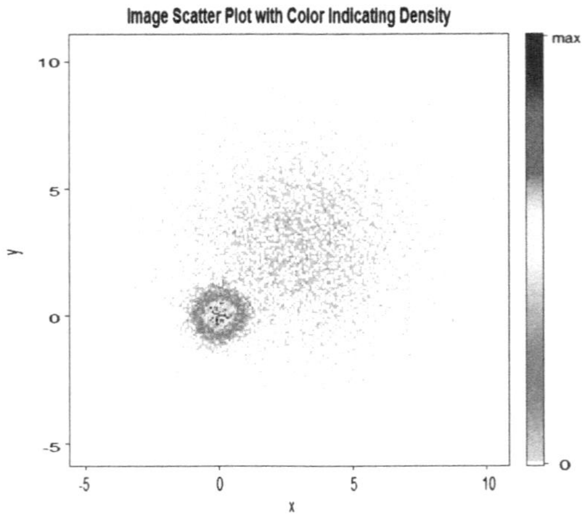

图 4.26 颜色密度表示的散点图(2)

IDPmisc 包中的 iplot()函数也可以通过颜色来展示店的密度(特定点上的数据数目)。

> with(mydata,iplot(x,y,main="Image Scatter Plot with Color Indicating Density"))

4.5.1.3 三维散点图

可以用 scatterplot3d 中的 scatterplot3d()函数来绘制他们的关系。

> install.packages("scatterplot3d")

> library(scatterplot3d)

> attach(mtcars)

> scatterplot3d(wt,disp,mpg,pch=16,highlight.3d=TRUE,type="h",main="Basic 3D Scatter Plot")

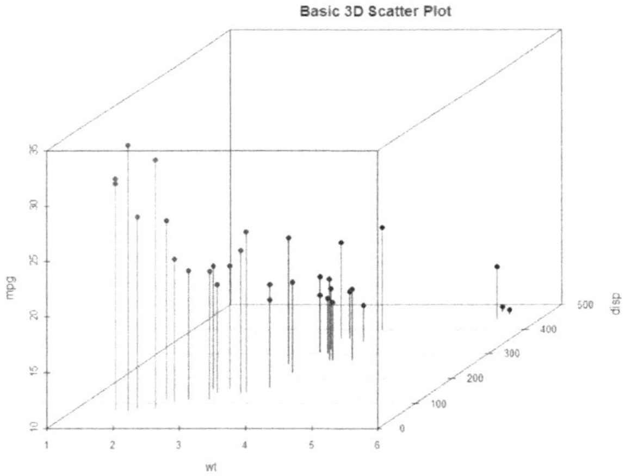

图 4.27 立体相关矩阵散点图

4.5.1.4 二维回归平面图

> s3d=scatterplot3d(wt,disp,mpg,pch=16,highlight.3d=TRUE,type="h",main="Basic 3D Scatter Plot")

> fit=lm(mpg~wt+disp)

> s3d$plane3d(fit)

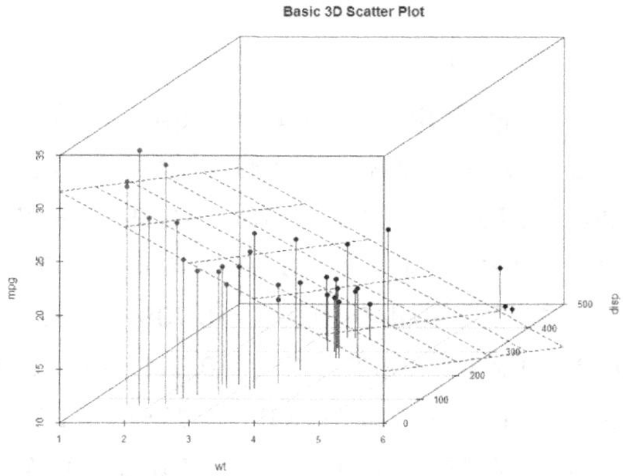

图 4. 28 添加回归平面后的三维关系散点图

4.5.1.5 气泡图

先创建一个二维散点图，然后点的大小代表第三个变量的值。格式：

sysbols(x,y,circle=radius)

inches 是比例因子，控制着圆圈大小，text()函数是可选函数，添加各个汽车名称。

一般来说，统计热源倾向于避免使用气泡图，相对于长度来说，人们对于体积或面积判断更吃力。但是在商业应用中非常受欢迎。

```
> attach(mtcars)
> r=sqrt(disp/pi)
> symbols(wt,mpg,circle=r,inches=0.30,fg="white",bg="lightblue",main="Bubble Plot with point size proportional to displacement",ylab="Miles Per Gallon",xlab="Weight of Car(lbs/1000)")
> text(wt,mpg,rownames(mtcars),cex=0.6)
> detach(mtcars)
```

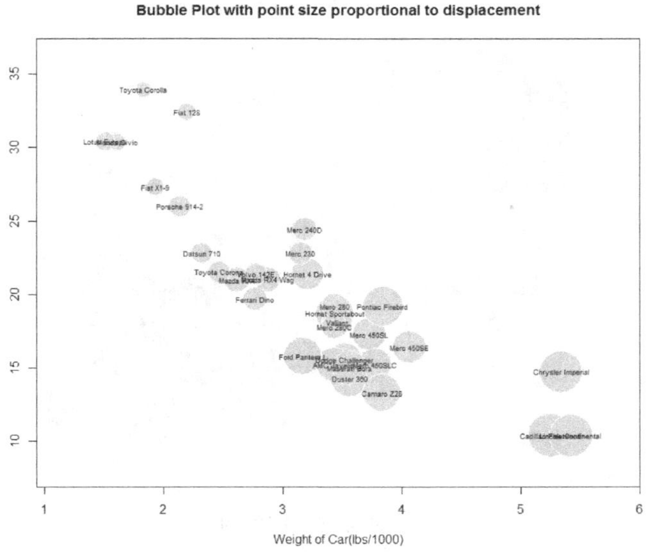

图 4. 29 气泡图

4.5.1.6 相关图

相关系数矩阵是多元统计分析的一个基本方法。哪些被考察的变量与其他变量相关性很强，哪些不强？相关变量是否以某种特定的方式聚集在一起？随着变量数的增加，这类问题将变得更难回答。

```
> options(digits=2)
> cor(mtcars)
       mpg   cyl  disp    hp   drat    wt   qsec    vs     am  gear   carb
mpg   1.00 -0.85 -0.85 -0.78  0.681 -0.87  0.419  0.66  0.600  0.48 -0.551
cyl  -0.85  1.00  0.90  0.83 -0.700  0.78 -0.591 -0.81 -0.523 -0.49  0.527
disp -0.85  0.90  1.00  0.79 -0.710  0.89 -0.434 -0.71 -0.591 -0.56  0.395
hp   -0.78  0.83  0.79  1.00 -0.449  0.66 -0.708 -0.72 -0.243 -0.13  0.750
drat  0.68 -0.70 -0.71 -0.45  1.000 -0.71  0.091  0.44  0.713  0.70 -0.091
wt   -0.87  0.78  0.89  0.66 -0.712  1.00 -0.175 -0.55 -0.692 -0.58  0.428
qsec  0.42 -0.59 -0.43 -0.71  0.091 -0.17  1.000  0.74 -0.230 -0.21 -0.656
vs    0.66 -0.81 -0.71 -0.72  0.440 -0.55  0.745  1.00  0.168  0.21 -0.570
am    0.60 -0.52 -0.59 -0.24  0.713 -0.69 -0.230  0.17  1.000  0.79  0.058
gear  0.48 -0.49 -0.56 -0.13  0.700 -0.58 -0.213  0.21  0.794  1.00  0.274
carb -0.55  0.53  0.39  0.75 -0.091  0.43 -0,656 -0.57  0.058  0.27  1.000
```

使用 corrgram 包中的 corrgram()函数：

```
> install.packages("seriation")
> library(corrgram)
> corrgram(mtcars,ordr=TRUE,lower.panel=panel.shade,upper.panel=panel.pie,
text.panel=panel.txt,main="Correlogram of mtcars intercorrelations")
```

(1)下三角单元格中：

默认蓝色和从左下指向右上的斜杠表示单元格中的两个变量呈正相关。反过来，红色且从左上指向右下的斜杠表示负相关。

色彩越深，饱和度越高，说明变化相关性越大。

相关性接近于 0 的单元格基本物色。

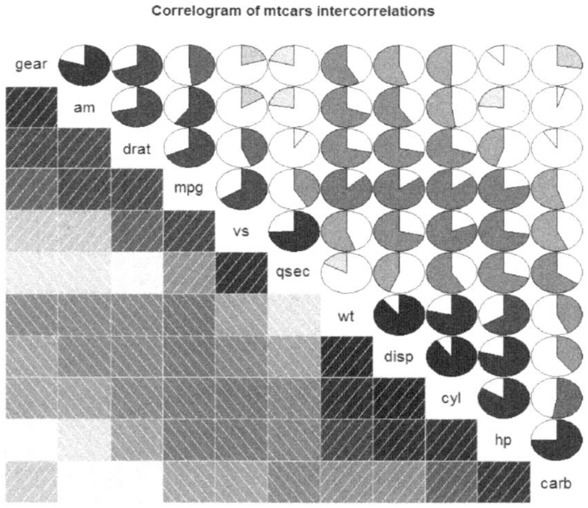

图 4.30 相关图

(2)上三角单元格中：

颜色功能同上，但相关性大小由被填充的饼图块大小展示出来。争先惯性将从 12 点钟处开始顺时针填充饼图，而负相关将逆时针填充饼图。

4.5.1.7 马赛克图

当变量是类别变量时，且数目多于三个的时候，可使用马赛克图。马赛克图中，嵌套矩阵面积正比于单元格频率，其中该频率即多维列联表中的频率。颜色和阴影可表示拟合模型的残差值。

vcd 包中的 mosaic()函数可以绘制马赛克图；base 包中的 mosaicplot()也可绘制马赛克图。

以 base 中的 Titanic 数据集为例

```
> ftable(Titanic)
> library(vcd)
> mosaic(Titanic,shade=TRUE,legend=TRUE)
```

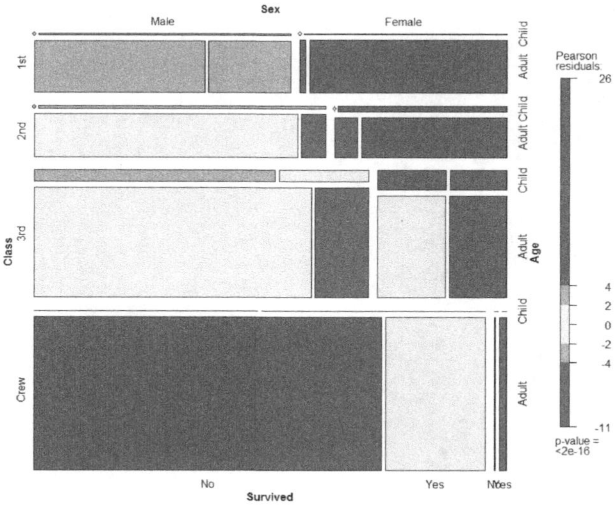

图 4.31 马赛克图

第四章 概率、分布与随机模拟

本章主要是介绍如何使用 R 作简单描述统计分析等。在数据分析的时候，一般首先要对数据进行描述性统计分析(DescriptiveAnalysis)，以发现其内在的规律，再选择进一步分析的方法。描述性统计分析要对调查总体所有变量的有关数据做统计性描述，主要包括数据的频数分析、数据的集中趋势分析、数据离散程度分析、数据的分布、以及一些基本的统计图形。

实验5 简单描述统计分析及R语言实现

5.1 实验目的

1. 掌握使用R对数据作描述性统计分析的方法；
2. 掌握R语言中生成随机数及进行随机抽样模拟的方法；
3. 掌握蒙特卡洛模拟的方法。

5.2 实验原理

5.2.1 数据的集中趋势分析

数据的集中趋势分析是用来反映数据的一般水平，常用的指标有平均值、中位数和众数等。

设 n 个观测值为 $x_1,x_2,\cdots,x_n$，其中 n 称为样本容量。

均值即是 $x_1,x_2,\cdots,x_n$ 的平均数，表示数据的集中位置：

$$\bar{x}=\frac{1}{n}\sum_{i=1}^{n}x_i$$

中位数是描述数据心位置的数字特征，计算公式：

$$M=\begin{cases} x_{\frac{n+1}{2}}, & n\text{为奇数} \\ \frac{1}{2}\left(x_{\frac{n}{2}}+x_{(\frac{n}{2}+1)}\right), & n\text{为偶数} \end{cases}$$

众数是指在数据中发生频率最高的数据值。

如果各个数据之间的差异程度较小，用平均值就有较好的代表性；而如果数据之间的差异程度较大，特别是有个别的极端值的情况，用中位数或众数有较好的代表性。

对于对称分布的数据，均值和中位数较接近；对于偏态分布的数据，均值和中位数不同。

5.2.2 数据的离散程度分析

数据的离散程度分析主要是用来反映数据之间的差异程度，常用的指标有方差和标准差。方差是标准差的平方，根据不同的数据类型有不同的计算方法。

方差是描述数据取值分散性的一个度量，它是数据相对于均值的偏差平方的平均：

$$s^2=\frac{1}{n-1}\sum_{i=1}^{n}\left(x_i-\bar{x}\right)^2$$

方差的开方称为标准差。方差的量纲与数据的量纲不一致，它是数据量纲的平方，而标准差的量纲与数据量纲一致，标准差为

$$s=\sqrt{s^2}=\sqrt{\frac{1}{n-1}\sum_{i=1}^{n}\left(x_i-\bar{x}\right)^2}$$

方差或标准差的值越小，说明数据的离散程度越低。

关于数据的统计性描述还有诸如：变异系数（$C_v=\frac{\sigma}{\mu}$）、峰度（$C_k=\frac{\mu_4}{\mu_2^2}-3$）、偏度（$C_s=\frac{\mu_3}{\mu_2^{\frac{3}{2}}}$）等等，这些统计量的详细定义及其在 R 中的实现方法将在本实验的扩展阅读部分介绍。

5.2.3 数据的分布

在统计分析中，通常要假设样本的分布属于正态分布，因此需要用偏度和峰度两个指标来检查样本是否符合正态分布。偏度衡量的是样本分布的偏斜方向和程度；而峰度衡量的是样本分布曲线的尖峰程度。一般情况下，如果样本的偏度接近于 0，而峰度接近于 3，就可以判断总体的分布接近于正态分布。

5.3 实验过程

5.3.1 样本均值

在 R 中用 mean()函数计算样本均值，其调用格式为：

mean(x,trim = 0,na.rm = F)

其中：

x：　　表示要计算均值的对象

trim：　表示介于 0 到 0.5 之间的数(默认值是 0)，表示在计算均值之前，去掉两端数据的百分比

na.rm：为逻辑值，当取 T 时，允许样本中有缺失值。

例如：

```
> x <- c(1:10,50)
> xm <- mean(x)
> c(xm,mean(x,trim = 0.1))
[1] 9.545455    6.000000
```

5.3.2 样本方差

在 R 语言中，用 var()计算样本方差，其调用格式为：

var(x,y = NULL,na.rm = F)

其中：

x：　　数值向量、矩阵或数据框

y：　　为 NULL(默认值)，此时计算样本方差；y 为数值向量、矩阵或数据框时，计算样本协方差

na.rm：逻辑变量，当取值为 T 时，可处理缺失数据。

另外，cov()和 corr()分别可计算样本协方差矩阵和相关系数矩阵，其使用方法与 var()一样。

样本方差的开方称为样本均方差，在 R 中，sd()函数计算样本均方差，其调用格式为

sd(x,na.rm = F)

其中：

x：　　数值向量

na.rm：逻辑变量，当取值为 T 时，可处理缺失数据。

例如：

```
> x <- c(12,9,11,5,1,4,8,3,2,10,6,7)
> var(x)
```

```
[1] 13
> sd(x)
[1] 3.605551
```

5.3.3 顺序统计量

将 n 个数据(观测值)按从小到大的顺序排列后,称其为顺序统计量。

在 R 中用 sort(x)计算样本 x 的顺序统计量；order()给出排序后的下标；rank()给出了样本 x 的秩次统计量。它们的调用格式及参数说明如下。

sort(x, decreasing = F, na.last = NA, method = c("auto", "shell", "quick", "radix"),...)

其中：

x： 数值向量

decreasing： 逻辑变量，取值为 T，返回值为降序排列；取值为 F（默认）时，返回值为升序排列

na.last： 控制缺失数据的参数，当取值为 NA（默认）时，不处理缺失值；当取值为 T 时，缺失数据排在最后；当取值为 F 时，缺失数据排在最前面

method： 指定排序所用的算法，当取值为"auto"时，表示使用的是"radix"即基数排序算法；当取值为"shell"时，表示使用的是希尔排序算法；当取值为"quick"时表示使用的是快速排序算法

…： 附加参数。

order(x, na.last = TRUE, decreasing = FALSE, method = c("auto", "shell", "radix"))

其中各参数的使用方法与 sort()一样。

rank(x, na.last = TRUE, ties.method = c("average", "first", "last", "random", "max", "min"))

其中参数 x，na.last 的含义与 sort()一样，ties.method 是 x 中存在重复分量时，秩的确定方法；当取值为"average"时取下标的平均值；当取值为"first"时，取该值出现的所有下标按升序排列；当取值为"last"时，取该值出现的所有下标按降序排列；当取值为"random"时，随机取一个下标；当取值为"max"时，取该值对应的下标中的最大者；当取值为"min"时，取该值对应的下标中的最小者。

例如：

```
> x <- c(75,64,47.4,66.9,62.2,62.2,58.7,63.5)
> sort(x)
[1] 47.4   58.7   62.2   62.2   63.5   64.0   66.9   75.0
#  注意 order()与 rank()
> order(x)
[1] 3   7   5   6   8   2   4   1
> rank(x)
[1] 8.0   6.0   1.0   7.0   3.5   3.5   2.0   5.0
#  比较 rank()的不同 ties.method 的区别
> x <- c(1,1,2,2,2,3,3,3,3)
> rank(x,ties.method = "average")
[1] 1.5   1.5   4.0   4.0   4.0   7.5   7.5   7.5   7.5
> rank(x,ties.method = "max")
[1] 2   2   5   5   5   9   9   9   9
> rank(x,ties.method = "last")
```

```
[1] 2  1  5  4  3  9  8  7  6
# 比较不同排序算法对 sort()运行时间的影响
> x <- rnorm(1e7)
> system.time(x1 <- sort(x, method = "shell"))
用户  系统   流逝
1.92   0.03   2.00
> system.time(x2 <- sort(x, method = "quick"))
用户  系统   流逝
1.22   0.05   1.26
> system.time(x3 <- sort(x, method = "radix"))
用户  系统   流逝
1.19   0.03   1.23
```

5.3.4 中位数

函数 median()给观测量的中位数。其调用格式为

median(x,na.rm = F)

其中：

x:　　表示是要计算均值的数据对象

na.rm：逻辑值，当取 T 时，允许样本中有缺失值

例如：

```
> x <- c(75,64,47.4,66.9,62.2,62.2,58.7,63.5)
> median(x)
[1] 62.85
```

5.3.5 百分位数

在 R 中，可以用 quantile()函数计算观测量的百分位数，其调用格式为

quantile(x,probs = seq(0,1,0.25),na.rm = F,names = T,type = 7)

其中：

x:　　表示样本构成的数值向量

probs：数值向量，表示需要计算的分位数，默认值为 0,0.25,0.5,0.75 和 1

na.rm：逻辑变量，当取值为 T 时，可以处理缺失值

names：逻辑变量，当取值为 T 时(默认值)时，返回值有百分位作为变量的属性

type：为 1 到 9 之间任意一个数，表示计算分位数的算法，默认值为 7

例如：

```
> w <- c(75.0,64.0,47.4,66.9,62.2,62.2,58.7,63.5,66.6,64.0,57.0,69.0,56.9,50.0,72.0)
> quantile(w)
  0%    25%   50%   75%   100%
  47    58    64    67    75
> quantile(w,probs = seq(0,1,0.1))
   0%     10%    20%    30%    40%    50%    60%    70%    80%    90%    100%
 47.40  52.76  56.98  59.40  62.20  63.50  64.00  66.08  67.32  70.80  75.00
```

5.3.6 产生随机数

在我们的现实生活中，各种现象都存在着大量的随机性，因此随机数是在编写仿真程序和模拟现实中的一个非常重要的数。所谓的随机数就是在一定范围内随机产生的数，并且得到这个范围内的每一个数服从一定的分布。随机数具有广泛的应用，可以用来模拟一些计算机的仿真实验，代替我们自己做大量重复的实验。在 R 中，可以产生服从均匀分布、二项分布、泊松分布、指数分布及正态分布等常见分布的随机数，下面分别进行介绍。

5.3.6.1 产生服从均匀分布的随机数

在 R 中，可以用 runif()函数来产生服从均匀分布的随机数，其调用格式如下：

runif(n, min = 0, max = 1)

其中：

n： 表示随机数的个数

min：表示均匀分布的下限，默认值为 0

max：表示均匀分布的上限，默认值为 1。

例如：

```
# 产生 5 个[0,1]之间服从均匀分布的随机数
> runif(5)
[1] 0.1133290 0.6683645 0.6253915 0.5462657 0.6659609
# 产生 5 个[1,4]之间服从均匀分布的随机数
> runif(5,1,4)
```

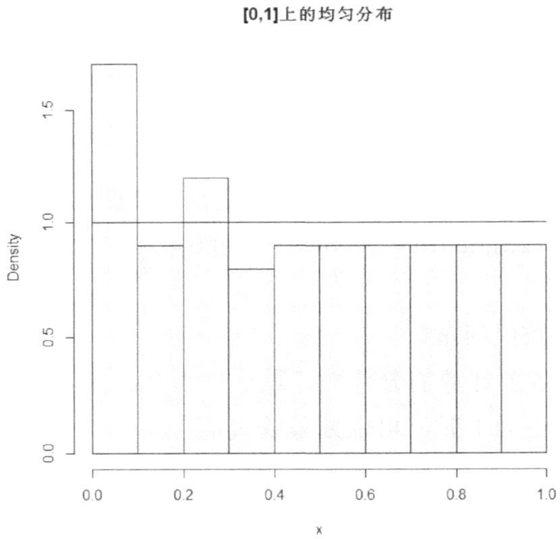

图 5.1 均匀分布的概率直方图及概率密度曲线

```
[1] 3.505822 1.101370 2.465254 1.017928 1.019630
> x <- runif(100)
# 画出 x 的概率直方图
> hist(x,prob = T,col = gray(0.9),main = "[0,1]上的均匀分布")
# 添加相应的概率密度曲线
> curve(dunif(x,0,1),add = T)
```

5.3.6.2 产生服从二项分布的随机数

在 R 中，可以用 rbinom()函数来产生服从二项分布的随机数，其调用格式为：

rbinom(n, size, prob)

其中：

n： 表示随机数的个数

size：表示重复贝努利实验的次数

prob：表示一次贝努利实验中事件发生的概率。

例如：

```
> points(xval,dbinom(xval,20,0.5))
> x <- rbinom(1000,20,0.5)
> hist(x,prob = T,col = gray(0.9),main = "n = 20,p = 0.5 时的二项分布")
> xval = 0:20
> points(xval,dbinom(xval,20,0.5))
```

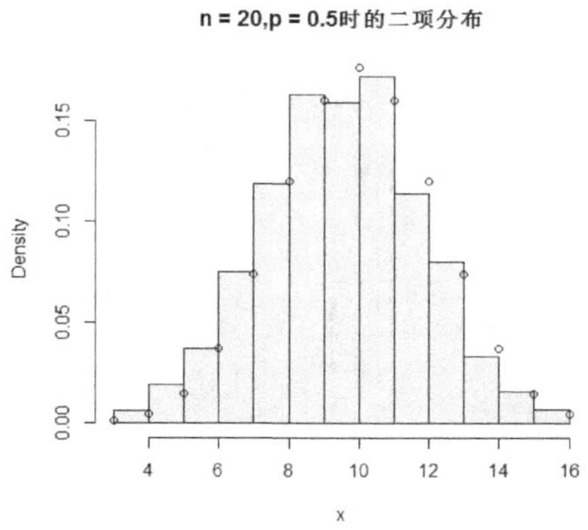

图 5.2 二项分布直方图

5.3.6.3 产生服从泊松分布的随机数

在 R 中，可以用 rpois()函数来产生服从泊松分布的随机数，其调用格式为

rpois(n, lambda)

其中：

n： 表示随机数的个数

lambda：表示泊松分布的均值

例如：

```
x <- rpois(1000,2)
# 画出 x 的概率直方图
hist(x,prob = T,col = gray(0.9),main = expression(paste(lambda == 2,"时的泊松分布")))
```

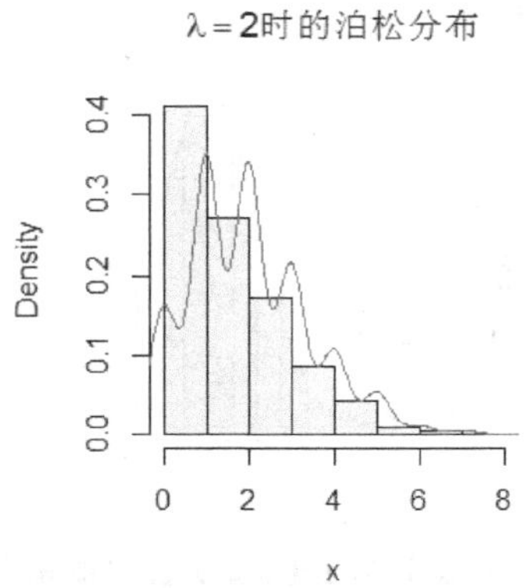

图 5.3 泊松分布的概率直方图及概率密度曲线

```
# 添加相应的概率密度曲线
lines(density(x),col = "red")
```

5.3.6.4 产生服从指数分布的随机数

在 R 中，可以用 rexp()函数来产生服从指数分布的随机数，其调用格式为

rexp(n,rate = 1)

其中：

n： 表示随机数的个数

rate：表示均值的倒数

例如：

```
> x <- rexp(1000,1/10)
> hist(x,prob = T,col = gray(0.9),main = expression(paste(lambda == 0.1,"时的指数分布")))
> curve(dexp(x,1/10),add = T)
```

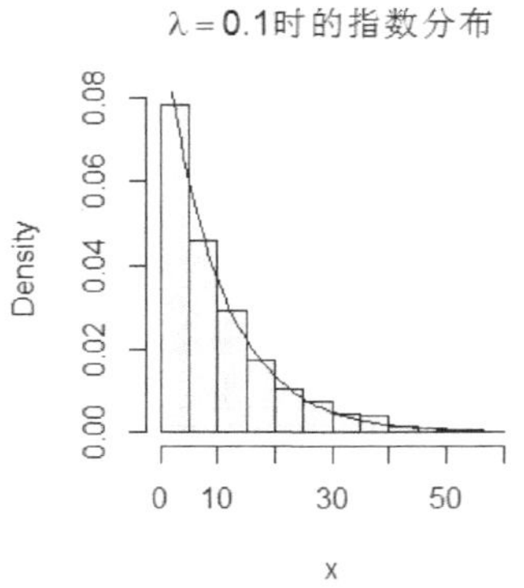

图 5.4 指数分布的概率直方图及概率密度曲线

5.3.6.5 产生服从正态分布的随机数

在 R 中，可以用 rnorm()函数来产生服从正态分布的随机数，其调用格式为

rnorm(n,mean = 0,sd = 1)

其中：

n： 表示随机数的个数

mean：表示均值

sd： 表示标准差。

例如：

```
> curve(dnorm(x),add = T)
> x <- rnorm(1000,mean = 0,sd = 1)
```

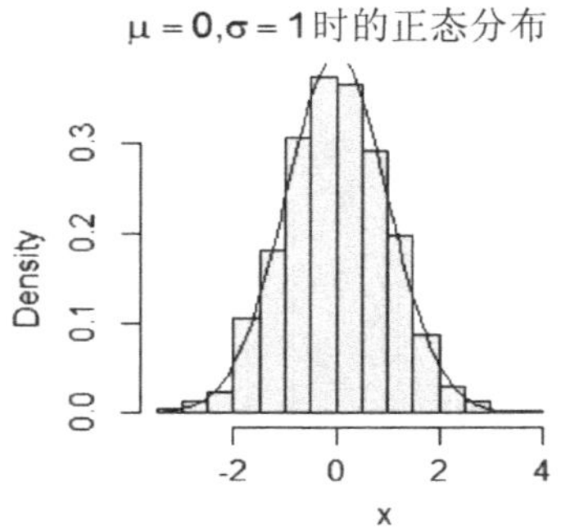

图 5.5 正态分布的概率直方图及概率密度曲线

```
> hist(x,prob = T,col = gray(0.9),main = expression(paste(mu == 0,",",sigma == 1,"时的指数分布")))
> curve(dnorm(x),add = T)
```

除了以上介绍的常见分布外，还有许多其它的分布，列于下表：

分布	中文名称	R 中的函数
Beta	贝塔分布	beta(a,b)
Binomial	二项分布	binom(n,p)
Cauchy	柯西分布	cauchy( )
Chi-square	卡方分布	chisq(df)
Exponential	指数分布	exp(lamda)
F	F 分布	f(df1,df2)
Gamma	伽玛分布	gamma()
Geometric	几何分布	geom()
Hypergeometric	超几何分布	hyper()
Logistic	逻辑分布	logis()
Negative binomial	负二项分布	nbinom()
Normal	正态分布	norm()
Multivariate normal	多元正态分布	mvnorm()
Poisson	泊松分布	pois()
T	t 分布	t()
Uniform	均匀分布	unif()
Weibull	威布儿分布	weibull()
Wilcoxon	威尔考可森分布	wilcox()

在 R 中，与概率分布相关的函数只需要在相应的分布函数前加上指定的前缀就可以了，具体的前缀和实现的功能如下表：

前缀	函数的作用
r -	生成相应分布的随机数
d -	生成相应分布的密度函数
p -	生成相应分布的分布函数
q -	生成相应分布的分位数函数

例如：

rnorm 表示生成服从正分布的随机数

dnorm 表示正态分布密度函数

pnorm 表示正态分布累积概率密度函数

qnorm 表示正态分布分位数函数（即正态累积概率密度函数的逆函数）

5.3.6.6 生成可再生的随机数

当我们需要比较不同的方法计算所得到的结果时，必须要使用相同的随机数，否则结果没有说服力。但是随机数是随机产生的，每次生成的随机数都不一样，为了避免这种情况发生，可以使用可以再生随机数，具有的实现方法是使用 set.seed()函数，其调用格式如下

set.seed(seed, kind = NULL, normal.kind = NULL)

其中：

seed：整数，表示随机的种子，当随机种子相同时，产生的随机数相同

例如：

```
# 比较每次运行 rnorm(5)的结果
> set.seed(365)
> rnorm(5)
[1]  0.83778094 -0.73760348 -0.02935666  0.07633689  0.59240477
> rnorm(5)
[1] -0.9853845  0.8164054  1.3450996  1.1526006  0.4353577
> set.seed(365)
> rnorm(5)
[1]  0.83778094 -0.73760348 -0.02935666  0.07633689  0.59240477
```

5.3.6.7 随机抽样

在 R 中，可以使用 sample()函数来模拟随机抽样的过程，其调用格式为

```
sample(x, size, replace = FALSE, prob = NULL)
```

其中：

x：　向量，表示抽样的总体

size：　非负整数，表示样本的容量

replace：逻辑变量，取值为 TURE 时，表示放回抽样；取值为 FALSE（默认）时，表示不放回抽样

prob：　数值向量，与 x 的长度相同，表示 x 中各元素出现的概率

例如：

```
# 模拟掷硬币实验
> sample(c("H","T"),10,replace = T)
 [1] "H" "H" "T" "H" "T" "T" "T" "T" "T" "T"
# 模拟贝努利实验
> sample(c("S","F"),10,replace = T,prob = c(0.3,0.7))
 [1] "F" "F" "S" "F" "S" "F" "F" "F" "F" "S"
```

5.3.7 蒙特卡洛法计算积分

蒙特卡洛方法是一种统计模拟的方法，是使用随机来解决计算问题的一种方法，在各个应用领域有着广泛的应用。我们通过使用蒙特卡洛模拟方法求解定积分 $\int_a^b f(x)dx$（其中 $[a,b]$ 是有限区间）来说明该方法的使用。

由几何意义可知，定积分的值即为 $y=f(x), x=a, x=b, y=0$ 所围成的区域 D 的面积。用蒙特卡洛方法计算定积分的原理很简单：用一个矩形框住该区域，然后在矩阵内生成 n 个随机点，假设有 k 个点到区域 D 内，则定积分的值为：$\frac{k}{n}\times D$ 的面积。需要注意的是，在 x 轴下方的面积是“负”的，即落入 x 轴下方的随机点在统计时应该要减掉。

若 $m \le f(x) \le M$，则可以生成 n 个 $[a,b]$ 上服从均匀分布的随机数 x，n 个 $[m,M]$ 上服从均匀分布的随机数 y。若 $f(x)<y<0$，则说明点 (x,y) 落入区域 D，且在 x 轴下方，设这样的点总共有 k_1 个；若 $0<y<f(x)$，则说明点 (x,y) 落入区域 D，且在 x 轴上方，设这样的点总共有 k_2 个；否则，点 (x,y) 落到区域 D 外。则定积分的值可以近似的表示为：$\frac{k_2-k_1}{n}\times(M-m)\times(b-a)$。

如图 5.6 所示，需要统计夹在 x 轴与曲线 $y=f(x)$ 之间点的个数，注意，在 x 轴下方的面积是"负"的，故在 x 轴下方的点数是要减去的。

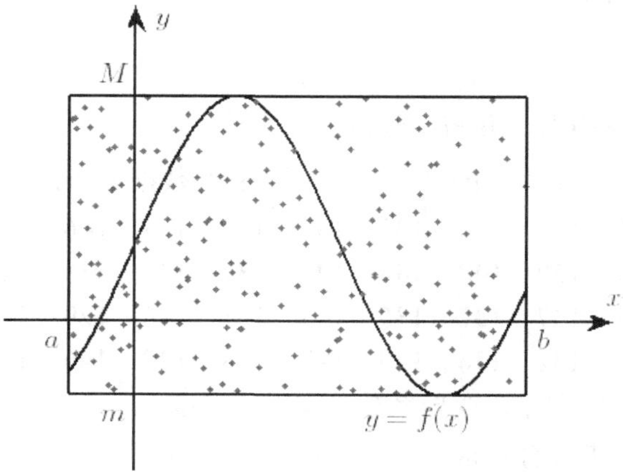

图 5.6 蒙特卡洛法计算定积分示意图

在 R 语言中，还可以通过使用 runif()函数来产生服从均匀分布的随机数，然后编程来实现蒙特卡洛法计算积分。例如：

```
MonteCarloQuad1 <- function(fun,a,b,m,M,n = 1e6)
{
   x <- runif(n, min = a, max = b);
   y <- runif(n, min = m, max = M);
   k1 <- sum((y < fun(x)) & (y > 0));
   k2 <- sum((y > fun(x)) & (y < 0));
   (k1 - k2) / n * (M - m) * (b - a)
}
```

例 5.1 计算 $\int_{-\frac{\pi}{2}}^{\frac{\pi}{2}} \sin x dx$ 。

解 输入以下代码：

```
> fun <- function(x) sin(x)
> source(MonteCarloQuad1)
> MonteCarloQuad1(fun, -pi/2, pi/2, -1, 1)
[1] 0.0001319469
```

这个定积分的精确值为 0。

5.4 实验练习

1．已知 15 位学生的体重(kg)：

75.0 64.0 47.4 66.9 62.2 62.2 58.7 63.5 66.6 64.0 57.0 69.0 56.9 50.0 72.0

(1) 求学生的平均体重；

(2) 求学生体重的方差和标准差；

(3) 将学生的体重从小到大排序；

(4) 求学生体重的中位数；

(5)求学生体重的分位数，分位点分别是 0，0.25，0.5，0.75，1。

2．编写函数计算样本的峰度与偏度系数，并计算上题数据的峰度与偏度。

3．用蒙特卡洛方法近似计算定积分

$$\int_0^1 e^{-x^2} dx$$

其中 $\Omega=[0,\pi]\times[0,1]\times[0,1]$，并与精确值进行比较。

4．某小学 60 位学生（11 岁）的身高（单位：cm）数据如下：

126	149	143	141	127	123	137	132	135	134	146	142	135	141	150
137	144	137	134	139	148	144	142	137	147	138	140	132	149	131
139	142	138	145	147	137	135	142	151	146	129	120	143	145	142
136	147	128	142	132	138	139	147	128	139	146	139	131	138	149

(1)计算均值、方差、标准差、变异系数、偏度、峰度；

(2)计算中位数，上、下四分位数，四分位极差，三均值；

(3)进行正态性检验（正态 W 检验）。

5．1995 年中国最大工业企业前 20 名的销售额（单位：亿元）数据如下（企业名略）：

369	241	213	197	179	135	107	334	228	209
194	148	108	105	245	217	209	187	136	107

(1)计算均值、方差、标准差、变异系数、偏度、峰度；

(2)计算中位数，上、下四分位数，四分位极差，三均值；

(3)进行正态性检验（正态 W 检验）。

6．1997 年全国各省市区的城市煤气普及率数据如表 4.1（单位：%）。

(1)计算均值，方差，标准差，中位数，下、上四分位数，三均值，并做五数总括及字母值显示；

(2)进行正态性 W 检验。

表 4.1　1997 年各省市区煤气普及率数据

省区市名	普及率	省区市名	普及率	省区市名	普及率
北京	94.02	天津	93.1	辽宁	86.63
山西	66.57	内蒙古	51.68	上海	94.80
吉林	61.84	黑龙江	66.32	安徽	65.06
江苏	87.79	浙江	94.9	山东	80.29
福建	78.54	江西	57.3	湖南	65.70
河南	52.06	湖北	73.39	海南	88.53
广东	92.05	广西	83.2	贵州	43.29
重庆	71.16	四川	68.95	陕西	54.75
云南	68.42	西藏	56.27	宁夏	71.84
甘肃	39.84	青海	47.27		
新疆	88.44	河北	85.93		

7．1949~1985 年全国历年人口数（单位：亿人）如下：

5.4167	5.5196	5.6300	5.7482	5.8796	6.0266	6.1456	6.2828
6.4653	6.5994	6.7207	6.6207	6.5859	6.7295	6.9172	7.0499
7.2538	7.4542	7.6368	7.8534	8.0671	8.2992	6.9172	8.7177
8.9211	9.0859	9.2420	9.3717	9.4974	9.6259	9.7542	9.8705
10.0072	10.1541	10.2495	10.3475	10.4532			

(1)计算均值、方差、标准差、变异系数 、偏度、峰度；

(2)计算中位数，下、上四分位数，四分位极差，三均值，并作五数总括及字母值显示。

8．北京市 GDP 同比增长 1978~1995 年的数据如下：

100.00	107.57	112.42	96.21	121.58	107.21	117.16	116.19	101.37
109.78	112.83	104.37	105.40	109.50	111.60	112.10	113.50	112.40

(1)计算均值、方差、标准差、变异系数 、偏度、峰度；

(2)计算中位数，下、上四分位数，四分位极差，三均值，并作五数总括及字母值显示。

9．1984 年一些国家每平方公里可开发水资源数据如表 4.2（单位：万度/年）。

表 4.2 各国每平方公里可开发水资源数据

国家	每平方公里可开发水资源	国家	每平方公里可开发水资源
中国	20.0	墨西哥	4.9
前苏联	4.9	瑞典	22.3
巴西	4.1	意大利	16.8
美国	7.5	奥地利	58.6
加拿大	5.4	南斯拉夫	24.8
扎伊尔	28.1	瑞士	78.0
印度	8.5	罗马尼亚	10.1
哥伦比亚	26.3	原西德	8.8
日本	34.9	英国	1.7
阿根廷	6.9	法国	11.5
印尼	7.9	西班牙	13.4
挪威	37.4		

(1)计算均值、方差、标准差、变异系数；

(2)计算中位数，下、上四分位数，四分位极差，三均值，并做出五数总括及字母值显示；

(3)进行正态 W 检验。

10．对上一题中的数据，利用你熟悉的统计分析软件，验证 R 语言的分析结果。

5.5 参考文献

[1]范金城，梅长林.数据分析[M].北京:科学出版社，2010.

5.6 扩展阅读

5.6.1 变异系数(CoefficientofVariation)

5.6.1.1 定义

在概率论和统计学中，变异系数，又称“离散系数”，是概率分布离散程度的一个归一化量度。

5.6.1.2 公式

$$C_v = \frac{\sigma}{\mu}$$

σ：标准差，μ：平均值

5.6.1.3 R 语言实现方法

在 R 中，可以通过使用内置的函数进行运算得到：

sd(x)/mean(x)

例如，R 内置的数据集 Nile 是尼罗河 1871 至 1970 年 20 年间的流量，那么可以用以下命令来计算该数据集的变异系数。

```
> sd(Nile)/mean(Nile)
[1] 0.184073
```

5.6.2 全距(Range)(最小值、最大值)

5.6.2.1 定义

全距(Range)，又称极差，是用来表示统计资料中的变异量数(measuresofvariation)，其最大值与最小值之间的差距；即用最大值减去最小值之后所得的数据。

全距可以用 ω 来表示。

5.6.2.2 公式

$$\omega = X_H - X_L$$

ω 全距，即极差，X_H 是样本的最大值，X_L 是样本的最小值。

5.6.2.3 R 语言实现方法

最大值：max(x)

最小值：min(x)

全距： max(x) – min(x)

例如：

```
> max(Nile) - min(Nile)
[1] 914
```

或者，可以用以下命令：

```
> y <- range(Nile)   # 获得 Nile 的最大最小值
> y[2] - y[1]
[1] 914
```

5.6.3 四分位距(Quartile)(25%分位数、75%分位数)

5.6.3.1 定义

内四分位距(inter quartile range,IQR)，是描述统计学中的一种方法，以确定第三四分位数和第一四分位数的分别(即 Q_1，Q_3 的差距)。与方差、标准差一样，表示统计资料中各变量分散情形，但四分差更多为一种稳健统计。

5.6.3.2 公式

四分位距：$IQR = Q_3 - Q_1$

四分位差：$QD = (Q_3 - Q_1)/2$

5.6.3.3 R 语言实现方法：

IQR：quantile(x)

QD：fivenum(x)

例如：

```
> (x <- quantile(Nile))   # 计算 Nile 的各个四分位数
    0%     25%     50%     75%     100%
  456.0   798.5   893.5   1032.5  1370.0
> x[4] - x[2]
75%
234
> (x[4] - x[2]) / 2
75%
117
> (y <- fivenum(Nile))   # 计算 Nile 的五数总括
[1]   456.0   798.0   893.5 1035.0 1370.0
> y[4] - y[2]
[1] 237
> (y[4] - y[2]) / 2
[1] 118.5
```

5.6.4 峰度(Kurtosis)

5.6.4.1 定义

在统计学中，峰度(Kurtosis)又称峰度系数，用来衡量实数随机变量概率分布的峰态。峰度高就意味着方差增大是由低频度的大于或小于平均值的极端差值引起的。峰度刻划不同类型的分布的集中和分散程序。设分布函数$F(x)$有中心矩μ_4，μ_2^2，则C_k为峰度系数。

5.6.4.2 公式

设$X_1,X_2,\cdots,X_n$是来自总体X的样本，则样本的峰度系数可定义为

$$C_k=\frac{M_4}{M_2^2}-3$$

其中M_2,M_4分别为样本的 2 阶和 4 阶中心矩，其计算公式在 5.6.4.3 中作介绍。为了保证统计量的无偏性，峰度系数可定义为

$$C_k=\frac{n(n+1)}{(n-1)(n-2)(n-3)}\frac{\sum_{i=1}^{n}\left(X_i-\overline{X}\right)^4}{S^4}-\frac{3(n-1)^2}{(n-2)(n-3)}$$

其中n为样本容量，$\overline{X}$为样本方差，S为样本标准差。

5.6.4.3 距

(1)原点距(momentaboutorigin)

令k为正整数(或为 0)，X为随机变量，如果$E(X^k)$存在，则称$\mu_k=E(X^k)$为X的k阶原点矩，也叫k阶矩。X的数学期望(均值)是X的一阶原点矩，即$E(X)=\mu_1$。

设$X_1,X_2,\cdots,X_n$是来自总体X的样本，则样本的k阶原点矩可定义为

$$A_k=\frac{1}{n}\sum_{i=1}^{\infty}X_i^k$$

(2)中心距(momentaboutcentre)

对于正整数k，如果$E(X)$存在，且$E\left\{[X-E(X)]^k\right\}<\infty$，则称$E\{[X-E(X)]^k\}$为随机变量$X$的$k$

阶中心矩。如 X 的方差是 X 的二阶中心矩，即 $D(X)=E\{[X-E(X)]^2\}$

$$\mu_k = E\{[X-E(X)]^k\}$$

$$=\int_0^{\infty}\left(x-E(X)\right)^k dF(x)$$

设 $X_1, X_2, \cdots, X_n$ 是来自总体 X 的样本，则样本的 k 阶中心矩可定义为

$$M_k = \frac{1}{n}\sum_{i=1}^{\infty}\left(X_i-\overline{X}\right)^k$$

5.6.4.4 R 语言直接实现方法

例如：

```
> library(PerformanceAnalytics)
> kurtosis(Nile)
[1] -0.3049068
```

5.6.4.5 R 语言间接实现方法

```
x.kurtosis <- function(x){
  x.mean <- mean(x)
  x.var2 <- mean((x - x.mean) ^ 2)
  x.var4 <- mean((x - x.mean) ^ 4)
  kur <- x.var4 / x.var2 ^ 2 - 3
  kur
}
> source("kurtosis.R")
> x.kurtosis(Nile)
[1] -0.3049068
```

或者

```
x.kurtosis2 <- function(x){
  n <- length(x);
  x.mean <- mean(x);
  S <- sd(x);
  kur <- n*(n+1)/((n-1)*(n-2)*(n-3))*sum((x-x.mean)^4)/S^4-3*(n-1)^2/((n-2)*(n-3));
  kur
}
> source('kurtosis2.R')
> x.kurtosis2(Nile)
[1] -0.2582331
```

注意：两种不同的计算方式所得到的结果会有一些偏差。

5.6.5 偏度(Skewness)

5.6.5.1 定义

在概率论和统计学中，偏度衡量实数随机变量概率分布的不对称性。偏度的值可以为正，可以为负或者甚至是无法定义。在数量上，偏度为负(负偏态)就意味着在概率密度函数左侧的尾部比右侧的长，绝大多数的值(包括中位数在内)位于平均值的右侧。偏度为正(正偏态)就意味着在概率密度函数右

侧的尾部比左侧的长，绝大多数的值(包括中位数在内)位于平均值的左侧。偏度为零就表示数值相对均匀地分布在平均值的两侧，但不一定意味着其为对称分布。

5.6.5.2 公式

设 $X_1, X_2, \cdots, X_n$ 是来自总体 X 的样本，则样本的峰度系数可定义为

$$C_S = \frac{M_3}{M_2^{\frac{3}{2}}}$$

其中 M_2, M_3 分别为样本的 2 阶和 3 阶中心矩。当 $C_S > 0$ 时，概率分布偏向均值右侧，$C_S < 0$ 时，概率分布偏向均值左侧。同样地，为了保证统计量的无偏性，偏度可以定义为

$$C_S = \frac{n}{(n-1)(n-2)} \frac{\sum_{i=1}^{n}\left(X_i - \overline{X}\right)^3}{S^3}$$

其中 n 为样本容量，$\overline{X}$ 为样本方差，S 为样本标准差。

5.6.5.3 R 语言直接实现方法

例如：

```
> library(PerformanceAnalytics)
> skewness(Nile)
[1] 0.3223697
```

5.6.5.4 R 语言间接实现方法

```
x.skewness <- function(x){
   x.mean <- mean(x)
   x.var2 <- mean((x - x.mean) ^ 2)
   x.var3 <- mean((x - x.mean) ^ 3)
   ske <- x.var3 / x.var2 ^ (3 / 2)
   ske
}
> source("skewness.R")
> x.skewness(Nile)
[1] 0.3223697
```

5.6.5.5 R 语言间接实现方法

```
x.skewness <- function(x){
   x.mean <- mean(x)
   x.var2 <- mean((x - x.mean) ^ 2)
   x.var3 <- mean((x - x.mean) ^ 3)
   ske <- x.var3 / x.var2 ^ (3 / 2)
   ske
}
> source("skewness.R")
> x.skewness(Nile)
[1] 0.3223697
```

或者：

```
x.skewness2 <- function(x){
```

```
  n <- length(x);
  x.mean <- mean(x);
  S <- sd(x);
  skew <- n/((n-1)*(n-2))*sum((x-x.mean)^3)/S^3;
  skew
}
> source("skewness2.R")
> x.skewness2(Nile)
[1] 0.3272998
```

注意：两种不同的计算方式所得到的结果会有一些偏差。

第五章 假设检验

假设检验是统计推断中的一个重要内容，它是利用样本数据对某个事先作出的统计假设按照某种设计好的方法进行检验，判断此假设是否正确。

实验6 t检验与非参数检验及R语言实现(1)

6.1 实验目的

1. 掌握R语言进行t检验的方法；
2. 掌握R语言进行总体方差检验的方法；
3. 掌握R语言进行二项分布总体检验的方法；
4. 掌握R语言进行非参数检验的方法。

6.2 实验原理

t检验，亦称Studentt检验(Student's ttest)，主要用于样本含量较小(例如n < 30)，总体标准差σ未知的正态分布。

t检验是用于小样本(样本容量小于30)的两个平均值差异程度的检验方法。它是用T分布理论来推断差异发生的概率，从而判定两个平均数的差异是否显著。

对于不同类型的问题有不同的原假设和备择假设以及t统计量计算方法。

如果要评断一个总体中的小样本平均数与总体平均值之间的差异程度，t检验的原假设和备择假设分别为

$$H_0:\mu=\mu_0\text{；}H_1:\mu\neq\mu_0$$

假设有总体$X=\left(x_1,x_2,\cdots,x_n\right)$，则其统计量t值的计算公式为

$$t=\frac{\overline{X}-\mu_0}{\sqrt{\frac{S}{n-1}}}$$

其中，$\overline{X}$为X的均值，S为X的标准差，n为样本容量。

如果要评断两组样本平均数之间的差异程度，t检验的原假设和备择假设分别为

$$H_0:\mu=\mu_0\text{；}H_1:\mu\neq\mu_0$$

假设有总体$X_1=\left(x_{11},x_{12},\cdots,x_{1n_1}\right)$和$X_2=\left(x_{21},x_{22},\cdots,x_{2n_2}\right)$，则统计量t值的计算公式为

$$t=\frac{\overline{X_1}-\overline{X_2}}{\sqrt{\frac{\sum x_1^2+\sum x_2^2}{n_1+n_2-1}\times\frac{n_1+n_2}{n_1\times n_2}}}$$

其中，$\overline{X_1}$为总体X_1的均值，$\overline{X_2}$为总体X_2的均值，$\sum x_1^2$为总体X_1的样本平方和，$\sum x_2^2$为总体X_2的样本平方和，n_1为总体X_1的容量，n_2为总体X_2的容量。

自由度$df=n-1$，查t值表，找出规定的t理论值并进行比较。

显著性水平α可以取值为0.01、0.05甚至0.25等等，但是通常情况下一般取值$\alpha=0.05$。在R语言中，可以计算出t检验相应的p值，然后和显著水平进行比较，如果$p<0.05$，则拒绝原假设，否则接受原假设。

非参数检验的方法有秩和检验法和中位数评分检验法。秩和检验的主要思想是将原始数据转化成秩，利用秩构造统计量来比较不同样本的分布。在这里，每个数据值的秩指的是，原始数据从小到大

的顺序排列后，该数据值在原数据中所处的位置。

中位数评分检验法的主要思想是将原始数据转化为中位数评分，利用中位数评分构造统计量比较不同样本的分布。当计算中位数评分时，如果数据值小于等于该组数据的中位数，中位数评分为 0；如果数据值大于该组数据的中位数，中位数评分为 1。

非参数检验的原假设 H_0 和备择假设 H_1 分别为：

H_0：所有组关于位置、形状和范围是等同的；

H_1：所有组关于位置、形状和范围不是等同的。

6.3 实验过程

6.3.1 正态总体均值的假设检验

6.3.1.1 单个总体

在 R 中，单个总体的正态总体均值的假设检验可以通过 t.test()函数来实现，其使用格式如下：

t.test(x,y = Null,alternative = c(“two.side” ,” less” ,” greater”),mu = 0,paired = FALSE,var.equal = FALSE,conf.level = .95)

其中，主要的参数解析如下：

x： 表示要检验的样本，y = Null 是因为这里只提供 x 为单个正态总体均值检验，否则为两个总体均值检验。

alternative：指定检验的方式，alternative = two.side 表示进行双边检验，alternative = less 表示进行备择假设为小于的检验，alternative = greater 表示进行备择假设为大于的检验。

mu： 指定原假设的均值，可以为 0，也可以为某个具体数字。

var.equal： 表示方差齐性选项。

conf.level： 指定置信水平。

例 6.1 某种元件的寿命 X(小时)，服从正态分布，$N(\mu,\sigma^2)$，其中 μ,σ^2 均未知，16 只元件的寿命如下：

159, 280, 101, 212, 224, 379, 179, 264, 222, 362, 168, 250, 149, 260, 485, 170

问是否有理由认为元件的平均寿命大于 255 小时。

解 代码如下：

```
> X <- c(159,280,101,212,224,379,179,264,222,362,168,250,149,260,485,170)
> t.test(X,alternative = "greater",mu = 225)
        One Sample t-test

data:   X
t = 0.66852, df = 15, p-value = 0.257
alternative hypothesis: true mean is greater than 225
95 percent confidence interval:
 198.2321        Inf
sample estimates:
mean   of   x
```

241.5

结果分析：

在函数的输出结果中，返回了T统计量的值（t = 0.66852）、自由度（df = 15）、p值（p-value = 0.257）和均值μ的置信区间$[198.2321,\infty]$（由于是单侧检验，所以置信区间也是单侧的置信区间）以及均值μ的估计值（mean of x : 241.5）。

由于p值不小于0.05，所以不能拒绝原假设，即认为该元件的平均寿命不大于225小时。

6.3.1.2 两个总体

在R中，两个总体的正态总体均值的假设检验也可以通过t.test()函数来实现，其调用格式如下：

```
t.test(x, y, ...)
```

除了样本y不指定为NULL之外，其余参数同上述单个总体均值检验。

例 6.2 以下数据是旧炼钢炉与新炼钢炉的出炉率：

X：78.1, 72.4, 76.2, 74.3, 77.4, 78.4, 76.0, 75.5, 76.7, 77.3

Y：79.1, 81.0, 77.3, 79.1, 80.0, 79.1, 79.1, 77.3, 80.2, 82.1

X为旧炼钢炉出炉率，Y为新炼钢炉出炉率，问新的操作能否提高出炉率？

解 依题意，在$\sigma_1^2=\sigma_2^2=\sigma^2$（即方差不变）的条件下，检验

$$H_0:\mu_1<\mu_2;\quad H_1:\mu_1\geq\mu_2$$

代码如下：

```
> X <- c(78.1,72.4,76.2,74.3,77.4,78.4,76.0,75.5,76.7,77.3)
> Y <- c(79.1,81.0,77.3,79.1,80.0,79.1,79.1,77.3,80.2,82.1)
> t.test(X,Y,var.equal = TRUE,alternative = "less")

        Two Sample t-test

data:   X and Y
t = -4.2957, df = 18, p-value = 0.0002176
alternative hypothesis: true difference in means is less than 0
95 percent confidence interval:
        -Inf  -1.908255
sample estimates:
mean of x mean of y
    76.23     79.43
```

结果分析：

在函数的输出结果中，返回了T统计量的值（t = 0.66852）、自由度（df = 18）、p值（p-value = 0.0002176）和均值差$\mu_1-\mu_2$的置信区间$[-\infty,-1.908255]$（由于是单侧检验，所以置信区间也是单侧的置信区间）以及均值μ_1和μ_2的估计值（mean of x mean of y : 76.23 79.43）。

由于p值小于0.05，所以拒绝原假设，即认为新的操作并不能提高出炉率。

6.3.1.3 成对数据t检验

若要检验的数据成对出现，及两个样本是统一总体在不同情况下得到的观测，则可以对他们“做差”，在R中，也可以通过t.test()函数来实现，其使用格式如下：

t.test(X-Y, ...)

其余参数同上述单个总体均值检验。

例 6. 3 对每个高炉进行配对 t 检验。

解 代码如下：

```
>X <- c(78.1,72.4,76.2,74.3,77.4,78.4,76.0,75.5,76.7,77.3)
>Y <- c(79.1,81.0,77.3,79.1,80.0,79.1,79.1,77.3,80.2,82.1)
>t.test(X-Y,alternative = "less")

One Sample t-test

data:   X - Y
t = -4.2018, df = 9, p-value = 0.00115
alternative hypothesis: true mean is less than 0
95 percent confidence interval:
        -Inf   -1.803943
sample estimates:
mean of x
       -3.2
```

所得到的结果与前例一致，在此不再赘述。

6.3.2 正态总体方差的假设检验

在 R 中，正态总体方差的假设检验可以通过 var.test()函数来实现，其调用格式如下：

var.test(x,y,ratio = 1,alternative = c("two.side","less","greater"),conf.level = .95)

其中 ratio 指定方差比，默认为 1，其他参数含义与均值检验类似。

当对一个总体进行检验时，是检验总体的方差是否为某一值；当对两个总体的方差进行检验时，是检验两个总体的方差是否一致。

例 6. 4 对炼钢炉的数据进行分析。

```
> X <- c(78.1,72.4,76.2,74.3,77.4,78.4,76.0,75.5,76.7,77.3)
> Y <- c(79.1,81.0,77.3,79.1,80.0,79.1,79.1,77.3,80.2,82.1)
> var.test(X,Y)
```

运行结果：

```
    F test to compare two variances
data:   X and Y
F = 1.4945, num df = 9, denom df = 9, p-value = 0.559
alternative hypothesis: true ratio of variances is not equal to 1
95 percent confidence interval:
 0.3712079 6.0167710
sample estimates:
ratio of variances
         1.494481
```

从结果可以看出，p-值（0.559）大于 0.05，所以不能拒绝原假设，即认为两个总体的方差是相同的。另外，从方差比的置信区间[0.3712079，6.0167710]来看，它是包含 1 的，所以，原假设认为两个总体的方差相同是合理的。

6.3.3 二项分布的总体检验

在 R 中，二项分布的总体检验可以通过 binom.test()函数来实现，其使用格式如下：

binom.test(x, n, p = 0.5, alternative = c (“two. side” , “less” , “greater”), conf. level = 0.95)

其中：

x：表示成功次数

n：表示试验总数

p：表示原假设，默认概率为 0.5

其他参数含义与均值检验类似。

例 6. 5 有一批蔬菜种子的平均发芽率为 p = 0.85，现在随机抽取 500 粒，用种衣剂进行浸种处理，结果有 445 粒发芽，问种衣剂有无效果。

解 代码如下：

```
> binom.test(445,500,p = 0.85)
```

运行结果如下：

```
        Exact binomial test


data:   445 and 500
number of successes = 445, number of trials = 500, p-value = 0.01207
alternative hypothesis: true probability of success is not equal to 0.85
95 percent confidence interval:
 0.8592342 0.9160509
sample estimates:
probability of success
                     0.89
```

因为结果中的 p－ 值（0.01207）小于 0.05，所以应该拒绝原假设，而认为种衣剂能显著提高种子的发芽率。另外，由置信区间（[0.8592342，0.9160509]，下限大于 0.85）也可以得到同样的结论。

例 6. 6 按照以往经验，新生儿染色体异常率一般为 1%，某医院观察了当地 400 名新生儿，有一例染色体异常，问该地区新生儿染色体是否低于一般水平？

解 代码如下：

```
> binom.test(1,400,p = 0.01,alternative = "less")
        Exact binomial test


data:   1 and 400
number of successes = 1, number of trials = 400, p-value = 0.09048
alternative hypothesis: true probability of success is less than 0.01
95 percent confidence interval:
 0.0000000 0.0118043
sample estimates:
probability of success
```

0.0025

因为结果中的 p－ 值（0.09048）大于 0.05，所以不能拒绝原假设，即不能认为当地新生儿染色体异常率低于一般水平。

6.3.4 Pearson 拟合优度 χ^2 检验

在 R 中，Pearson 拟合优度 χ^2 检验可以通过 chisq.test()函数来实现，其使用格式如下：

chisq.test(x, y = Null, correct = TRUE, p = rep(1/length(x), length(x)), rescale.p = FALSE, simulate.p.value = FALSE, B = 2000)

其中：

x：表示观察数据(向量或矩阵)

y：表示数据向量(x 为矩阵时 y 无效)；当 x 为因子时，y 必为同长度的因子

correct：逻辑变量，取值为 TURE 时表示对 列闻表的 p-值进行连续修正

p：向量，表示原假设落在小区间的理论概率，缺失表示均匀分布

rescale.p：逻辑变量，取值为 TRUE 要重新计算 p，使其和为 1，默认值为 FALSE

simulate.p.value：逻辑变量，取值为 TRUE 时，表示用 Monte Carlo 方法仿真计算 p-值

B：正整数，表示 Monte Carlo 仿真的次数。

例 6.7 5 种品牌啤酒爱好者的人数如下：

A：210

B：312

C：170

D：85

E：223

问：不同品牌啤酒爱好者人数之间有没有差异？

解 如果不同品牌的啤酒爱好者人数之间没有显著差异，就可以认为这 5 种品牌的啤酒爱好者人数服从均匀分布，故原假设为：

$$H_0\text{：不同品牌的啤酒爱好者人数服从均匀分布}$$

代码如下：

```
> X <- c(210,312,170,85,223)
> chisq.test(X)
```

运行结果：

```
        Chi-squared test for given probabilities

data:   X
X-squared = 136.49, df = 4, p-value < 2.2e-16
```

X-squared 是 χ^2 统计量，df 为自由度，p-value 为 p-值（2.2e-16）远小于 0.05，所以应该拒绝原假设，即可认为不同品牌的啤酒爱好者人数是有显著差异的。

例 6.8 已知某班学生的成绩如下所示：

25 45 50 54 55 61 64 68 72 75 75 78 79 81 83 84

84 84 85 86 86 86 87 89 89 89 90 91 91 92 100

检验学生成绩是否符合正态分布。

解 依题意，设原假设为：

$$H_0\text{：该班的学生成绩服从均匀分布}$$

代码如下：

```
> X <- scan()
25 45 50 54 55 61 64 68 72 75 75 78 79 81 83 84
84 84 85 86 86 86 87 89 89 89 90 91 91 92 100
# cut 将变量区域划分为若干区间
# table 计算因子合并后的个数
> A <- table(cut(X,br = c(0,69,79,89,100)))
> p <- pnorm(c(70,80,90,100),mean(X),sd(X))
# 计算落在每个分数段上的概率
> p <- c(p[1],p[2]-p[1],p[3]-p[2],1-p[3])
# 均值之间有无显著区别
> chisq.test(A, p = p)
```

运行结果：

```
	Chi-squared test for given probabilities

data:  A
X-squared = 8.334, df = 3, p-value = 0.03959
```

根据检验结果的 p-值（0.03959）小于 0.05，可知应该拒绝原假设，即认为该班学生的成绩不服从正态分布。

例 6.9 大麦的杂交后代芒性状的比例：无芒 ：长芒 ：短芒 = 9:3:4,而实际观测值为 335:125:160，检验观测值是否符合理论假设？

解 根据题意，原假设为

$$H_0\text{:}\ p_1=\frac{9}{16},\ p_2=\frac{3}{16},\ p_3=\frac{4}{16}$$

代码如下：

```
> chisq.test(c(335,125,160),p = c(9,3,4)/16)
```

运行结果：

```
	Chi-squared test for given probabilities

data:  c(335, 125, 160)
X-squared = 1.362, df = 2, p-value = 0.5061
```

根据检验结果的 p-值（0.5061）大于 0.05，可知不能拒绝原假设，即认为大麦的杂交后代芒性状的比例符合 9:3:4 的比例。

例 6.10 现有 42 个数据，分别表示某一时间段内电话总机借到呼叫的次数：

接到呼叫的次数	0	1	2	3	4	5	6
出现的频率	7	10	12	8	3	2	0

问：某个时间段内接到的呼叫次数是否符合 Possion 分布？

解 代码如下：

```
> x <- 0:6
> y <- c(7,10,12,8,3,2,0)
> mean <- mean(rep(x,y))
> q <- ppois(x, mean)
> n <- length(y)
> p <- q[1]
> p[n] <- 1-q[n-1]
> for(i in 2:(n-1))
+ p[i] <- q[i]-q[i-1]
> chisq.test(y, p = p)
```

运行结果：

```
        Chi-squared test for given probabilities

data:   y
X-squared = 1.5057, df = 6, p-value = 0.9591

Warning message:
In chisq.test(y, p = p) : Chi-squared 近似算法有可能不准
```

出现了警告信息，这是因为 pearson 拟合优度 χ^2 检验要求：每个组的理论频数和实际步数都要大于 5，而在此问题中，后三个组的频数分别是 3，2，0，都小于 5。为了解决这个问题，把后三个组合为一个组，此时的频数为 5，满足要求。改进后的代码如下：

```
> Z <- c(7,10,12,8)
> n <- length(Z);p <- p[1:n-1];p[n] <- 1-q[n-1]
> chisq.test(Z,p = p)
```

运行结果：

```
        Chi-squared test for given probabilities

data:   Z
X-squared = 0.53889, df = 4, p-value = 0.9696
```

此时运行结果没有了警告信息，根据检验结果的 p-值（0.9696）大于 0.05，可知不能拒绝原假设，即认为某个时间段内接到的呼叫次数符合 Possion 分布。

6.4 实验练习

1．正常男子血小板计数均值为 $225\times10^9/L$，今测得 20 名男性油漆作业工人的血小板计数值(单位：$10^9/L$)：

220	188	162	230	145	160	238	188	247	113
126	245	164	231	256	183	190	158	224	175

假定数据服从正态分布，问油漆工人的血小板计数与正常成年男子有无显著差异？

2．为研究某铁剂治疗和饮食治疗营养性缺铁性贫血的效果，将 16 名患者按年龄、体重、病程和病情相近的原则配成 8 对，分别使用饮食疗法和补充铁剂治疗的方法，3 个月后测得两种患者的血红

蛋白如下：

铁剂治疗组：113　120　138　120　100　118　138　123

饮食治疗组：138　116　125　136　110　132　130　110

假设数据服从正态分布且方差相同，试用 t 检验来分析，两种方法治疗后的患者血红蛋白有无显著差异？

3．为研究国产 4 类新药阿卡波糖胶囊效果，某医院用 40 名 II 型糖尿病病人进行同期随机对照实验。试验者将这些病人随机等分到试验组(阿卡波糖胶囊组)和对照组(拜唐苹胶囊组)，分别测得试验开始前和 8 周后空腹血糖，计算得到空腹血糖下降值如下：

试验组：-0.70　-5.60　2.00　2.80　0.70　3.50　4.00　5.80　7.10　-0.50
　　　　2.50　-1.60　1.70　3.00　0.40　4.50　4.60　2.50　6.00　-1.40

对照组：3.70　6.50　5.00　5.20　0.80　0.20　0.60　3.40　6.60　-1.10
　　　　6.00　3.80　2.00　1.60　2.00　2.20　1.20　3.10　1.70　-2.00

检验试验组与对照组的数据的方差是否相同？

4．一项调查显示某城市老年人比重为 14.7%。该市老年研究协会为了检验该项调查是否可靠，随机抽取了 400 名居民，发现其中有 57 位是老年人。问调查结果是否支持该市老年人比重为 14.7%的看法？($\alpha = 0.05$)

5．孟德尔用豌豆的两对相对性状进行杂交实验，黄色圆滑种子与绿色皱缩种子的豌豆杂交后，第二代根据自由组合规律，理论分离比为，黄圆：黄皱：绿圆：绿皱 = 9:3:3:1，实际实验值为，黄圆 315 粒，黄皱 101 粒，绿圆 108 粒，绿皱 32 粒，共 556 粒，问此结果是否符合自由组合规律？

6．观察每分钟进入某商店的人数 X，任取 20min，所得数据如下表所示，试分析，能否认为每分钟顾客数 X 服从 Poisson 分布？($\alpha = 0.1$)

顾客人数	0	1	2	3	4	5
频　数	92	68	28	11	1	0

7．下列为 19 名初中生的身高、体重的数据：

序列号	身高（cm）	体重（kg）
1	149	44
2	158	49
3	163	50
4	166	49
5	167	50
6	171	53
7	150	49
8	154	50
9	156	48
10	160	50
11	155	40
12	154	48
13	160	50
14	165	51
15	168	50
16	159	49
17	163	48
18	149	44
19	158	49

检验这些学生的体重的平均值与 50kg 之间是否有显著性差异（$\alpha = 0.05$）。

8．对 R 中内置的 sleep 数据集处理为宽数据，得到如下数据：

ID	Group1	Group2
1	0.7	1.9
2	-1.6	0.8
3	-0.2	1.1
4	-1.2	0.1
5	-0.1	-0.1
6	3.4	4.4
7	3.7	5.5
8	0.8	1.6
9	0.0	4.6
10	2.0	3.4

对数据中的 Group1 和 Group2 做独立双样本 t 检验。

9. 为了交接一种新的术后护理方法和原理相比是否可以显著缩短病人手术后的恢复时间，随机地将做完某种手术的 18 位病人分为两组，每组 9 人，按不同方法护理，观测到他们的恢复时间（单位：天）如下：

原方法：20，21，24，30，32，36，40，48，54

新方法：19，22，25，26，28，29，34，37，38

在 α=0.05 下检验新方法是否显著地缩短了病人手术后的恢复时间。如果对新护理方法是否是缩短了还是延长了恢复时间事先并不清楚，情况又如何？

10. 某体育教学组织最新研究出来一种训练下肢爆发力的方法，下列数据分别为学生训练前和训练后的成绩：

学号	训练前	训练后
001	189	220
002	193	195
003	185	225
004	230	234
005	210	231
006	198	240
007	215	228
008	210	210
009	240	239
010	234	238
011	223	240
012	235	236
013	209	221
014	220	219
015	224	250
016	240	246
017	195	220
018	198	230
019	211	231
020	216	230

用配对样本 t 检验方法检验该方法是否能提高学生的下肢爆发力。

11. 随机产生 20 个正态分布的数据，将数据平均分成两组并赋值到数据框中，对这 20 个数据进行 t 检验。

6.5 参考文献

[1]夏坤庄，徐唯，潘红莲等.深入解析 SAS：数据处理、分析优化与商业应用[M].北京:机械工业出版社，2014.

实验 7　t 检验与非参数检验及 R 语言实现(2)

7.1　实验目的

1.掌握 K - S 检验的 R 语言实现；
2.掌握列联表独立性检验的 R 语言实现；
3.掌握秩和检验的 R 语言实现。

7.2　实验原理

7.2.1　Kolmogorov-Smirnov 检验

Kolmogorov-Smirnov 是比较一个频率分布 $f(x)$ 与理论分布 $g(x)$ 或者两个观测值分布的检验方法。其原假设为

$$H_0：两个数据分布一致或者数据符合理论分布$$

$D = max|f(x)-g(x)|$，当实际观测值 $D > D(n,\alpha)$ 则拒绝 H_0，否则则接受 H_0 假设。

7.2.2　符号检验

$$H_0：两种方法的处理效果无显著性差异$$

令

$$I_i=\begin{cases}1，第i个个体中新方法优于对照方法 \\ 0，否则\end{cases} \quad (i=1,2,\cdots,N)$$

统计量：$S_N=\sum_{i=1}^{N} I_i$。

S_N 表示新方法的处理效果优于对照方法的配对组总数。若新方法的处理效果显著的优于对照方法，则 S_N 的值应明显偏大，因此若 $S_N \ge c$，则拒绝 H_0。

H_0 为真时，S_N 服从二项分布，$E(S_N)=\frac{N}{2},Var(S_N)=\frac{N}{4}$。拒绝域为：$\{S_N|S_N \ge c\}$。

由中心极限定理可知，当 $N\to\infty$，$\frac{S_N-\frac{N}{2}}{\frac{1}{2}\sqrt{N}}$ 的零分布趋于标准正态分布。拒绝域为 $\left\{S_N|\frac{S_N-\frac{N}{2}}{\frac{1}{2}\sqrt{N}}>u_\alpha\right\}$。

7.2.3　Wilcoxon 秩和检验

7.2.3.1　单边假设检验

可以设备择假设为：

$$H_1：新方法优于对照方法$$

构造统计量：

$$W_s = S_1 + S_2 + \cdots + S_n$$

当W_s充分大时，则

$$P_{H_0}\{W_s \geq c\} = \varepsilon$$

根据观测结果计算W_s的观测值，再由W_s的零分布计算检验的$p-$值，最后将p与显著水平α作比较，若$p<\alpha$，拒绝H_0，否则接受H_0。

7.2.3.2 双边假设检验

给定的显著水平α，c_1和c_2应该满足：

$$P_{H_0}\{W_A \leq c_1\} + P_{H_0}\{W_A \geq c_2\} = \varepsilon$$

仅由上式还不能唯一确定c_1和c_2，当我们对两种方法谁优谁劣不得而知时，通常取

$$P_{H_0}\{W_A \leq c_1\} = P_{H_0}\{W_A \geq c_2\} = \frac{\alpha}{2}$$

若利用p值进行检验，设W_A的观测值为w_A,计算概率值

$$P_{H_0}\{W_A \leq w_A\} \text{或} P_{H_0}\{W_A \geq w_A\}$$

由对称性可知，检验的p值为上述两概率中小于1/2的那一个的2倍。求出p值后，若$p<\alpha$，拒绝H_0，否则接受H_0。

7.2.3.3 列联表的独立性检验

H_0：方法的处理效果无显著性差异

π_{ijk}：表示格子概率，$m_{ijk} = n\pi_{ijk}$表示三维列联表中事件发生的理论频数。将概率用相应的频率频率去估计。

令

$$Q^2 = \sum_{i=1}^{r}\sum_{j=1}^{s}\sum_{k=1}^{t}\frac{(n_{ijk} - \hat{m}_{ijk})^2}{\hat{m}_{ijk}} \sim \chi^2(f)$$

其中：$f = (rst-1)$为检验特定独立性所需要独立估计得概率数目。

将样本数据代入统计量进行检验。若$p<\alpha$，拒绝H_0，否则接受H_0。

7.3 实验过程

7.3.1 理论分布依赖于若干未知参数时

7.3.1.1 Kolmogorov-Smirnov 检验

R 语言中可使用 ks.test()函数进行 Kolmogorov-Smirnov 检验，其格式如下

ks.test(x, y, alternative = c ("two.sided","less","greater"), exact = NULL)

其中：

x：表示观测值向量

y：表示第二观测值向量或者累计分布函数或者一个真正的累积分布函数如 pnorm，只对连续 CDF 有效。

alternative：表示指明是单侧检验还是双侧检验，exact 参数为 NULL 或者一个逻辑值，表明是否需

要计算精确的 p 值。

例 7.1 对一台设备进行寿命检验，记录十次无故障操作时间，并按从小到大的次序排列如下：

420, 500, 920, 1380, 1510, 1650, 1760, 2100, 2300, 2350

用 ks 检验方法检验此设备无故障工作时间是否符合 $\lambda=\frac{1}{1500}$ 的指数分布？

解 代码如下：

```
> X <- c(420,500,920,1380,1510,1650,1760,2100,2300,2350)
> ks.test(X,"pexp",1/1500)
```

输出结果：

```
	One-sample Kolmogorov-Smirnov test

data: X
D = 0.30148, p-value = 0.2654
alternative hypothesis: two-sided
```

结果分析：

p-值为 0.2654，大于 0.05，故无法拒绝原假设，因此，认为此设备无故障工作时间的分布服从参数 $\lambda=\frac{1}{1500}$ 的指数分布。

例 7.2 假设从分布函数 F(x)和 G(x)的总体中分别随机抽取 25 个和 20 个观察值样本，其数据如下：

X：0.61, 0.29, 0.06, 0.59, -1.73, -0.74, 0.51, -0.56, 0.39, 1.64, 0.05, -0.06, 0.64, -0.82, 0.37, 1.77, 1.09, -1.28, 2.36, 1.31, 1.05, -0.32, -0.40, 1.06, -2.47

Y：2.20, 1.66, 1.38, 0.20, 0.36, 0.00, 0.96, 1.56, 0.44, 1.50, -0.30, 0.66, 2.31, 3.29, -0.27, -0.37, 0.38, 0.70, 0.52, -0.71

检验 $F(x)$ 和 $G(x)$ 是否相同。

解 相应的命令如下：

```
>X <- scan()
0.61 0.29 0.06 0.59 -1.73 -0.74 0.51 -0.56 0.39
1.64 0.05 -0.06 0.64 -0.82 0.37 1.77 1.09 -1.28
2.36 1.31 1.05 -0.32 -0.40 1.06 -2.47
>Y <- scan()
2.20 1.66 1.38 0.20 0.36 0.00 0.96 1.56 0.44
1.50 -0.30 0.66 2.31 3.29 -0.27 -0.37 0.38 0.70
0.52 -0.71
> ks.test(X, Y)
```

输出结果：

```
	Two-sample Kolmogorov-Smirnov test

data: X and Y
D = 0.23, p-value = 0.5286
alternative hypothesis: two-sided
```

结果分析：

p-值为 0.5286，大于 0.05，故接受原假设 H_0，即认为两个总体的分布函数是相同的。

$k-s$ 多样本检验的局限性，只用在理论分布为一维连续分布，且分布完全已知的情形。ks 检验可用的情况下，功效一般优于 Pearsonchisq 检验。

7.3.2 列联表(contingerncytable)的独立性检验

在 R 中，列联表的独立性检验可以使用 chisq.test()函数、fisher.test()函数、Mcnemar.test()函数等来实现，下面直接举例说明。注意观察列联表数据的输入方式。

7.3.2.1 Pearsonchisquare 进行独立性检验

例 7.3 为了研究吸烟是否与肺癌有关，对 63 位患者及 43 名非肺癌患者调查了其中的吸烟人数，得到 2*2 列联表：

表 7.1 吸烟与肺癌数据

数据	肺癌	健康	合计
吸烟	60	32	92
不吸烟	3	11	14
合计	63	43	106

解 R 代码如下：

```
> x <- c(60,3,32,11)
> dim(x) <- c(2,2)
> chisq.test(x,correct = FALSE)#不带连续校正的情况
```

结果如下：

```
        Pearson's Chi-squared test

data: x
X-squared = 9.6636, df = 1, p-value = 0.00188
```

结果分析：

p-值为 0.00188，远小于 0.05，故拒绝原假设，即认为吸烟与患肺癌是相关的。

```
> chisq.test(x)#带连续校正的情况
```

结果如下：

```
Pearson's Chi-squared test with Yates' continuity correction

data: x
X-squared = 7.9327, df = 1, p-value = 0.004855
```

结果分析：

p-值为 0.004855，远小于 0.05，故拒绝原假设，即认为吸烟与患肺癌是相关的。

例 7.4 在一次社会调查中，以问卷方式调查了 901 人的年收入，及其对工作的满意程度，其中年收入 A 分为四档：小于 6000 元，6000-15000 元，15000 元至 25000 元，超过 25000 元。对工作的满意程度 B 分为很不满意，较不满意，基本满意和很满意四档，结果如下：

表 7.2 问卷结果

	很不满意	较不满意	基本满意	很满意	合计
< 6000	20	24	80	82	206
6000~15000	22	38	104	125	289
15000~25000	13	28	81	113	235
> 25000	7	18	54	92	171
合计	62	108	319	412	901

解 解题代码：

```
> x <- scan()
20 24 80 82 22 38 104 125
13 28 81 113 7 18 54 92
> dim(x) <- c(4,4)
> chisq.test(x)
```

运行结果：

```
        Pearson's Chi-squared test


data:   x
X-squared = 11.989, df = 9, p-value = 0.214
```

结果分析：

X-squared 为统计量 K，等于 11.989，df 为自由度，为 9，p-value 为 p 值。此处，p 值为 0.214，大于 0.05，故接受原假设，即对工作的满意程度与个人收入无关。

7.3.2.2 Fisher 精确的独立检验

Fisher 精确的独立检验适用条件是：样本数小于 4。其使用格式为

```
fisher.test(x,y = NULL,workspace = 200000,hybrid = FALSE,control = list(),
or = 1,alternative = "two.sided",conf.int = TRUE,conf.level = 0.95)
```

各主要参数解析：

x　　　　一个二维矩阵形式的应急表，或一个因素的对象；

y　　　　一个因素对象;当 x 是一个矩阵时忽略；

workspace　　一个整数，指定网络算法中使用的工作区的大小；

hybrid　　逻辑变量。仅用于大于 2*2 表，在此情况下，它指示是否应计算其确切的概率(默认)或混合逼近。

control　　与为低水平算法控制命名的组件列表；

conf.int　　逻辑变量，表示如果 2*2 表中的胜算比的置信区间应计算并返回。

例 7.5 某医师研究乙肝免疫球蛋白防止子宫内胎儿感染 HBV 的效果，将 33 例 HBsAg 阳性孕妇随机分为预防注射组和对照组，结果由下表所示，两组新生儿 HBV 总体感染率有无差别。

表 7.3 HBV 研究结果

组别	阳性	阴性	合计	感染率(%)
预防注射组	4	18	22	18.8
对照组	5	6	11	45.5

解 代码如下：

```
> x <- c(4,5,18,6);dim(x) <- c(2,2)
> fisher.test(x)
```

结果如下：

```
        Fisher's Exact Test for Count Data

data:  x
p-value = 0.121
alternative hypothesis: true odds ratio is not equal to 1
95 percent confidence interval:
 0.03974151 1.76726409
sample estimates:
odds ratio
 0.2791061
```

结果分析：

p 值为 0.121，大于 0.05，且优势比的置信区间包含 1，由此说明两变量是独立的，即认为两组新生儿的 HBV 总体感染率并无显著差异。

对前面提到的肺癌进行检验：

```
> x <- c(60,3,32,11);dim(x) <- c(2,2)
> fisher.test(x)
```

结果如下：

```
        Fisher's Exact Test for Count Data

data:  x
p-value = 0.00282
alternative hypothesis: true odds ratio is not equal to 1
95 percent confidence interval:
  1.626301 40.358904
sample estimates:
odds ratio
   6.74691
```

结果一致。

7.3.2.3 McNemar 检验

McNemar 检验不是独立性检验，但是是关于列连表的检验。使用格式：

```
Mcnemar.test(x, y = Null, correct = TRUE)
#二维列表形式的矩阵或由因子构成的对象
```

例 7.6 甲乙两种方法检测细菌的结果如下：

表 7.4 细菌检测结果

甲方法	乙方法		合计
	+	-	
+	49	25	74
-	21	107	128
合计	70	132	202

解 代码如下：

```
> X <- c(49,21,25,107);dim(X) <- c(2,2)
> mcnemar.test(X,correct = FALSE)
```

结果如下：

```
        McNemar's Chi-squared test

data:  X
McNemar's chi-squared = 0.34783, df = 1, p-value = 0.5553
```

p 值为 0.5553，大于 0.05，故不能认定两种检测方法的检出率有差异。

7.3.3 符号检验

7.3.3.1 假设一个样本是否来自某个总体

例 7.7 联合国人员在世界上 66 个大城市的生活花费指数(以纽约 1996 年 12 月为 100)，按照从小到大的次序排列如下，其中北京的指数为 99。假设这个样本是从世界大城市中随机抽样得到的。用符号检验分析，北京是在中位数之上，还是中位数之下。

解 代码如下：

```
> X <- scan()
66 75 78 80 81 81 82 83 83 83 83
84 85 85 86 86 86 86 87 87 88 88
88 88 88 89 89 89 89 90 90 91 91
91 91 92 93 93 96 96 96 97 99 100
101 102 103 103 104 104 104 105 106 109 109
110 110 110 111 113 115 116 117 118 155 192
> binom.test(sum(X> 99),length(X),al = "l")
```

结果如下：

```
        Exact binomial test

data:  sum(X > 99) and length(X)
number of successes = 23, number of trials = 66, p-value = 0.009329
alternative hypothesis: true probability of success is less than 0.5
95 percent confidence interval:
 0.0000000 0.4563087
sample estimates:
probability of success
             0.3484848
```

结果分析：

p 值为 0.009329，小于 0.05，故应该拒绝原假设。并由置信区间 $[0,0.456]<0.5$，说明生活花费指数超过北京的城市小于 0.5，即北京是在中位数之上。

7.3.3.2 用成对样本检验两总体间是否有差异

例 7.8 两种不同饲料，对猪增重情况如下：

X：25 30 28 23 27 35 30 28 32 29 30 30 31 16

Y：19 32 21 19 25 31 31 26 30 25 28 31 25 25

分析两种饲料养猪有无差异。

解　代码如下：

```
> x <- scan()
25 30 28 23 27 35 30 28 32 29 30 30 31 16
> y <- scan()
19 32 21 19 25 31 31 26 30 25 28 31 25 25
> binom.test(sum(x<y),length(x))
```

结果如下：

```
    Exact binomial test

data: sum(x < y) and length(x)
number of successes = 4, number of trials = 14, p-value = 0.1796
alternative hypothesis: true probability of success is not equal to 0.5
95 percent confidence interval:
 0.08388932 0.58103526
sample estimates:
probability of success
          0.2857143
```

结果分析：

p 值为 0.1796，大于 0.05，故接受原假设，即两种饲料无明显差异。

例 7.9　某饮料店为调查了顾客对饮料的爱好情况，某日随机调查了 13 为顾客，喜欢奶茶超过咖啡用“-”表示，喜欢咖啡超过奶茶用"+"表示，两者都喜欢用 0 表示，结果如下，分析顾客是更喜欢咖啡还是奶茶。

表 7.5　顾客对饮料的爱好情况

顾客编号	1	2	3	4	5	6	7	8	9	10	11	12	13
喜欢咖啡	1		1	1	1	0	1		1	1	1		1
喜欢奶茶		1						1				1	

解　代码如下：

```
> binom.test(3,12,p = 1/2,al = "l",conf.level = 0.90)
```

结果：

```
Exact binomial test

data: 3 and 12
number of successes = 3, number of trials = 12, p-value = 0.073
alternative hypothesis: true probability of success is less than 0.5
90 percent confidence interval:
 0.0000000 0.4752663
sample estimates:
probability of success
          0.25
```

p 值为 0.073，小于 0.1，且置信区间为 $[0,0.475]$，因此拒绝原假设，认为喜欢咖啡的人超过喜欢奶茶的人。

7.3.4 秩统计量

7.3.4.1 Spearman 秩相关检验

在 R 中，可以使用 cor.test()函数实现 Spearman 秩相关检验和 Kendall 相关检验，其使用格式为

cor.test(x,y,alternative = c("two.sided","less","greater"),method = ,conf.level = 0.95,...)，

各参数含义与前文提到的一致。

例 7.10 一项有六人参加表演的竞赛，有两人进行评定，评定结果用如表 7.6 所示，试用 Spearman 秩相关检验方法检验这两个评定员对于等级评定有无相关性

表 7.6 评定结果

选手编号	1	2	3	4	5	6
甲的打分	4	2	2	4	5	6
乙的打分	5	3	4	3	2	5

解 代码如下：

```
> x <- c(4,2,2,4,5,6);y <- c(5,3,4,3,2,5)
> cor.test(x,y,method = "spearman")
Spearman's rank correlation rho


data: x and y
S = 30.227, p-value = 0.7967
alternative hypothesis: true rho is not equal to 0
sample estimates:
    rho
0.1363636
```

p 值为 0.7967，大于 0.05，故接受原假设，即甲乙两无关。

7.3.4.2 Kendall 相关检验

例 7.11 某幼儿园对 9 对双胞胎的智力进行测验，并按照百分制打分，试用 Kendall 相关检验方法检验双胞胎的智力是否相关。

表 7.7 9 对双胞胎的智力测验结果

1	2	3	4	5	6	7	8	9
86	77	68	91	70	71	85	87	63
88	76	64	96	65	80	81	72	60

解 代码如下：

```
> X <- c(86,77,68,91,70,71,85,87,63)
> Y <- c(88,76,64,96,65,80,81,72,60)
> cor.test(X,Y,method = "kendall")
Kendall's rank correlation tau

data: X and Y
T = 31, p-value = 0.005886
```

```
alternative hypothesis: true tau is not equal to 0
sample estimates:
    tau
0.7222222
```

p-值为 0.005886，小于 0.05，应该拒绝原假设，即认为双胞胎的智力是相关的，Kendall 系数为 0.7222222，这表明是正相关的。

7.3.4.3 Wilcoxon 秩检验

在 R 中，用 Wilcox.test.()函数实现 Wilcoxon 秩检验，其使用格式为

```
Wilcox.test.(x,y = Null, alternative = c("two.side","less","greater"),mu = 0,
Paired = FALSE,exact = Null,correct = TRUE, Conf.int = FALSE,conf.level = 0.95)
```

其中：

x, y： 观察数据构成的向量

mu： 待检验参数如总体中位数为 0

correct： 是否精确计算 P 值

其余各参数含义与前文提到的一致。

下面分两种情况来举例。

（1）对于来自同一个总体样本的检验

此时检验统计量为 W。

例 7.12 某电池厂称其生产的某种电池，中位数为 140 安培小时，现随机从其新生产的电池中抽取 20 个，检验其寿命如下表所示：

137.0	140.0	138.3	139.0	144.3	139.1	141.7	137.3	133.5	138.2
141.1	139.2	136.5	136.5	135.6	138.0	140.9	140.6	136.3	134.1

用 Wilcoxon 符号检验分析该厂生产的电池是否符合标准。

解 代码如下：

```
> X <- scan()
137.0140.0138.3139.0144.3139.1141.7137.3133.5138.2
141.1139.2136.5136.5135.6138.0140.9140.6136.3134.1
> wilcox.test(X,mu = 140,alternative = "less",exact = FALSE,correct = FALSE,conf.int = TRUE)
        Wilcoxon signed rank test

data:   X
V = 34, p-value = 0.007034
alternative hypothesis: true location is less than 140
95 percent confidence interval:
  -Inf 139.2
sample estimates:
(pseudo)median
        138.2
```

p 值为 0.007034，小于 0.05，故应该拒绝原假设，即该厂生产的电池不符合标准。该方法也可用于成对样本的检验。

例 7.13 为检验某种新肥料，将现有麦地分为十块，再将每一块分为两部分，一半施普通肥料，

一半施新肥料，用 Wilcoxon 符号检验法检验新复合肥能否显著提高小麦产量。

表 7.8 小麦产量

	1	2	3	4	5	6	7	8	9	10
普通肥料	459	367	303	392	310	342	421	446	430	412
新肥料	414	306	321	443	281	301	353	391	405	390

解 代码如下：

```
> x <- c(459,367,303,392,310,342,421,446,430,412)
> y <- c(414,306,321,443,281,301,353,391,405,390)
> wilcox.test(x,y,alternative = "greater",paired = TRUE)
```

运行结果：

```
        Wilcoxon signed rank test

data: x - y
V = 47, p-value = 0.02441
alternative hypothesis: true location is greater than 0

> binom.test(sum(x> y),length(x),alternative = "greater")
```

运行结果：

```
    Exact binomial test

data: sum(x > y) and length(x)
number of successes = 8, number of trials = 10, p-value = 0.05469
alternative hypothesis: true probability of success is greater than 0.5
95 percent confidence interval:
 0.4930987 1.0000000
sample estimates:
probability of success
          0.8
```

(2)非成对样本的秩次和检验

在非成对样本的秩次和检验中，Wilcoxon-Mann-Whitney 统计量是 U。

例 7.14 测量了 10 名不同作业组的工人血铅含量，分析两组之间是否有差别。

非铅作业组 24 26 29 34 43 58 63 72 87 101

含铅作业组 82 87 97 121 164 208 213

解 代码如下：

```
> x <- c(24,26,29,34,43,58,63,72,87,101)
> y <- c(82,87,97,121,164,208,213)
> wilcox.test(x,y,alternative = "less",exact = FALSE,correct = FALSE)
            Wilcoxon rank sum test

data:   x and y
W = 4.5, p-value = 0.001449
```

```
alternative hypothesis: true location shift is less than 0

> wilcox.test(x,y,alternative = "less",exact = FALSE)
        Wilcoxon rank sum test with continuity correction

data:   x and y
W = 4.5, p-value = 0.001698
alternative hypothesis: true location shift is less than 0
```

例 7.15 学生数学能力排序

新方法 3 5 7 9 10

原方法 1 2 4 6 8

新方法 4 6 7 9 10

原方法 1 2 3 5 8

解 代码如下：

```
> x <- c(3,5,7,9,10);y <- c(1,2,4,6,8)
> wilcox.test(x,y,alternative = "greater")
```

结果如下：

```
        Wilcoxon rank sum test

data:   x and y
W = 19, p-value = 0.1111
alternative hypothesis: true location shift is greater than 0
```

例 7.16 检验一种药物对于慢性支气管炎有没有效果，抽取了 216 个病例，治疗效果。分析该药物对两种慢性支气管炎的治疗效果是否相同。

表 7.9 治疗效果

	控制	显效	进步	无效
单纯型	62	41	14	11
喘息型	20	37	16	15

解 代码如下：

```
> x <- rep(1:4,c(62,41,14,11));y <- rep(1:4,c(20,37,16,15))
> wilcox.test(x,y,exact = FALSE)
```

结果：

```
        Wilcoxon rank sum test with continuity correction

data:   x and y
W = 3994, p-value = 0.0001242
alternative hypothesis: true location shift is not equal to 0
```

7.4 实验练习

1. 在某鱼塘中，根据过去的经验，鱼的长度的中位数为 14.6cm，现对鱼塘中鱼的长度进行一次估算，随机地从鱼塘中取出 10 条鱼，长度如下：

13.32　13.06　14.02　11.86　13.58　13.77　13.51　14.42　14.44　15.43

将它们作为一个样本进行检验，试分析，该鱼塘中鱼的长度是在中位数之上还是在中位数之下。

(1)用符号检验；

(2)用 Wilcoxon 符号秩检验。

2．为比较两种工艺对产品质量是否有影响，对其产品进行抽样检查，其结果如表 7.10 所示：

表 7.10　产品抽样检查结果

	合格	不合格	合计
工艺一	3	4	7
工艺二	6	4	10
合计	9	8	17

试对其进行适当的分析。

3．调查某大学学生每周学习时间与得分的平均等级之间的关系，现抽查 10 个学生的资料如下：

学习时间：　24　17　20　41　52　23　46　18　15　29

学习等级：　8　1　4　7　9　5　10　3　2　6

其中等级 10 表示最好，1 表示最差。试用秩相关检验(Spearman 检验和 Kendall 检验)分析学习时间与学习等级有无关系。

4．为检验维生素 B1 对刺激蘑菇生长的作用是否显著，从 24 朵大小相近的小蘑菇中随机地选出 13 朵施以维生素 B1，另外 11 朵不施以维生素 B1，其他条件保持相同。一段时间后测得两组蘑菇的重量如下：

使用维生素 B1：27, 34, 20.5, 29.5, 20, 28, 19.5, 26.5, 22, 24.5, 34, 35.5, 19

未用维生素 B1：18, 14.5, 13.5, 12.5, 23, 24, 21, 17, 18.5, 9.5, 14

利用正态逼近求 Wilcoxon 秩和检验的 p 值，在 α =0.05 下，维生素 B1 对刺激蘑菇生长的效果是否显著。

5．为了比较两种不同的心理咨询方法的效果，将 80 位接受心理咨询的人随机地分为两组，每组 40 人，其中一组接受一般的心理咨询，另一组接受特殊的心理咨询，试验结束后，将每个人的心理调整效果做仔细评估，并分为好、较好、较差、差四挡，数据如表 7.11 所示：

表 7.11　心理咨询方法比较

咨询方法	好	较好	较差	差
一般	4	6	17	13
特殊	8	10	14	8

利用 Wilcoxon 秩和检验法检验特殊心理咨询方法的效果是否显著优于一般方法 ($\alpha = 0.10$) 。

6．下面是 1996 年华北五省市区和华东七省市的国民生产总值（GDP）的指数（前一年为 100）：

华北五省市区 GDP 指数：109.2，114.3，113.5 1110. 112.7；

华东七省市区 GDP 指数：113.0，112.2，112.7，114.4，115.4，113.4，112.2

利用 Smirnov 检验法检验这两个地区的 GDP 指数是否有显著差异（ α =0.10）。

7．从同一工厂的三条不同的白糖包装线上分别抽取 5 袋、5 袋和 4 袋白糖，测得其净重量如下：（单位：g）：

第一条包装线：487，492，510，507，488；

第二条包装线：500，498，503，501，512；

第三条包装线：495，494，506，499。

给定 α =0.10，利用 Kruskal-Wallis 方法检验这三条包装线包装白糖的重量有无显著差异。

8．对下列情况，求符号检验统计量 S_N 的零分布：

（1）N=4； （2）N=5.

9．对 N=4 和 N=5，分别求 Wilcoxon 符号秩统计量 V_s 的零分布。

10．为了研究人们对某种国产巧克力和进口巧克力的喜爱程度是否相同，让 13 个人按任意次序品尝两种巧克力并说出他们更喜欢哪一种。13 人中有 8 人表示喜欢进口巧克力。对 α =0.05，检验受试者对这两种巧克力的喜爱程度有无显著差异。进一步，若有 7 人表示喜欢进口的，4 人喜欢国产的，2 人表示都一样，情况又如何？

7.5 参考文献

[1]薛毅,陈立萍.统计建模与 R 软件[M]北京:清华大学出版社,2007.

7.6 扩展阅读

7.6.1 皮尔森拟合优度卡方检验

7.6.1.1 主要目的

由样本评估群体是否符合某种分布情况。

7.6.1.2 思路

将数轴分为 m 组，样本数据会落入不同的组内。根据假设 H_0 的分布，我们可以确定各个组的预期个数，然后与各个组的实际个数一起构造统计量 K 。

当 n 趋于无穷时， K 收敛于 $m-1$ 的卡方分布。

注意：

(1)分组的时候每组的频数应该大于 5。

(2)如果理论分布依赖于多个未知参数，则先用样本得到参数的估计值，然后构造统计量 K。这个时候 K 的自由度减少未知参数的数量个数。

7.6.1.3 解决问题

R 里面的 chisq.test()函数可以直接拿来解决这个问题：

```
chisq.test(x,y = Null,correct = TRUE,p = rep(1/length(x),lenghth(x)),
          rescale.p = FALSE,simulate.p.value = FALSE,B = 2000)
```

x： 由观测数据构成的向量或矩阵

y： 数据向量(当 x 为矩阵时，y 无效)

correct： 逻辑变量，表明是否用于连续修正，TRUE(默认值)表示修正，FALSE 表示不修正

p： 原假设落在小区间的理论概率，默认均匀分布

rescale.p： 逻辑变量，选择 FALSE(默认值)时，要求输入的 P 满足 $\sum Pi = 1$，选择 TRUE 时不要求这一点，程序会重新计算 P 值

simulate.p.value： 是逻辑变量(默认为 FALSE)，当为 TRUE 时，将用仿真的方法计算 P 值，此时，B 表示仿真的次数。

例 7.17 用这个函数检验其他分布。抽取 31 名学生的成绩，检验是否为正态分布。

解 代码如下：

```
>x<-c(25,45,50,54,55,61,64,68,72,75,75,78,79,81,83,84,84,84,85,86,86,86,87,89,89,89,90,91,91,92,100)
> A = table(cut(x,breaks = c(0,69,79,89,100)))#对样本数据进行分组
> A
```

输出 A：

```
  (0,69]   (69,79]   (79,89] (89,100]
       8         5        13        5
```

```
> p = pnorm(c(70,80,90,100),mean(x),sd(x))#获得理论分布概率值
> p = c(p[1],p[2]-p[1],p[3]-p[2],1-p[3]);p
```

输出 p：

```
[1] 0.3439036 0.2342032 0.2088591 0.2130341
> chisq.test(A,p = p)
```

结果：

```
        Chi-squared test for given probabilities

data:   A
X-squared = 8.334, df = 3, p-value = 0.03959
```

例 7.18 大麦杂交后关于芒性的比例应该是无芒：长芒：短芒 =9:3:4。我们的实际观测值是 335：125：160。请问观测值是否符合预期？

解 代码如下：

```
> p <- c(9/16,3/16,4/16)
> x <- c(335,125,160)
> chisq.test(x,p = p)
```

结果：

```
        Chi-squared test for given probabilities

data:   x
X-squared = 1.362, df = 2, p-value = 0.5061
```

第六章 回归分析

回归分析是一种统计学上分析数据的方法，目的在于了解两个或多个变量间是否相关、相关方向与强度，并建立数学模型以便观察特定变量来预测研究者感兴趣的变量。

实验8 回归分析及R语言实现(1)

8.1 实验目的

1. 熟练掌握使用R语言建立多元线性回归的方法；
2. 熟练掌握使用R语言建立逐步回归方程的方法。

8.2 实验原理

8.2.1 线性回归模型及模型参数β,σ^2的最小二乘估计

设Y是一可观测的随机变量，它受到$p-1$个非随机因素$X_1,X_2,\cdots,X_{p-1}$和随机误差ε的影响。假定它们有如下线性关系：

$$Y=\beta_0+\beta_1X_1+\beta_2X_2+\cdots+\beta_{p-1}X_{p-1}+\varepsilon$$

其中：β_k是待估参数，$\varepsilon\sim N(0,\sigma^2)$，则称上式为线性回归模型。

对总体$(X_1,X_2,\cdots,X_{p-1},Y)$进行$n$次($n\geq p$)独立观测，得样本：

$$(x_{i,1},x_{i,2},\cdots,x_{i,p-1},y_i),\qquad i=1,2,\cdots,n$$

令

$$X=\begin{pmatrix}1 & x_{11} & \cdots & x_{1,p-1}\\ 1 & \vdots & \ddots & \vdots\\ 1 & x_{n1} & \cdots & x_{n,p-1}\end{pmatrix}$$

$$Y=(y_1\quad\cdots\quad y_n)^T$$

$$\beta=(\beta_0\quad\cdots\quad\beta_{p-1})^T$$

$$\varepsilon=(\varepsilon_1\quad\cdots\quad\varepsilon_n)^T$$

则β的最小二乘估计：

$$S(\hat{\beta})=\min\varepsilon^T\varepsilon=\min(Y-X\beta)^T(Y-X\beta)$$

可得正规方程：

$$X^TX\vec{\beta}=X^TY$$

若$rank(X)=p$，则有$\hat{\beta}=(X^TX)^{-1}X^TY$，代入线性回归模型，并略去误差项得经验回归方程：

$$\hat{Y}=\widehat{\beta}_0+\widehat{\beta}_1X_1+\widehat{\beta}_2X_2+,\cdots,+\widehat{\beta}_{p-1}X_{p-1}$$

令$\vec{e}=\vec{y}-\hat{y}$称为残差向量，可得：

$$E(\vec{e}^T\vec{e})=\sigma^2(n-p)$$

$$\hat{\sigma}^2=\frac{1}{n-p}\vec{e}^T\vec{e}$$

$\hat{\sigma}$是σ^2的无偏估计。

8.2.2 回归模型检验原理

8.2.2.1 线性回归关系的显著性检验

为检验Y与$X_1,X_2,\cdots,X_{p-1}$之间是否存在显著的线性回归关系，即检验假设：

$$H_0:\beta_1=\beta_2=\cdots=\beta_{p-1}=0$$
$$H_1:\text{至少有某个}\beta_i\neq 0(1\leq i\leq p-1)$$

构造如下检验统计量：

$$F=\frac{MSR}{MSE}$$

当H_0为真时，$F\square F(p-1,n-p)$；给定显著性水平α，由F分布得临界值$F_\alpha(p-1,n-p)$(即F分布的上侧α分位数)，计算F的观测值F_0，若$F_0\leq F_\alpha(p-1,n-p)$，接受$H_0$，否则拒绝$H_0$。对显著性检验问题，其输出结果通常是检验的$p$值。对上述线性回归关系的显著性检验问题，检验的$p$值$P_{H_0}\{F\geq F_0\}$，若$p$值小于显著性水平$\alpha$，拒绝$H_0$，否则接受$H_0$。

8.2.2.2 回归参数的显著性检验

回归关系显著并不意味着每个自变量X_i对Y的影响都显著，我们希望从回归方程中剔除那些对Y的影响不显著的的自变量，从而建立一个较为简单有效的回归方程。若某个自变量X_k对Y无影响，那么它的系数$\beta_k=0$，因此检验X_k的影响是否显著等价与检验假设：$H_0:\beta_k=0\leftrightarrow H_1:\beta_k\neq 0$。若令$S(\hat{\beta})=MSE(X^TX)^{-1}$，$s(\hat{\beta}_k)$为$S(\hat{\beta})$的主对角线上的第$k$个元素的平方根，则可得到

$$\frac{\hat{\beta}_k-\beta_k}{s(\hat{\beta}_k)}\sim t(n-p)$$

当H_0为真时，

$$t=\frac{\hat{\beta}_k}{s(\hat{\beta}_k)}\sim t(n-p)$$

记t的观测值为t_0，则检验准则为：

$$\begin{cases}\text{若}|t_0|\leq t_{\frac{\alpha}{2}}(n-p),\square\text{则接受}H_0\\ \text{若}|t_0|>t_{\frac{\alpha}{2}}(n-p),\square\text{则拒绝}H_0\end{cases}$$

8.2.2.3 残差分析

在回归分析中，我们通常假定$\varepsilon_i(i=1,2,\cdots,n)$是独立同正态分布的随机变量，有零均值和常值方差$\sigma^2$，因此，若拟合的回归模型适合于所给的数据，那么残差$\varepsilon_i(i=1,2,\cdots,n)$应该基本上反映误差的这些特性。利用残差的这些特性反过来考察原模型的合理性就是残差分析的基本思想。

(1)残差正态性的频率检验

回归模型中标准化残差

$$\frac{e_i}{\sqrt{MSE}},\quad i=1,2,\cdots,n$$

可近似认为是取自标准正态总体的样本，理论上属于 68%在(-1,1)内，87%在(-1.5,1.5)内，95%在(-1,1)内，如果残差在某个区间内的频率与上述理论频率有较大的偏差，我们有理由怀疑e_i(从而ε_i)的

正态假设的合理性。

(2)残差正态性的 QQ 图检验

QQ 图是做正态性检验的直观方法，将残差 $\varepsilon_i(i=1,2,\cdots,n)$ 按由小到大的排列，以残差为纵坐标、正态期望为横直角坐标系中画出正态 QQ 图。

(3)相关系数检验法

通过计算残差和正态期望之间的相关系数判断它们之间关系的强弱，若相关系数接近 1，则说明残差为正态性。

(4)时序残差图分析

①以观测时间(或观测值序号)为横坐标，的散点图时序残差图。拟合好的模型的时序残差图中的点应落在以时间轴为中轴线的带状区域，且无明显的趋势性，否则说明回归方程的形式或对误差等方差的存在一定问题。

②以拟合值 $\hat{Y}$ 为横坐标的残差图分析

若模型适当，以拟合值 $\hat{Y}$ 为横坐标的残差图。

③以自变量为横坐标的残差图分析

④以每个 X_j 的各观测值 x_{ij} 为点的横坐标，以残差为纵坐标。同样满意的残差图呈现水平带状。

8.2.3 逐步回归的原理与步骤

逐步回归的基本步骤就是依次拟合一系列回归方程，后一个回归方程在前一个的基础上增加或删除一个自变量，其增加或删除某个自变量的准则是用残差平方和的增加或减少量来衡量，一般采用如下的偏 F 检验统计量，设模型已经有 $l-1$ 个自变量，记 $l-1$ 个自变量的集合为 A，当不再 A 中的自变量加入到模型当中时，偏 F 检验统计量一般形式为：

$$F=\frac{SSE(A)-SSE(S,X_k)}{\frac{SSE(A,X_k)}{n-l-1}}=\frac{SSR(X_k|A)}{MSE(A,X_k)}\sim F(1,n-l-1)$$

$SSR(X_k|A)=SSE(A)-SSE(S,X_k)$ 称为额外回归平方和。F 统计量描述了误差平方和的增加或减少量，所以偏 F 检验统计量是逐步回归方法中增加或删除变量所用的基本统计量。

8.3 实验过程

8.3.1 多元线性回归

在 R 中，可以通过函数 lm()来求解多元回归问题。lm()用法如下：

```
lm(formula,data,subset,weights,na.action,method = "qr",model = TRUE,
x = FALSE,y = FALSE,qr = TRUE,singular.ok = TRUE,contrasts = NULL,offset,...)
```

其中：

formula： 公式，形如 y~x

data： 数据框，由样本数据构成

subset： 可选项，表示所使用的样本子集

weight： 可选向量，表示对应样本的权重

na.action： 函数，表示当数据中出现缺失数据时的处理方法

method： 估计回归系数的计算方法，默认值为 qr.model,x,y 和 qr 为逻辑变量，如果取 true,函数

的返回值将给出模型的框架、模型矩阵、响应变量及 QR 分解

singular.ok：逻辑变量，取 FALSE 表示奇异值拟合是错误的

contrasts： 可选列表

offset： 为 NULL,或者为数值向量。

lm()函数通常与 summary()函数一起使用，其使用格式为：

summary(object,correlation = FALSE,symbolic.cor = FALSE,...)

其中：

object： 表示 lm()函数生成的对象

correlation： 逻辑变量，取 TURE 表示给出的估计参数的相关矩阵

symbolic.cor：逻辑变量，取 TRUE 表示用符号形式给出估计参数的相关矩阵，此参数只有当 correlation = TRUE 时才有效。

例 8.1 根据经验，在人的身高相等的情况下，血压的收缩压 Y 与体重 X_1，年龄 X_2 有关，现收集了 13 名男子的数据，如表 8.1 所示，试建立 Y 关于 X_1 和 X_2 的线性回归方程。

表 8.1 收集的数据

序号	体重	年龄	收缩压	序号	体重	年龄	收缩压
1	76.0	50	120	8	79.0	50	125
2	91.5	20	141	9	85.0	40	132
3	85.5	20	124	10	76.5	55	123
4	82.5	30	126	11	82.0	40	132
5	79.0	30	117	12	95.0	40	155
6	80.5	50	125	13	92.5	20	147
7	74.5	60	123				

解 代码如下：

```
blood <- data.frame(
  X1=c(76.0, 91.5, 85.5, 82.5, 79.0, 80.5, 74.5, 79.0, 85.0, 76.5, 82.0, 95.0, 92.5),
  X2=c(50, 20, 20, 30, 30, 50, 60, 50, 40, 55, 40, 40, 20),
  Y= c(120, 141, 124, 126, 117, 125, 123, 125, 132, 123, 132, 155, 147))
lm.sol <- lm(Y ~ 1+X1+X2, data=blood)
summary(lm.sol)
```

运行结果如下：

```
Call:
lm(formula = Y ~ 1 + X1 + X2, data = blood)

Residuals:
   Min      1Q   Median     3Q     Max
-4.0404   -1.0183 0.4640    0.6908   4.3274

Coefficients:
            Estimate     Std. Error   t value   Pr(> |t|)
(Intercept)    -62.96336    16.99976     -3.704    0.004083    **
X1         2.13656    0.17534       12.185    2.53e-07     ***
```

```
X2          0.40022   0.08321      4.810   0.000713    ***
---
Signif. codes: 0 '***' 0.001 '**' 0.01 '*' 0.05 '.' 0.1 ' ' 1

Residual standard error: 2.854 on 10 degrees of freedom
Multiple R-squared: 0.9461,    Adjusted R-squared: 0.9354
F-statistic: 87.84 on 2 and 10 DF, p-value: 4.531e-07
```

结果分析：

第一部分(Call)：为函数所调用的模型，这里列出函数使用的模型。

第二部分(Residuals)：为残差，列出了残差的最小值、四分之一分位数、中位数、四分之三分位数和最大值。

第三部分(Coefficients)：为系数，其中 Estimate 表示估计值，Std. Error 表示估计值的标准差，t value 表示 t 统计量，Pr(> |t|)表示对应 t 统计量的 P 值。还有显著性标记，其中“***”说明极为显著，“**”说明调试显著，“*”说明显著，.表示不太显著，没有标记表示不显著。

第四部分中，Residual standard error 表示残差的标准差，其自由度为 n-p-1，Multiple R-squared 表示相关系数的平方，Adjusted R-squared 表示修正相关系数的平方，这个值会小于相关系数的平方，其目的是不要轻易作出自变量与因变量相关的判断。F-statistic 表示 F 统计量，其自由度为(p,n-p-1)，p-value 表示 F 统计量对应的 P 值。

回归的方程为：$Y=-62.96336+2.13656X_1+0.40022X_2$

如果经检验，回归的效果显著，则可以利用回归方程进行预测，在 R 中，可以使用 predict()函数计算估计值、预测区间和置信区间，其调用格式为：

```
predict(object, newdata, se.fit=FALSE, scale=NULL, df=inf,
        interval=c("noe", "confidence", "prediction"), level=0.95,
        type=c("response", "terms"), terms=NULL, na.action=na.pass,
        red.var=res.var/weight, weight=1, ...)
```

其中：

object：　lm()函数得到的对象

newdata：　数据框，由预测点构成，如果该值取默认值，将计算已知数据点的回归值

se.fit：　逻辑变量，取 TURE 表示输出预测值的标准差、自由度和残差尺度信息

scale：　计算标准差的尺度参数

df：　尺度参数的自由度

interval：　计算的区间类型，取 none(默认值)表示不计算；取 confidence 表示计算置信区间；取 prediction 表示计算预测区间

level：　置信水平，默认值为 0.95，在计算预测区间或置信区间时用到

type：　预测类型，或者取 response(默认值)，或者取 terms。terms 为选择项，只能取 NULL, 1, 2 等，当 type="terms"时为全部选择项

na.action：函数，表示处理 newdata 中有缺失数据时的处理方法，默认的预测为 NA.pred.var 预测区间的方差

weight：　数值向量或单侧模型公式，用于预测时方差的权。

例 8.2　(接上例) 设 $x_0=(80,40)$，求 y_0 的估计值以及预测区间和置信区间(取置信水平为 0.95)。

解 R 代码及运行结果如下：

```
> newdata <- data.frame(X1=80,X2=40)
# 计算 y0 的估计值及预测区间
> predict(lm.sol,newdata,interval="prediction")
      fit          lwr        upr
1 123.9699   117.2889   130.6509
# 计算 y0 的估计值及置信区间
> predict(lm.sol,newdata,interval="confidence")
      fit          lwr        upr
1 123.9699   121.9183   126.0215
```

8.3.2 逐步回归

在 R 中可以使用 step()函数方便的进行逐步回归，其使用格式为：

```
step(object, scope, scale = 0, direction = c("both", "backward", "forward"),
 trace = 1, keep = NULL, steps = 1000, k = 2, ...)
```

其中：

object： lm()或 glm 得到的回归模型

scope： 逐步回归的搜索区域，或者由单一公式定义，或者由包含 upper 和 lower 两个公式构成的列表定义，默认值为全部变量

scale： 用于 AIC 统计量的确定，默认值为 0,表示 scale 由极大似然估计得到

direction：逐步回归的搜索方向，取 both(默认值)表示“一切子集回归法”(即可增加变量也可减少变量)，取 backward 表示“后退法”(只减少变量)，取 forward 表示“前进法”(只增加变量)

scope： 使用默认值，则 direction 只使用 backward

trace： 数值，如果取正值，则列出逐步回归的过程，默认值为 1

keep： 过滤函数

steps： 正整数，表示逐步回归的最大步数，默认值为 1000

k： 正数，表示自由度数目的倍数，只有当 k = 2 时，才给出真正的 AIC。

例 8.3 某种水泥在凝固时放出的热量 $Y(cal/g)$ 与水泥中四种化学成分 X_1（$3CaO\cdot Al_2O_3$ 含量的百分比），X_2（$3CaO\cdot SiO_2$ 含量的百分比），X_3（$4CaO\cdot Al_2O_3\cdot Fe_2O_3$ 含量的百分比）和 X_4（$2CaO\cdot SiO_2$ 含量的百分比)有关，现测得 13 组数据如表 8.2 所示，希望从中选出主要的变量，建立 Y 和它们的线性回归方程。

表 8.2 某种水泥在凝固时放出的热量与四种化学成分数据

序号	X1	X2	X3	X4	Y	序号	X1	X2	X3	X4	Y
1	7	26	6	60	78.5	8	1	31	22	44	72.5
2	1	29	15	52	74.3	9	2	54	18	22	93.1
3	11	56	8	20	104.3	10	21	47	4	26	115.9
4	11	31	8	47	87.6	11	1	40	23	34	83.8
5	7	52	6	33	95.9	12	11	66	9	12	113.3
6	11	55	9	22	109.2	13	10	68	8	12	109.4
7	3	71	17	6	102.7						

解 R 代码如下：

```
> cement<-data.frame(
  X1=c( 7, 1, 11, 11, 7, 11, 3, 1, 2, 21, 1, 11, 10),
  X2=c(26, 29, 56, 31, 52, 55, 71, 31, 54, 47, 40, 66, 68),
  X3=c( 6, 15, 8, 8, 6, 9, 17, 22, 18, 4, 23, 9, 8),
  X4=c(60, 52, 20, 47, 33, 22, 6, 44, 22, 26, 34, 12, 12),
  Y =c(78.5, 74.3, 104.3, 87.6, 95.9, 109.2, 102.7, 72.5, 93.1,115.9, 83.8, 113.3, 109.4)
)
> lm.sol<-lm(Y ~ X1+X2+X3+X4, data=cement)
> summary(lm.sol)
```

运行结果如下：

```
Call:
lm(formula = Y ~ X1 + X2 + X3 + X4, data = cement)

Residuals:
    Min      1Q  Median      3Q     Max
-3.1750 -1.6709 0.2508 1.3783 3.9254

Coefficients:
            Estimate Std. Error t value Pr(>|t|)
(Intercept) 62.4054    70.0710   0.891   0.3991
X1           1.5511     0.7448   2.083   0.0708 .
X2           0.5102     0.7238   0.705   0.5009
X3           0.1019     0.7547   0.135   0.8959
X4          -0.1441     0.7091  -0.203   0.8441
---
Signif. codes: 0 '***' 0.001 '**' 0.01 '*' 0.05 '.' 0.1 ' ' 1
Residual standard error: 2.446 on 8 degrees of freedom
```

从结果中可以看出，回归系数没有通过检验，故所得模型的效果不好，下面用 step()做逐步回归：

```
> lm.ste <- step(lm.sol)
> summary(lm.ste)
```

得到的结果如下：

```
Call:
lm(formula = Y ~ X1 + X2 + X4, data = cement)

Residuals:
    Min      1Q  Median      3Q     Max
-3.0919 -1.8016 0.2562 1.2818 3.8982

Coefficients:
            Estimate Std. Error t value Pr(>|t|)
(Intercept) 71.6483    14.1424   5.066 0.000675 ***
X1           1.4519     0.1170  12.410 5.78e-07 ***
X2           0.4161     0.1856   2.242 0.051687 .
```

```
X4          -0.2365      0.1733 -1.365 0.205395
---
Signif. codes: 0 '***' 0.001 '**' 0.01 '*' 0.05 '.' 0.1 ' ' 1

Residual standard error: 2.309 on 9 degrees of freedom
Multiple R-squared: 0.9823,    Adjusted R-squared: 0.9764
F-statistic: 166.8 on 3 and 9 DF, p-value: 3.323e-08
```

从结果看，X4 的显著最差，可考虑手工去掉 X4：

```
> lm.opt<-lm(Y~X1+X2,data=cement)
> summary(lm.opt)

Call:
lm(formula = Y ~ X1 + X2, data = cement)

Residuals:
   Min     1Q Median     3Q    Max
-2.893 -1.574 -1.302 1.363 4.048

Coefficients:
            Estimate Std. Error t value Pr(> |t|)
(Intercept) 52.57735    2.28617    23.00 5.46e-10 ***
X1           1.46831    0.12130    12.11 2.69e-07 ***
X2           0.66225    0.04585    14.44 5.03e-08 ***
---
Signif. codes: 0 '***' 0.001 '**' 0.01 '*' 0.05 '.' 0.1 ' ' 1

Residual standard error: 2.406 on 10 degrees of freedom
Multiple R-squared: 0.9787,    Adjusted R-squared: 0.9744
F-statistic: 229.5 on 2 and 10 DF, p-value: 4.407e-09
```

从此结果看，所有系数的检验效果都较为显著，故得到最优的回归方程为：

$$Y = 52.58 + 1.468X_1 + 0.6622X_2$$

8.4 实验练习

1．研究某地区土壤中所含可给磷（Y）的情况，得到 18 组数据如表 8.3 所示。表中 X1 为土壤内所含无机磷浓度，X2 为土壤内溶于 K_2CO_3 溶液并受溴化物水解的有机磷，X3 为土壤内溶于 K_2CO_3 溶液但不溶于溴化物水解的有机磷。

(1)建立多元线性回归方程模型，求解，并验证系数、方程或相关系数是否通过检验；

(2)做逐步回归分析。

2．为估计山上积雪融化后对下游灌溉的影响，在山上建立一个观测站，测量最大积雪深度 X（m）与当年灌溉面积 Y（ha），测得连续 10 年的数据如表 8.4 所示。

表 8.3　某地区土壤中所含可给磷的情况

编号	X1	X2	X3	Y	编号	X1	X2	X3	Y
1	0.4	52	158	64	10	12.6	58	112	51
2	0.4	23	163	60	11	10.9	37	111	76
3	3.1	19	37	71	12	23.1	46	114	96
4	0.6	34	157	61	13	23.1	50	134	77
5	4.7	24	59	54	14	21.6	44	73	93
6	1.7	65	123	77	15	23.1	56	168	95
7	9.4	44	46	81	16	1.9	36	143	54
8	10.1	31	117	93	17	26.8	58	202	168
9	11.6	29	173	93	18	29.9	51	124	99

表 8.4　10 年中最大积雪深度与当年灌溉面积的数据

编号	X	Y	编号	X	Y
1	5.1	1907	6	7.8	3000
2	3.5	1287	7	4.5	1947
3	7.1	2700	8	5.6	2273
4	6.2	2373	9	8.0	3113
5	8.8	3260	10	6.4	2493

(1)建立一元线性回归模型，求解，并验证系数、方程或相关系数是否通过检验；

(2)现测得今年的数据是 X=7m，给出今年灌溉面积的预测值、预测区间和置信区间（$\alpha = 0.05$）。

(3)如果去掉模型的常数项，其结果如何？

3．将上面实验练习 2 的散点、回归预测值、回归的预测区间和置信区间均画在一张图上，分析线性回归的拟合情况。

4．数据如表 8.5 所示。

表 8.5　习题 4 所用数据

编号	X	Y	编号	X	Y	编号	X	Y	编号	X	Y
1	1	0.6	8	3	2.2	15	6	3.4	22	8	13.4
2	1	1.6	9	3	2.4	16	6	9.7	23	8	4.5
3	1	0.5	10	3	1.2	17	6	8.6	24	9	30.4
4	1	1.2	11	4	3.5	18	7	4.0	25	11	12.4
5	2	2.0	12	4	4.1	19	7	5.5	26	12	13.4
6	2	1.3	13	4	5.1	20	7	10.5	27	12	26.2
7	2	2.5	14	5	5.7	21	8	17.5	28	12	7.4

(1)作一元线性回归；

(2)画出残差（普通残差和标准化残差）与预测值的残差值，分析误差是否是等方差的；

(3)修正模型，对响应变量 Y 作开方，再完成（1）和（2）的工作。

5．考虑回归模型：

$$y_i = \beta_1 x_{i1} + \beta_2 x_{i2} + \varepsilon_i,\quad i = 1,2,\cdots,n$$

其中 $\varepsilon_i (i = 1,2,l,n)$ 互不相关且 E(ε_i)=0，Var(ε_i)=σ^2。

(1)求 β_1 和 β_2 的最小二乘估计。

(2)设 $\omega_i \sim \mathrm{N}(0,\sigma^2)$，求 β_1，β_2 的最大似然估计，他们和（1）中的最小二乘估计是否相同。

6．某种化工产品的得率 Y 与反应温度 X1、反应时间 X2 以及某化学物浓度 X3 有关。设对于给定的 X1，X2，X3，得率 Y 服从正态分布且方差为常数。今得试验结果如下表所示，其中 X1，X2，X3 均为二水平变量且以编码形式表达。

表 8. 6　化工产品的得率与反应温度、反应时间及深度的数据

i	1	2	3	4	5	6	7	8
x_{i1}	-1	-1	-1	1	1	1	1	1
x_{i2}	-1	-1	1	1	-1	-1	1	1
x_{i3}	-1	1	-1	1	-1	1	-1	1
y_i	7.6	10.3	9.2	10.2	8.4	11.1	9.8	12.6

(1)对 Y，拟合以 X1，X2，X3 为自变量的线性回归模型，求出回归参数估计值及残差。

(2)给定显著水平 $\alpha = 0.05$，检验回归关系的显著性。

(3)对 $\alpha = 0.05$ 检验各自变量对 Y 的影响的显著性。

7．为了研究人们对某种品牌食品的喜爱程度 Y 和该食品的水分含量 X1、甜度 X2 的关系，进行了一个完全随机化设计的小规模试验，得到数据如表 8.7 所示：

表 8. 7　习题 7 所用数据

i	1	2	3	4	5	6	7	8	9	10	11	12	13	14	15	16
x_{i1}	4	4	4	4	6	6	6	6	8	8	8	8	10	10	10	10
x_{i2}	2	4	2	4	2	4	2	4	2	4	2	4	2	4	2	4
y_i	64	73	61	76	72	80	71	83	83	89	86	93	88	95	94	100

(1)拟合回归模型

$$y_i = \beta_0 + \beta_1 x_{i1} + \beta_2 x_{i2} + \varepsilon_i$$

写出回归方程，请问其中的 β_1 如何解释。

(2)求出残差向量，分别作出残差关于拟合值 Y，X1，X2 及 X1-X2 的残差图及残差的正态 Q-Q 图。分析这些残差图，并予以评述。

(3)设误差项 $\varepsilon_i (i=1,2,\cdots,16)$ 独立同分布于 $N(0,\sigma^2)$，在 $\alpha = 0.01$ 水平上检验回归关系的显著性。写出假设、检验准则及结论，并求检验的 p 值。

(4)在（3）中关于 ε_i 的假定下，对自变量一组新的观测值 $x_0(5,4)^T$，给出 Y 的预测值的 99%置信区间。

(5)拟合 Y 关于 X1 的一元线性回归模型，写出回归方程。将 X1 的回归系数与（1）中所求得的 X1 的回归系数作比较，你有什么结论。

8．某科学基金会的管理人员希望估价从事数学研究工作的中等或较高水平的数学家的年工资额 Y 与他们的研究成果（论文、著作等）的质量指标 X1，从事研究工作的时间 X2 以及能成功获得资助的指标 X3 之间的关系。为此按一定的试验设计方法调查了 24 位此类型的数学家，得到的数据如表 8.8 所示：

表 8.8 数学家年工资与研究成果、工作时间及获得资助指标的数据

i	1	2	3	4	5	6	7	8	9	10	11	12
x_{i1}	3.5	5.3	5.1	5.8	4.2	6.0	6.8	5.5	3.1	7.2	4.5	4.9
x_{i2}	9	20	18	33	31	13	25	30	5	47	25	11
x_{i3}	6.1	6.4	7.4	6.7	7.5	5.9	6.0	4.0	5.8	8.3	5.0	6.4
y_i	33.2	40.3	38.7	46.8	41.4	37.5	39.0	40.7	30.1	52.9	38.2	31.8
i	13	14	15	16	17	18	19	20	21	22	23	24
x_{i1}	8.0	6.5	6.6	3.7	6.2	7.0	1.0	4.5	5.9	5.6	4.8	3.9
x_{i2}	23	35	39	21	7	40	35	23	33	27	34	15
x_{i3}	7.6	7.0	5.0	4.4	5.5	7.0	6.0	3.5	4.9	4.3	8.0	5.0
y_i	43.3	44.1	42.8	33.6	34.2	48.0	38.0	25.9	40.4	36.8	45.2	35.1

(1)拟合 Y 关于 X1，X2，X3 的线性回归模型，写出回归方程。

(2)求出残差向量，分别作出残差关于 Y、X1、X2、X3 及两自变量交叉乘积项的残差图及残差的正态 QQ 图。分析这些散点图并予以评价。

(3)设误差项 ε_i 独立同分布于 N（$0,\sigma^2$），在 $\alpha=0.05$，检验线性回归关系的显著性，计算复相关系数 R^2 值并解释其意义。

(4)在（3）中关于 ε_i 的假定下，分别给出回归参数 β_1,β_2,β_3 的置信度为 95%的置信区间。

9．某医院管理工作者希望了解病人对医院工作的满意程度 Y 和病人的年龄 X1、病情的严重程度 X2、和忧虑程度 X3 之间的关系。他们随机选取了 23 位病人，得到的数据如表 8.9 所示：

表 8.9 病人满意度与年龄、病情及忧虑程度的关系

i	1	2	3	4	5	6	7	8	9	10	11	12
x_{i1}	50	36	40	41	28	49	42	45	52	29	29	43
x_{i2}	51	46	48	44	43	54	50	48	62	50	48	53
x_{i3}	2.3	2.3	2.2	1.8	1.8	2.9	2.2	2.4	2.9	2.1	2.4	2.4
y_i	48	57	66	70	89	36	46	54	26	77	89	67
i	13	14	15	16	17	18	19	20	21	22	23	
x_{i1}	38	34	53	36	33	29	33	55	29	44	43	
x_{i2}	55	51	54	49	56	46	49	51	52	58	50	
x_{i3}	2.2	2.3	2.2	2.0	2.5	1.9	2.1	2.4	2.3	2.9	2.3	
y_i	47	51	57	66	79	88	60	49	77	52	60	

(1)通过穷举法分别利用准则（i）R_p^2，（ii）MSE_p，（iii）C_p，选择最优回归方程，并作出相应的图以支持你的判断。三个准则下的最优回归方程是否一致？

(2)给定 $\alpha_E=\alpha_D=0.10$，试用逐步回归法选择最优回归方程，其结果和（1）中的结果是否相同？

(3)对所选取得回归方程作进一步的精细分析。

10．表 8.10 是 40 名肺癌病人的生存资料。其中 X1：生活行动能力评分（1~100）；X2：病人年龄；X3：由诊断到进入研究时间（月）；X4：肿瘤类型（“0”表示鳞癌、“1”表示小型细胞癌、“2”表示腺癌、“3”表示大型细胞癌）；X5：两种化疗方法（“1”表示常规、“0”表示试验新法）；Y：病人的

生存时间（“0”表示生存时间短，即生存时间小于 200 天；“1”表示生存时间长，即生存时间大于或等于 200 天）（见表 8.10）。

表 8.10　40 名肺癌病人的生存资料

序号	1	2	3	4	5	6	7	8	9	10
x_{i1}	70	60	70	40	40	70	70	80	60	30
x_{i2}	64	63	65	69	63	48	48	63	63	53
x_{i3}	5	9	11	10	58	9	11	4	14	4
x_{i4}	1	1	1	1	1	1	1	2	2	2
x_{i4}	1	1	1	1	1	1	1	1	1	1
y_i	1	0	0	0	0	0	0	0	0	0
序号	11	12	13	14	15	16	17	18	19	20
x_{i1}	80	40	60	40	20	50	50	40	80	70
x_{i2}	43	55	66	67	61	63	66	68	41	53
x_{i3}	12	2	25	23	19	4	16	12	12	8
x_{i4}	2	2	2	2	3	3	0	0	0	0
x_{i4}	1	1	1	1	1	1	1	1	1	1
y_i	0	0	1	0	0	0	0	0	1	1
序号	21	22	23	24	25	26	27	28	29	30
x_{i1}	60	90	50	70	20	80	60	50	70	40
x_{i2}	37	54	52	50	65	52	70	40	36	44
x_{i3}	13	12	8	7	21	28	13	13	22	36
x_{i4}	1	1	1	1	1	1	1	1	2	2
x_{i4}	1	0	0	0	0	0	0	0	0	0
y_i	0	1	1	1	0	1	0	0	0	0
x_{i1}	30	30	40	60	80	70	30	60	80	70
x_{i2}	54	59	69	50	62	68	39	49	64	67
x_{i3}	9	87	5	22	4	15	4	11	10	18
x_{i4}	2	2	3	3	3	0	0	0	0	0
x_{i4}	0	0	0	0	0	0	0	0	0	0
y_i	0	0	0	0	0	0	0	0	1	1

取 $\alpha_E = \alpha_D = 0.10$，用逐步回归法选取自变量，结果如何？利用所选模型计算各病人生存时间小于 200 天的概率估计值。针对本题数据评估逐步回归法的合理性。

实验9 回归分析及R语言实现(2)

9.1 实验目的

1. 熟练掌握R语言的非线性回归分析；
2. 熟练掌握R语言的Logistic回归分析。

9.2 实验原理

9.2.1 非线性回归分析

对变量间非线性相关问题的曲线拟合，处理的方法：首先决定非线性模型的函数类型，对于其中可线性化问题则通过变量变换将其线性化，从而归结为前面的多元线性回归问题来解决。

若实际问题的曲线类型不易确定时，由于任意曲线皆可由多项式来逼近，故常可用多项式回归来拟合曲线。若变量间非线性关系式已知(多数未知)，且难以用变量变换法将其线性化，则进行数值迭代的非线性回归分析。

设非线性回归模型具有如下形式

$$Y = f(X;\theta) + \varepsilon$$

其中：$X = (X_1, X_2, \cdots, X_P)^T$，$\theta = (\theta_1, \theta_2, \cdots, \theta_k)^T$，$\varepsilon \sim N(0, \sigma^2)$。

设(x_i, y_i)为第i个样本，即$y_i = f(x_i;\theta) + \varepsilon_i$。

令

$$\mathrm{z}_1 = x_1, \square z_2 = x_2^2, \square z_k = x_k^k$$

原模型即可化为线性形式：

$$y = f(\mathrm{z};\theta) + \varepsilon$$

并能用线性回归分析处理了。

9.2.2 Logistic 回归分析

9.2.2.1 原理

如果直接将线性回归的模型扣到Logistic回归中，会造成方程二边取值区间不同和普遍的非直线关系。因为Logistic中因变量为二分类变量，某个概率作为方程的因变量估计值取值范围为0-1，但是，方程右边取值范围是无穷大或者无穷小。所以，才引入Logistic回归。

9.2.2.2 实质

发生概率除以没有发生概率再取对数。就是这个不太繁琐的变换改变了取值区间的矛盾和因变量自变量间的曲线关系。究其原因，是发生和未发生的概率成为了比值，这个比值就是一个缓冲，将取值范围扩大，再进行对数变换，整个因变量改变。不仅如此，这种变换往往使得因变量和自变量之间呈线性关系，这是根据大量实践而总结。所以，Logistic回归从根本上解决因变量要不是连续变量怎么办的问题。还有，Logistic应用广泛的原因是许多现实问题跟它的模型吻合。例如一件事情是否发生跟其他数值型自变量的关系。

9.2.2.3 拟合步骤

(1)对每一个变量进行量化，并进行单因素分析；

(2)数据的离散化，对于连续性变量在分析过程中常常需要进行离散变成等级资料。可采用的方法有依据经验进行离散，或是按照四分、五分位数法来确定等级，也可采用聚类方法将计量资料聚为二类或多类，变为离散变量。

(3)对性质相近的一些自变量进行部分多因素分析，并探讨各自变量(等级变量，数值变量)纳入模型时的适宜尺度，及对自变量进行必要的变量变换；

(4)在单变量分析和相关自变量分析的基础上，对 $p \le \alpha$ (常取 0.2，0.15 或 0.3)的变量，以及专业上认为重要的变量进行多因素的逐步筛选；模型程序每拟合一个模型将给出多个指标值，供用户判断模型优劣和筛选变量。可以采用双向筛选技术：a 进入变量的筛选用 score 统计量或 G 统计量或 LRS(似然比统计量)，用户确定 P 值临界值如：0.05、0.1 或 0.2，选择统计量显著且最大的变量进入模型；b 剔除变量的选择用 Z 统计量(Wald 统计量)，用户确定其 P 值显著性水平，当变量不显者，从模型中予以剔除。这样，选入和剔除反复循环，直至无变量选入，也无变量删除为止，选入或剔除的显著界值的确定要依具体的问题和变量的多寡而定，一般地，当纳入模型的变量偏多，可提高选入界值或降低剔除标准，反之，则降低选入界值、提高删除标准。但筛选标准的不同会影响分析结果，这在与他人结果比较时应当注意。

(5)在多因素筛选模型的基础上，考虑有无必要纳入变量的交互作用项；两变量间的交互作用为一级交互作用，可推广到二级或多级交互作用，但在实际应用中，各变量最好相互独立(也是模型本身的要求)，不必研究交互作用，最多是研究少量的一级交互作用。

(6)对专业上认为重要但未选入回归方程的要查明原因。

9.2.2.4. 回归方程拟合优劣的判断

决定系数(R^2)和校正决定系数(R_i^2)，可以用来评价回归方程的优劣。R^2 随着自变量个数的增加而增加，所以需要校正；校正决定系数(R_i^2)越大，方程越优。但亦有研究指出 R^2 是多元线性回归中经常用到的一个指标，表示的是因变量的变动中由模型中自变量所解释的百分比，并不涉及预测值与观测值之间差别的问题，因此在 logistic 回归中不适合。

C_p 选择法：选择 C_p 最接近 p 或 $p+1$ 的方程(不同学者解释不同)，1964 年 CL Mallows 提出。C_p 接近($p+1$)的模型为最佳，其中 p 为方程中自变量的个数，m 为自变量总个数。

AIC 准则：1973 年由日本学者赤池提出 AIC 计算准则，AIC 越小拟合的方程越好。

在 logistic 回归中，评价模型拟合优度的指标主要有 Pearson χ^2、偏差(deviance)、Hosmer - Lemeshow (HL)指标、Akaike 信息准则(AIC)、SC 指标等。Pearson χ^2、偏差(deviance)主要用于自变量不多且为分类变量的情况，当自变量增多且含有连续型变量时，用 HL 指标则更为恰当。Pearson χ^2、偏差(deviance)、Hosmer-Lemeshow (HL)指标值均服从 χ^2 分布，χ^2 检验无统计学意义($p > 0.05$)表示模型拟合的较好，χ^2 检验有统计学意义($p \le 0.05$)则表示模型拟合的较差。AIC 和 SC 指标还可用于比较模型的优劣，当拟合多个模型时，可以将不同模型按其 AIC 和 SC 指标值排序，AIC 和 SC 值较小者一般认为拟合得更好。

9.3 实验过程

9.3.1 多项式回归

设测量得到 n 组样本 $(x_i, y_i)(i=1,2,\cdots,n)$，假定响应变量是自变量的 k 次多项式：

$$y_i = \beta_0 + \beta_1 x_i + \beta_2 x_i^2 + \cdots + \beta_k x_i^k + \varepsilon_i,\ i = 1,2,\cdots,n$$

其中 $\varepsilon_i \sim N(0,\sigma^2)$。

一元多项式回归本质上就是一个多元线性回归，只需在 lm()函数中输入相应的幂次就可以了。

例 9.1 某种合金钢中的主要成分是金属 A 和 B，经过试验和分析，发现这两种金属成分之和 x 与膨胀系数 y 之间有一定的数量关系，在表 9.1 中记录了一组试验数据，试用多项式回归来分析 x 与 y 之间的关系。

表 9.1 实验数据

序号	x	y	序号	x	y	序号	x	y
1	37.0	3.40	6	39.5	1.83	11	42.0	2.35
2	37.5	3.00	7	40.0	1.53	12	42.5	2.54
3	38.0	3.00	8	40.5	1.70	13	43.0	2.90
4	38.5	3.27	9	41.0	1.80			
5	39.0	2.10	10	41.5	1.90			

解 求解过程及 R 代码如下：

先画出散点图：

```
> x <- c(37.0,37.5,38.0,38.5,39.0,39.5,40.0,40.5,41.0,41.5,42.0,42.5,43.0)
> y <- c(3.40,3.00,3.00,3.27,2.10,1.83,1.53,1.70,1.80,1.90,2.35,2.54,2.90)
> plot(x,y)
```

其效果如图 9.1 所示：

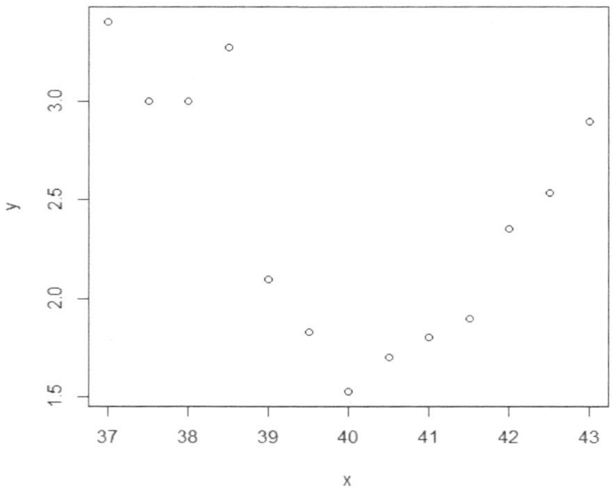

图 9.1 散点图

从图中可以看出，本问题不适合使用线性回归模型进行分析，而采用二次多项式回归模型更合理一些。

输入以下代码：

```
> summary(lm.sol <- lm(y~1+x+I(x^2)))
```

运行结果如下：

```
Call:
lm(formula = y ~ 1 + x + I(x^2))

Residuals:
     Min       1Q   Median       3Q      Max
-0.33322 -0.14222 -0.07922 0.05275 0.84577
```

```
Coefficients:
             Estimate   Std. Error  t value   Pr(> |t|)
(Intercept)  257.06961  47.00295    5.469     0.000273 ***
x            -12.62032  2.35377     -5.362    0.000318 ***
I(x^2)       0.15600    0.02942     5.303     0.000346 ***
---
Signif. codes: 0 '***' 0.001 '**' 0.01 '*' 0.05 '.' 0.1 ' ' 1

Residual standard error: 0.329 on 10 degrees of freedom
Multiple R-squared: 0.7843,   Adjusted R-squared: 0.7412
F-statistic: 18.18 on 2 and 10 DF, p-value: 0.0004668
```

从结果分析可看出，系数与方程均通过显著性检验，故回归方程为：

$$y = 257.0696 - 12.6203x + 0.1560x^2$$

其预测的格式与多元线性回归的格式一样，如要预测 $x_0 = 38.75$ 处的值，可输入以下代码：

```
> predict(lm.sol,data.frame(x = 38.75),interval = "p")
```

则返回结果：

```
      fit       lwr       upr
1 2.281973  1.498745  3.065201
```

以下的代码作用是：画出一张包含散点、二次拟合曲线、预测区间及置信区间曲线的图形。

```
> new <- data.frame(x = seq(37, 43, by=0.1))
> pp<-predict(lm.sol, new, interval="prediction")
> pc<-predict(lm.sol, new, interval="confidence")
> par(mai=c(0.8, 0.8, 0.2, 0.2))
> matplot(new$x, cbind(pp, pc[,-1]), type="l", xlab="X", ylab="Y", lty=c(1,5,5,2,2), col=c("blue", "red", "red", "brown", "brown"), lwd=2)
> points(x,y, cex=1.4, pch=21, col="red", bg="orange")
> legend(40, 4.5, c("Points", "Fitted", "Prediction", "Confidence"), pch=c(19, NA, NA, NA), lty=c(NA, 1,5,2), col=c("orange", "blue", "red", "brown"))
```

其运行效果如下：

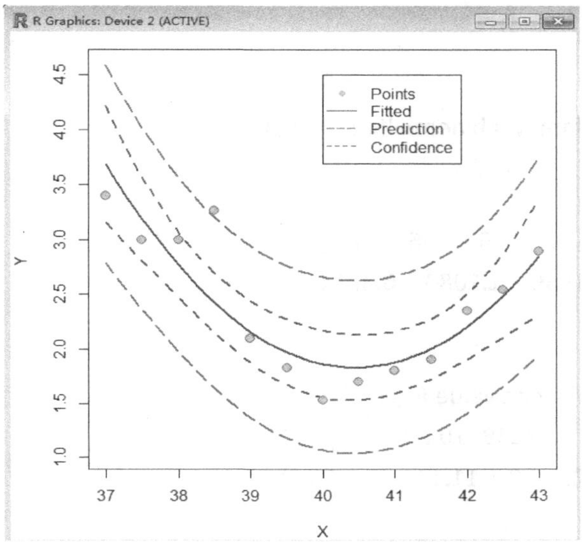

图 9.2 包含散点、二次拟合曲线、预测区间及置信区间曲线的图形

9.3.2 Logistic 回归分析

Logistic 回归模型是重要的回归模型之一。在回归模型中，响应变量为分类变量，经常是或者成功，或者失败。对于这些问题，正态线性模型显然是不合适的，因为正态误差不对应一个 0-1 响应。在这种情况下，可用一种重要的方法称为 Logistic 回归。

在 R 中，可以使用广义线性模型函数 glm()实现 Logistic 回归模型的建立，只需要在 glm()设置相应的参数就可以了，其格式如下：

```
glm(formula,family = binomial(link = logit),data,weight,subset,
na.action,start = NULL,etastart,mustart,offset,control = list(...),
model = TRUE,method = "glm.fit",x = FALSE,y = TRUE,contrasts = NULL,...)
```

参数与前类似，在此不做详细解释。

例 9. 2 (R.Norell 实验)为研究高压电线对牲畜的影响，R.Norell 研究小的电流对农场动物的影响。他在实验中，选择了 7 头牛，6 种电击强度：0mA，1mA，2mA，3mA，4mA，5mA。每头牛被电击 30 下，每种强度 5 下，按随机的次序进行。然后重复这个实验，每头牛总共被电击了 60 下。对每次电击，响应变量——嘴巴运动，或者出现，或者未出现。表 9.2 中的数据给出每种电击强度 70 次试验中响应的总次数。试分析电击对牛的影响。

表 9. 2 实验数据

电流/mA	试验次数	响应次数	响应的比率
0	70	0	0.000
1	70	9	0.129
2	70	21	0.300
3	70	47	0.671
4	70	60	0.857
5	70	63	0.900

解 求解过程及 R 代码：

```
> x <- 0:5
> y <- c(0,9,21,47,60,63)
> Y <- cbind(y,70-y)
> glm.sol <- glm(Y~x,family = binomial(link = logit))
> summary(glm.sol)
```

运行的结果为：

```
Call:
glm(formula = Y ~ x, family = binomial(link = logit))

Deviance Residuals:
      1        2        3        4        5        6
-2.2507   0.3892 -0.1466   1.1080   0.3234 -1.6679

Coefficients:
            Estimate Std. Error z value Pr(>|z|)
(Intercept)  -3.3010     0.3238  -10.20   <2e-16 ***
x             1.2459     0.1119   11.13   <2e-16 ***
---
Signif. codes: 0 '***' 0.001 '**' 0.01 '*' 0.05 '.' 0.1 ' ' 1
```

```
(Dispersion parameter for binomial family taken to be 1)

    Null deviance: 250.4866 on 5 degrees of freedom
Residual deviance:   9.3526 on 4 degrees of freedom
AIC: 34.093

Number of Fisher Scoring iterations: 4
```

从结果看，系数和模型都经过了检验，故得模型为：

$$p=\frac{e^{-3.3010+1.2459x}}{1+e^{-3.3010+1.2459x}}$$

在得到模型后，可以作出预测，例如，当电流强度为 3.5mA 时，有响应的牛的概率是多少？可以使用如下 R 代码实现：

```
> predict(glm.sol,data.frame(x = 3.5),type = "response")
```

其运行结果为：

```
    1
0.742642
```

即计算结果为 74.25%。

以下代码画出响应比率与 Logistic 回归曲线。

```
> d <- seq(0,5,length = 100)
> names <- c("logit","probit","cauchit")
> col <- c("black","blue","brown")
> lty <- c(1,2,4)
> par(mai = c(0.9,0.9,0.2,0.1))
> plot(x,y/70,pch = 19,cex = 1.2,col = 2,xlab = "X",ylab = "proibability",ylim = c(0,.95))
> for(iin1:3){
glm.sol <- glm(Y~x,family = binomial(link = names[i]))
pre <- predict(glm.sol,data.frame(x = d),type = "response")
lines(d,pre,lwd = 2,col = col[i],lty = lty[i])
}
> legend(0.2,0.9,legend = c("points",names),col = c("red",col),pch = c(19,NA,NA,NA),
> lty = c(NA,lty),lwd = 2)
```

运行结果如图 9.3 所示。

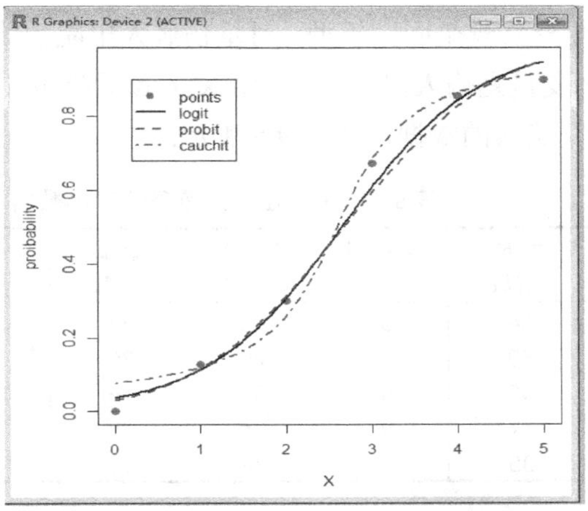

图 9.3 响应比率与 Logistic 回归曲线

9.4 实验练习

1. 一位饮食公司的分析人员想调查自助餐馆中的自动咖啡售货机数量与咖啡销售量之间的关系。她选择了 14 家餐馆来进行实验。这 14 家餐馆在营业额、顾客类型和地理位置方面都是相近的。放在试验餐馆的自动售货机数量从 0(这里的咖啡由服务员端来)到 6 不等，并且是随机分配到每个餐馆里。表 9.3 的数据是关于试验结果的数据。

(1)作线性回归模型；

(2)作多项式回归模型；

(3)画出数据的散点图的拟合曲线。

表 9.3 实验数据

餐馆	售货机数量	咖啡售货量	餐馆	售货机数量	咖啡售货量
1	0	508.1	8	3	697.5
2	0	498.4	9	4	755.3
3	1	568.2	10	4	758.9
4	1	577.3	11	5	787.6
5	2	651.7	12	5	792.1
6	2	657.0	13	6	841.4
7	3	713.4	14	6	831.8

2. 为研究一些因素(如用提高抗生素、有无危险因子和事先是否有计划)对“剖宫产后是否有感染”的影响，表 9.4 给出的是某医院剖宫产后的数据，试用 Logistic 回归模型对这些数据进行研究，分析感染与这些因素的关系。

表 9.4 某医院剖宫产后的数据

		事先有计划		临时决定	
		有感染	无感染	有感染	无感染
用抗生素	有危险因子	1	17	11	87
	没有危险因子	0	2	0	0
不用	有危险因子	28	30	23	3
	没有危险因子	8	32	0	9

3. 针对上一个实验的表 8.10，建立 P{Y=0}对 X1~X5 的 Logistic 回归模型，X1~X5 对 P{Y=0}的综合影响是否显著？哪些变量是主要的影响因素，显著性水平如何？计算各病人生存时间小于 200 天的概率估计值。

4. 一位医院管理人员想建立一个回归模型，对重伤病人出院后的长期恢复情况进行预测。自变量是病人住院的天数（X），因变量是病人出院后长期恢复的预后指数（Y），指数的数值越大表示预后结局越好。为此，研究了 15 个病人的数据，如表 9.5 所示：

表 9.5 重伤出院后恢复情况的数据

病例号	住院天数	预后指数	病例号	住院天数	预后指数	病例号	住院天数	预后指数
1	2	54	6	19	25	11	45	8
2	5	50	7	26	20	12	52	11
3	7	45	8	31	16	13	53	8
4	10	37	9	34	18	14	60	4
5	14	35	10	38	13	15	65	6

根据经验表明，病人住院的天数（X）和预后指数（Y）服从非线性模型。

（1）用非线性方法计算参数的估计值，并作检验；

（2）画出数据的散点图、预测值曲线、置信区间曲线和预测区间曲线（$\alpha = 0.05$）。

5．用广义线性模型方法估计实验练习 3 中的参数，并与非线性模型的计算结果作比较。

6．已知如表 9.6 所示的数据满足 Michaelis-Menten 方程

$$y = \frac{\theta_1 x}{\theta_2 + x}$$

其中 θ_1 和 θ_2 为参数。试求出参数 θ_1 和 θ_2 的估计值，并进行检验。

表 9.6 重伤出院后恢复情况的数据

编号	x	y	编号	x	y	编号	x	y
1	0.02	76	5	0.11	123	9	0.56	191
2	0.02	47	6	0.11	139	10	0.56	201
3	0.06	97	7	0.22	159	11	1.10	207
4	0.06	107	8	0.22	152	12	1.10	200

(1)用非线性模型方法做估计，并画出数据的散点图和回归预测曲线；

(2)作变换，利用线性模型方法作估计，并画出数据的散点图和回归预测曲线；

(3)利用广义线性模型方法作估计，并画出数据的散点图和回归预测曲线；

(4)分析上述三种方法各自的优缺点。

7．50 位急性淋巴细胞性白血病病人，在入院治疗是取得了外辕血中的细胞数 X1（千个/mm^3）；淋巴结浸润等级为 X2（分为 0,1,2,3 级）；出院后有无巩固治疗 X3（“1”表示有巩固治疗，“0”表示

表 9.7 50 位急性淋巴细胞性白血病病人生存数据

编号	X1	X2	X3	Y	编号	X1	X2	X3	Y
1	2.5	0	0	0	26	1.2	2	0	0
2	173	2	0	0	27	3.5	0	0	0
3	119	2	0	0	28	39.7	0	0	0
4	10	2	0	0	29	62.4	0	0	0
5	502	2	0	0	30	2.4	0	0	0
6	4	0	0	0	31	34.7	0	0	0
7	14.4	0	1	0	32	28.4	2	0	0
8	2	2	0	0	33	0.9	0	1	0
9	40	2	0	0	34	30.6	2	0	0
10	6.6	0	0	0	35	5.8	0	1	0
11	21.4	2	1	0	36	6.1	0	1	0
12	2.8	0	0	0	37	2.7	2	1	0
13	2.5	0	0	0	38	4.7	0	0	0
14	6	0	0	0	39	128	2	1	0
15	3.5	0	1	0	40	35	0	0	0
16	62.2	0	0	1	41	2	0	0	1
17	10.8	0	1	1	42	8.5	0	1	1
18	21.6	0	1	1	43	2	2	1	1
19	2	0	1	1	44	2	0	1	1
20	3.4	2	1	1	45	4.3	0	1	1
21	5.1	0	1	1	46	244.8	2	1	1
22	2.4	0	0	1	47	4	0	1	1
23	1.7	0	1	1	48	5.1	0	1	1
24	1.1	0	1	1	49	32	0	1	1
25	12.8	0	1	1	50	1.1	0	1	1

无巩固治疗）。通过随访取得病人的生存时间，并以变量 Y=0 表示生存时间在 1 年以内，Y=1 表示生存时间在 1 年以上。关于 X1，X2，X3 和 Y 的观测数据，如表 9.7 所示。使用 Logistic 回归模型分析病人生存时间长短的概率与 X1，X2，X3 的关系。

8．某研究人员在探讨肾细胞癌转移的有关临床病理因素研究中，收集了一批行根治性肾切除术患者的肾癌标本资料，现从中抽取 18 例资料（表 9.8）进行 logistic 回归分析。变量说明：X1：确诊时患者的年龄（岁）；X2：肾细胞癌血管内皮生长因子(VEGF)，其阳性表述由低到高共 3 个等级（1-3）；X3：肾细胞癌组织内微血管数(MVC)；X4：肾癌细胞核组织学分级，由低到高共 4 级（1-4）；X5：肾细胞癌分期，由低到高共 4 期（1-4）；Y：肾细胞癌转移情况（有转移 y=1; 无转移 y=0）。为二分类变量。

表 9.8　肾细胞癌转移数据

X1	X2	X3	X4	X5	Y
59	2	43.4	2	1	0
36	1	57.2	1	1	0
61	2	190	2	1	0
58	3	128	4	3	1
55	3	80	3	4	1
61	1	94.4	2	1	0
38	1	76	1	1	0
42	1	240	3	2	0
50	1	74	1	1	0
58	3	68.6	2	2	0
68	3	132.8	4	2	0
25	2	94.6	4	3	1
52	1	56	1	1	0
31	1	47.8	2	1	0
36	3	31.6	3	1	1
42	1	66.2	2	1	0
14	3	138.6	3	3	1
32	1	114	2	3	0

9．研究银行客户贷款是否违约（拖欠）的问题，数据如表 9.9 所示：

表 9.9　银行客户贷款的数据

年龄	教育	工龄	地址	收入	负债率	信用卡负债	其他负债	违约
41	3	17	12	176	9.3	11.36	5.01	1
27	1	10	6	31	17.3	1.36	4	0
40	1	15	14	55	5.5	0.86	2.17	0
41	1	15	14	120	2.9	2.66	0.82	0
24	2	2	0	28	17.3	1.79	3.06	1
41	2	5	5	25	10.2	0.39	2.16	0
39	1	20	9	67	30.2	3.83	16.67	0
43	1	12	11	38	3.6	0.13	1.24	0
24	1	3	4	19	24.4	1.36	3.28	1
36	1	0	13	25	19.7	2.78	2.15	0
27	1	0	1	16	1.7	0.18	0.09	0
25	1	4	0	23	5.2	0.25	0.94	0
52	1	24	14	64	10	3.93	2.47	0
37	1	6	9	29	16.3	1.72	3.01	0
48	1	22	15	100	9.1	3.7	5.4	0
36	2	9	6	49	8.6	0.82	3.4	1
36	2	13	6	41	16.4	2.92	3.81	1
43	1	23	19	72	7.6	1.18	4.29	0

以上的数据是 18 个申请贷款的客户，根据此数据进行二元 Logistic 回归分析，上图中的“0”表示没有拖欠贷款，“1”表示拖欠贷款。

10．富士康跳楼曲线的 Logistic 回归分析。表 9.10 是以 2007 年 6 月 18 号，第一例自杀案例为原点，至 2010 年 5 月 25 日的自杀时间和累积自杀人数的数据。

表 9. 10　2007 年至 2010 年自杀数据

自杀时间 X(d)	累计自杀人数 Y	自杀时间 X(d)	累计自杀人数 Y
0	1	1015	9
75	2	1023	10
272	3	1024	11
758	4	1024	12
794	5	1053	13
950	6	1051	14
997	7	1072	15
1003	8		

(1)画出散点图，观察图形趋势；

(2)进行 Logistic 回归分析。

11．为研究高压电线对牲畜的影响，R.Norell 研究小的电流对农场动物的影响。他在实验中，选择了 7 头牛，6 种电击强度：0mA，1mA，2mA，3mA，4mA，5mA。每头牛被电击 30 下，每种强度 5 下，按随机地次序进行。然后重复整个实验，每头牛总共被电击 60 下。对每次电击，响应变量——嘴巴运动，或者出现，或者未出现。表 9.11 中的数据给出每种电击强度 70 次试验中响应的总次数。试分析电击对牛的影响。

表 9. 11　7 头牛对 6 种不同强度的非常小的电击的响应

电流/mA	试验次数	响应次数	响应的比例	电流/mA	试验次数	响应次数	响应的比例
0	70	0	0.000	3	70	47	0.671
1	70	9	0.129	4	70	60	0.857
2	70	21	0.300	5	70	63	0.900

9.5 扩展阅读

9.5.1 稳健回归

9.5.1.1 步骤

(1)数据集，取自 car 包中的 Quartet 数据集。

```
> library(car)
> data(Quartet)
> View(Quartet)
```

(2)数据集探索性分析，绘制散点图。

```
> plot(Quartet$x,Quartet$y3)
```

(3)利用 MASS 包的 rlm()函数做稳健线性回归分析。

```
> library(MASS)
> lmfit5 <- rlm(Quartet$y3~Quartet$x)
> abline(lmfit5,col = "red")
```

9.5.1.2 参阅

(1)稳健回归分析(robustlinearregression)https://en.wikipedia.org/wiki/Robust_regression

(2)car 包文档集 https://cran.r-project.org/web/packages/car/car.pdf

(3)MASS 包文档集 https://cran.r-project.org/web/packages/MASS/MASS.pdf

9.5.2 广义线性回归

广义线性建模是线性模型在研究响应值的非正态分布以及非线性模型的简洁直接的线性转化时的一种发展。广义线性模型是基于下面一系列假设前提的：

(1)有一个响应变量 y 和一系列有趣的刺激变量(stimulus variable) x_1, x_2 等。

这些刺激变量决定响应变量的最终分布。

(2)刺激变量仅仅通过一个线性函数影响响应值 y 的分布，该线性函数称为线性预测器，常常写成

$$\eta = \beta_1 x_1 + \beta_2 x_2 + \cdots + \beta_p x_p$$

因此 x_i 当且仅当 β_i 等于 0 时对 y 的分布没有影响。

(3) y 分布的形式为

$$f_Y\left(y;\mu,\varphi\right) = e^{\frac{A}{\varphi}(y\lambda(\mu)-\Gamma\lambda(\mu)+\tau(y,\varphi))}$$

其中 φ 是度量参数(scale parameter)(可能已知)，对所有观测恒定； A 是一个先验的权重，假定知道但是可能随观测不同有所不同； μ 是 y 的均值。也就是说假定 y 的分布是由均值和一个可能的度量参数决定的。

(4)均值 μ 是线性预测器的平滑可逆函数(smooth invertible function)：

$$\mu = m(\eta)\text{，}\quad \mu = m^{-1}(\mu) = ell(\mu)$$

该可逆函数 $ell()$ 称为关联函数(link function)。

这些假定比较宽松，足以包括统计实践中大多数有用的统计模型，但也足够严谨，使得可以发展计算和推论中一致的方法(至少可以近似一致)。读者如果想了解这方面最新的进展，可以参考 McCullagh&Nelder(1989)或者 Dobson(1990)。

R 提供了一系列广义线性建模工具，从类型上来说包括 gaussian,二项式,poisson,反 gaussian 和 gamma 模型的响应变量分布以及在响应变量分布没有明确给定时的逆似然(quasi-likelihood)模型。在后者，方差函数(variance function)可以认为是均值的函数，但是在另外一些情况下，该函数可以由响应变量的分布得到。

每一种响应分布允许各种关联函数将均值和线性预测器关联起来。这些自动关联函数如表 9.12 所示。

表 9.12 自动关联函数

Familyname	Linkfunctions
binomial	logit,probit,log,cloglog
gaussian	identity,log,inverse
Gamma	identity,inverse,log
inverse.aussian	1/mu^2,identity,inverse,log
poisson	identity,log,sqrt
quasi	logit,probit,cloglog,identity,inverse,log,1/mu^2,sqrt

这些用于模型构建过程中的响应分布，关联函数和各种其他必要的信息统称为广义线性模型的族(family)。

9.5.2.1 glm()函数

既然响应的分布仅仅通过单一的一个线性函数依赖于刺激变量，那么用于线性模型的机制同样可以用于指定一个广义模型的线性部分。但是族必须以一种不同的方式指定。

R 用于广义线性回归的函数是 glm()，它的使用形式为

fitted.model<-glm(formula,family = family.generator,data = data.frame)

和 lm()相比，唯一的一个新特性就是描述族的参数 family.generator。它是产生函数和表达式列表的函数名字。这些函数用于定义和控制模型的构建与计算过程。尽管开始看起来有点复杂，但它们非常容易使用。

这些名字是标准的。程序给定的族生成器可以参见 Families 列表中的“族名”。当选择一个关联函数时，该关联函数名和族名可以同时在括弧里面作为参数设定。在拟(quasi)家族里面，方差函数也是以这种方式设定。

一些例子可能会使这个过程更清楚。

9.5.2.2 gaussian 族

命令：

> fm <- glm(y~x1+x2,family = gaussian,data = sales)

和下面的命令结果一致。

> fm <- lm(y~x1+x2,data = sales)

但是效率上，前者差一点。注意，gaussian 族没有相关参数，因此它不提供关联函数的。如一个问题需要用非标准关联函数的 gaussian 族，那么只能采用我们后面讨论的拟族。

9.5.2.3 二项式族

考虑 Silvey(1970)提供的一个小的例子。

在 Kalythos 的 Aegean 岛上，男性居民常常患有一种先天的眼科疾病，并且随着年龄的增长而变的愈显著。现在搜集了各种年龄段岛上男性居民的样本，同时记录了盲眼的数目。数据如表 9.13 所示。

表 9.13 Aegean 岛上男性居民盲眼记录数据

年龄	20	35	45	55	70
No.检测	50	50	50	50	50
No.盲眼	6	17	26	37	44

想知道的是这些数据是否吻合 logistic 和 probit 模型，并且分别估计各个模型的 LD50，也就是一个男性居民盲眼的概率为 50%时候的年龄。

如果 y 和 n 是年龄为 x 时的盲眼数目和检测样本数目，两种模型的形式都 $y \sim B\left(n, F\left(\beta_0 + \beta_1 x\right)\right)$，其中在 probit 模型中，$F(z) = \Phi(z)$ 是标准的正态分布函数，而在 logit 模型(默认)中 $F(z) = \dfrac{e^z}{1+e^z}$，这两种模型中，$LD50 = -\dfrac{\beta_0}{\beta_1}$，即分布函数的参数为 0 时所在的点。

先把数据转换成数据框：

> kalythos <- data.frame(x = c(20,35,45,55,70),n = rep(50,5),y = c(6,17,26,37,44))

在 glm()拟合二项式模型时，响应变量有三种可能性：

如果响应变量是向量，则假定操作二元(binary)数据，因此要求是 0/1 向量。

如果响应变量是双列矩阵，则假定第一列为试验成功的次数第二列为试验失败的次数。

如果响应变量是因子，则第一水平作为失败(0)考虑而其他的作为成功(1)考虑。

我们采用的是第二种惯例。在数据框中增加了一个矩阵：

```
> kalythos$Ymat <- cbind(kalythos$y,kalythos$n-kalythos$y)
```

为了拟合这些模型，采用如下命令：

```
> fmp <- glm(Ymat~x,family = binomial(link = probit),data = kalythos)
> fml <- glm(Ymat~x,family = binomial,data = kalythos)
```

既然 logit 的关联函数是默认的，因此我们可以在第二条命令中省略该参数。查看拟合结果：

```
> summary(fmp)
> summary(fml)
```

两种模型都拟合的很好。计算 LD50，可以利用一个简单的函数：

```
> ld50 <- function(b)-b[1]/b[2]
> ldp <- ld50(coef(fmp));ldl<-ld50(coef(fml));c(ldp,ldl)
```

从这些数据中得到的年龄分别是 43.663 年和 43.601 年。

9.5.2.4 Poisson 模型

在 Poisson 族中，默认的关联函数是 log。在实际操作中，这一族常常用于拟合计数资料的 Poisson 对数线性模型。这些计数资料的实际分布往往符合二项式分布。这是一个非常重要而又庞大的话题，我们不想在这里深入展开。它构成了非-gaussian 广义模型内容的很大一部分。

有时候，实践中产生的 Poisson 数据在对数或者平方根转化后可当作正态数据处理。作为后者的另一种选择是，一个 Poisson 广义线性模型可以通过下面的例子拟合：

```
> fmod <- glm(y~A+B+x,family = poisson(link = sqrt),data = worm.counts)
```

9.5.2.5 拟似然模型

对于所有的族，响应变量的方差依赖于均值并且拥有作为系数(multiplier)的尺度参数。方差对均值的依赖方式是响应分布的一个特性；例如对于 poisson 分布 $Var(y)=\mu$。

对于拟似然估计和推断，我们不是设定精确的响应分布而是设定关联函数和方差函数的形式。因为关联函数和方差函数都依赖于均值。既然拟似然估计和 gaussian 分布使用的技术非常相似，因此这一族顺带提供了一种用非标准关联函数或者方差函数拟合 gaussian 模型的方法。

例如，考虑非线性回归的拟合

$$y=\frac{\theta_1 z_1}{z_2-\theta_2}+\varepsilon$$

同样还可以写成

$$y=\frac{1}{\beta_1 x_1+\beta_2 x_2}+\varepsilon$$

其中：$x_1=\frac{z_2}{z_1}$，$x_2=-\frac{1}{x_1}$，$\beta_1=\frac{1}{\theta_1}$ 且 $\beta_2=\frac{\theta_2}{\theta_1}$。

假如有适合的数据框，我们可以如下进行非线性拟合：

```
> nlfit <- glm(y~x1+x2-1,family = quasi(link = inverse,variance = constant),data = biochem)
```

第七章 多元统计分析

本章介绍如何使用 R 软件处理多元统计分析的方法，这里包括方差分析、判别分析、聚类分析、主成分分析、因子分析和典型相关分析。

实验10 方差分析及R语言实现

10.1 实验目的

1. 掌握单因素方差分析方法，并用R语言实现；
2. 掌握双因素方差分析方法，并用R语言实现；
3. 用R语言解决实际中的方差分析问题。

10.2 实验原理

10.2.1 基本原理

10.2.1.1 假定条件

(1)各处理条件下的样本是随机的。

(2)各处理条件下的样本是相互独立的，否则可能出现无法解析的输出结果。

(3)各处理条件下的样本分别来自正态分布总体，否则使用非参数分析。

(4)各处理条件下的样本方差相同，即具有齐效性。

10.2.1.2 假设检验

假设有 K 个样本，如果原假设 H_0 样本均数都相同，K 个样本有共同的方差，则 K 个样本来自具有共同方差和相同均值的总体。

如果经过计算，组间均方远远大于组内均方，则推翻原假设，说明样本来自不同的正态总体，说明处理造成均值的差异有统计意义。否则承认原假设，样本来自相同总体，处理间无差异。

10.2.1.3 应用条件

(1)各样本是相互独立的随机样本；

(2)各样本均来自正态分布总体；

(3)各样本的总体方差相等，即具有方差齐性；

(4)在不满足正态性时可以用非参数检验。

10.2.1.4 基本步骤

(1)建立检验假设：

H_0：多个样本总体均值相等；H_1：多个样本总体均值不相等或不全等。

显著性水平取为0.05。

(2)计算检验统计量F值；

(3)确定P值并作出推断结果。

10.2.2 单因素方差分析

10.2.2.1 概念理解

单因素方差分析是用来研究一个控制变量的不同水平是否对观测变量产生了显著影响。这里，由于仅研究单个因素对观测变量的影响。

例如，分析不同施肥量是否给农作物产量带来显著影响，考察地区差异是否影响妇女的生育率，研究学历对工资收入的影响等。这些问题都可以通过单因素方差 分析得到答案。

10.2.2.2 步骤分析

(1)明确观测变量和控制变量；

例如，上述问题中的观测变量分别是农作物产量、妇女生育率、工资收入；控制变量分别为施肥量、地区、学历。

(2)剖析观测变量的方差；

方差分析认为：观测变量值得变动会受控制变量和随机变量两方面的影响。据此，单因素方差分析将观测变量总的离差平方和分解为组间离差平方和和组内离差平方和两部分，数学形式表述为：SST=SSA+SSE。

(3)比较观测变量总离差平方和各部分所占的比例，推断控制变量是否给观测变量带来了显著影响。

10.2.2.3 原理总结

在观测变量总离差平方和中，如果组间离差平方和所占比例较大，则说明观测变量的变动主要是由控制变量引起的，可以主要由控制变量来解释，控制变量给观测变量带来了显著影响；反之，如果组间离差平方和所占比例小，则说明观测变量的变动不是主要由控制变量引起的，不可以主要由控制变量来解释，控制变量的不同水平没有给观测变量带来显著影响，观测变量值的变动是由随机变量因素引起的。

10.2.2.4 进一步分析

在完成上述单因素方差分析的基本分析后，可得到关于控制变量是否对观测变量造成显著影响的结论，接下来还应做其他几个重要分析，主要包括方差齐性检验、多重比较检验。

(1)方差齐性检验

是对控制变量不同水平下各观测变量总体方差是否相等进行检验。

前面提到，控制变量不同各水平下观测变量总体方差无显著差异是方差分析的前提要求。如果没有满足这个前提要求，就不能认为各总体分布相同。因此，有必要对方差是否齐性进行检验。

在单因素方差分析中，方差齐性检验采用了方差同质性(homogeneity of variance)检验方法，其原假设是：各水平下观测变量总体的方差无显著差异。

(2)多重比较检验

单因素方差分析的基本分析只能判断控制变量是否对观测变量产生了显著影响。如果控制变量确实对观测变量产生了显著影响，进一步还应确定控制变量的不同水平对观测变量的影响程度如何，其中哪个水平的作用明显区别于其他水平，哪个水平的作用是不显著的，等等。

例如，如果确定了不同施肥量对农作物的产量有显著影响，那么还需要了解 10 公斤、20 公斤、30 公斤肥料对农作物产量的影响幅度是否有差异，其中哪种施肥量水平对提高农作物产量的作用不明显，哪种施肥量水平最有利于提高产量等。掌握了这些重要的信息就能够帮助人们制定合理的施肥方案，实现低投入高产出。

多重比较检验利用了全部观测变量值，实现对各个水平下观测变量总体均值的逐对比较。由于多重比较检验问题也是假设检验问题，因此也遵循假设检验的基本步骤。

10.2.3 多因素方差分析

10.2.3.1 基本思想

多因素方差分析用来研究两个及两个以上控制变量是否对观测变量产生显著影响。这里，由于研究多个因素对观测变量的影响，因此称为多因素方差分析。多因素方差分析不仅能够分析多个因素对观测变量的独立影响，更能够分析多个控制因素的交互作用能否对观测变量的分布产生显著影响，进而最终找到利于观测变量的最优组合。

例如：分析不同品种、不同施肥量对农作物产量的影响时，可将农作物产量作为观测变量，品种和施肥量作为控制变量。利用多因素方差分析方法，研究不同品种、不同施肥量是如何影响农作物产量的，并进一步研究哪种品种与哪种水平的施肥量是提高农作物产量的最优组合。

10.2.3.2 其他功能

(1)均值检验

在 R 中，利用多因素方差分析功能还能够对各控制变量不同水平下观测变量的均值是否存在显著差异进行比较，实现方式有两种，即多重比较检验和对比检验。多重比较检验的方法与单因素方差分析类似。对比检验采用的是单样本 t 检验的方法，它将控制变量不同水平下的观测变量值看做来自不同总体的样本，并依次检验这些总体的均值是否与某个指定的检验值存在显著差异。其中，检验值可以指定为以下几种：

①观测变量的均值(Deviation)；

②第一水平或最后一个水平上观测变量的均值(Simple)；

③前一水平上观测变量的均值(Difference)；

④后一水平上观测变量的均值(Helmert)。

(2)控制变量交互作用的图形分析

控制变量的交互作用可以通过图形直观分析。

10.3 实验过程

10.3.1 单因素方差分析

在 R 语言中用 aov 做方差分析，其使用格式为

aov(formula,data = NULL,projections = FALSE,qr = TRUE,contrasts = NULL,...)

其中：

formula：　指定的模型公式；

data：　一个数据框，在该公式中指定的变量会被发现；

projections：　逻辑标志，指定是否返回预测值；

qr：　逻辑标志，指定是否 QR 分解；

contrasts：　公式中的一些因素的对比列表。

例 10.1　利用 4 种不同配方的材料 A1，A2，A3，A4 生产出来的零件，测得其使用寿命如表 10.1 所示，那么 4 种不同配方下过分使用寿命是否有显著差异呢？

表 10.1　元件寿命数据

A1:	1600	1610	1650	1680	1700	1700	1780	
A2:	1500	1640	1400	1700	1750			
A3:	1640	1550	1600	1620	1640	1600	1740	1800
A4:	1510	1520	1530	1570	1640	1600		

解　R 代码如下：

```
> X <- c(1600,1610,1650,1680,1700,1700,1780,1500,1640,1400,1700,1750,
1640,1550,1600,1620,1640,1600,1740,1800,1510,1520,1530,1570,1640,1600)
> A = factor(rep(1:4,c(7,5,8,6)))
```

```
> lamp <- data.frame(X,A)
> lamp.aov <- aov(X~A,data = lamp)
> summary(lamp.aov)
Df Sum Sq    Mean Sq    F value    Pr(> F)
A          3    49212      16404    2.166    0.121
Residuals      22    166622    7574
```

其中 Df 表示自由度，SumSq 表示平方和，MeanSq 表示均方，Fvalue 表示 F 值，Pr(> F)表示 P 值，A 就是因素，Residuals 就是残差，就是误差。

从 P 值(0.121> 0.05)来看，没有充分理由拒绝原假设，也就是说 4 种材料生产出的元件寿命无明显差异。

使用 lm()和 anova()函数组合，可以得到相同的结果，其使用格式为：

```
lamp.lm <- ln(X~A,data = lamp)
anova(lamp.lm)
```

例 10. 2 小白鼠在接种了 3 种不同菌型的伤寒杆菌后的存活天数如表 10.2 所示，判断小白鼠被注射 3 种菌型后的平均存活天数有无明显差异？

表 10. 1 小白鼠注射 3 种菌型后的存活天数记录

菌型	存活天数											
1	2	4	3	2	4	7	7	2	2	5	4	
2	5	6	8	5	10	7	12	12	6	6		
3	7	11	6	6	7	9	5	5	10	6	3	10

解 R 代码如下：

```
> X <- c(2,4,3,2,4,7,7,2,2,5,4,5,6,8,5,10,7,12,12,6,6,7,11,6,6,7,9,5,5,10,6,3,10)
> A <- factor(rep(1:3,c(11,10,12)))
> mouse <- data.frame(X,A)
> mouse.lm <- lm(X~A,data = mouse)
> anova(mouse.lm)
Analysis of Variance Table

Response: X
        Df Sum Sq Mean Sq F value    Pr(> F)
A         2 94.256 47.128 8.4837 0.001202 **
Residuals 30 166.653    5.555
---
Signif. codes: 0 '***' 0.001 '**' 0.01 '*' 0.05 '.' 0.1 ' ' 1
```

从结果可以看出，p-值远小于 0.01，因此应该拒绝原假设，即认为小白鼠在接种三种不同菌型的伤寒杆菌后存活的天数存在显著差异。

10.3.2 双因素方差分析

例 10. 3 在一个农业试验中，考虑 4 种不同的种子品种 A1，A2，A3 和 A4，3 种不同的施肥方法 B1，B2 和 B3，得到产量如表 10.3 所示(单位：kg)。试分析种子与施肥对产量有无显著影响？

表 10.3 产量

	B1	B2	B3
A1	325	292	316
A2	317	310	318
A3	310	320	318
A4	330	370	365

解 R代码如下：

```
> agriculture<-data.frame(
  Y = c(325, 292, 316, 317, 310, 318, 310, 320, 318, 330, 370, 365),
  A = gl(4, 3),B = gl(3, 1, 12)
  )
> agriculture.aov <- aov(Y ~ A+B, data=agriculture)
> summary(agriculture.aov)
          Df Sum Sq Mean Sq F value Pr(> F)
A          3   3824 1274.8   5.226 0.0413 *
B          2    163   81.3   0.333 0.7291
Residuals  6   1463  243.9
---
Signif. codes: 0 '***' 0.001 '**' 0.01 '*' 0.05 '.' 0.1 ' ' 1
```

根据 P 值可知，不同品种(因素 A)对产量有显著影响，而没有充分的理由说明施肥方法(因素 B)对产量有显著影响。

10.4 实验练习

1．进行一次试验，当缓慢旋转的布面轮子受到磨损时，比较 3 种布上涂料的磨损量。对每种涂料类型试验 10 个涂料样品，记录每个样品直到出现可见磨损时的小时数，数据在表 10.4 中给出。试用单因素方差分析方法进行分析：这 3 种涂料直到磨损明显可见的平均时间是否存放明显差异？

表 10.4 三种布上涂料的磨损量

涂料	磨损小时数									
A	148	76	393	520	236	134	55	166	415	153
B	513	264	433	94	535	327	214	135	289	304
C	335	643	216	536	128	723	258	380	594	465

2．用于清洁金属部件有 3 种有机溶剂：芬芳剂、氯烷和酯类，10.5 表中给出了这 3 种溶剂吸附比的测试结果，能否根据这组数据分析出这 3 种溶剂的吸附比存在明显差异？

表 10.5 三种溶剂吸附比的测试结果

溶剂	摩尔分数								
芬芳剂	1.06	0.79	0.82	0.89	1.05	0.95	0.65	1.15	1.12
氯烷	1.58	1.45	0.57	1.16	1.12	0.91	0.83	0.43	
酯类	0.29	0.06	0.44	0.61	0.55	0.43	0.51	0.10	0.34
	0.53	0.06	0.09	0.17	0.60	0.17			

3.（续习题 1）使用 model.tables( )和 TukeyHSD( )函数计算 3 种有涂料直至磨损明显可见时间的平均值、均值差，以及均值差的置信区间，从而进一步判断哪种涂料之间存在显著差异。

4.（续习题 2）使用 model.tables( )和 TukeyHSD( )函数计算三种有机溶剂吸附比的平均值、均值差，以及均值差的置信区间，从而进一步判断哪种拥挤溶剂之间存在显著差异。

5. 在递交建筑任务书之前，成本工程师准备一份为完成任务所需的评估报告，如果估计过高将减少公司中标的机会，而估计过低又会减少公司的利润。现雇用了 3 位任务成本工程师对 4 个项目进行评估，其数据如表 10.6 所示。对数据进行方差分析。

表 10.6 任务成本工程师的评估数据

工程师	项目			
	1	2	3	4
A	4.6	6.2	5.0	6.6
B	4.9	6.3	5.4	6.8
C	4.4	5.9	5.4	6.3

(1)各工程师给出的评估均值是否存在显著差异？

(2)各项目的评估值是否存在显著差异？

6. 某制造商用某种原料生产两种不同的产品，并且可以调整这两种产品的生产比例。生产一种产品时，所获得的利润依赖于生产该种产品的持续时间，从而依赖于指定生产这种产品原材料的数量。其他因素也影响单位原材料的利润，但它们对于利润的影响是随机地、不可控的。制造商已进行了一个试验，用来考察指定两种产品原材料的分配比例和原材料的供应量对于单位原材料利润的影响。在试验中，指定两种产品原材料的分配比例分别取 1:2,1:2,2:1，原材料的供应量分别取每天 15t，18t 和 21t。响应值是一天之中单位原材料的利润（单位：万元）。每种组合按随机次序重复 3 次，共有 27 天的数据列在表 10.7 中。对数据做双因素方差分析。

表 10.7 生产利润

指定两种产品原材料的分配比例	原材料的供应量		
	15t	18t	21t
1:2	23,20,21	22,19,20	19,18,21
1:1	22,20,19	24,25,22	20,19,22
2:1	18,18,16	21,23,20	20,22,24

(1)两种产品原材料的分配比例对单位原材料的例如有无显著影响？

(2)原材料的供应量对单位原材料的利润有无显著影响？。

(3)两种产品原材料的分配比例与原材料的供应量之间是否存在着交互效应？画出两因素的交互效应图。

(4)根据（1）~（3）的计算结果，选择最优的生产方案。

7. 使用方差不同模型（oneway.test( )函数）和秩和检验方法（kruskal.test( )函数）对实验练习 1 中的数据进行分析，是否得到与实验练习 1 相同的结果？如果得到的结论不同，哪个结果更合理，试对数据作正态性检验（如 shapiro.test( )函数）和方差齐次性检验（如 bartlett.test( )函数）来说明这一问题。

8. 对实验练习 2 的数据正态性检验和方差齐次性检验，试分析：使用方差不同模型（如 oneway.test( )函数）和方差相同模型（如 aov( )函数）哪个更合理。

9. 考查不同职业人群对心理疾病原因的认识，现找到 A,B,C 三种职业的人员各 10 名，这 30 个人用笔试的方式回答心理疾病原因的知识问卷，测试分数为如表 10.8 所示的数据：

表 10.8 不同职业人群对心理疾病的知识问卷

职业	测试分数									
A	62	60	60	25	24	23	20	13	12	6
B	62	62	24	24	22	20	19	10	8	8
C	37	31	15	15	14	14	14	5	3	2

(1)使用 Kruskal-Wallis 秩和检验，分析这三种职业人员平均测试分数是否有显著差异？

(2)使用正态性检验和方差齐性检验的方法来分析 Kruskal-Wallis 秩和检验的合理性。

10．生物学家认为。河流中的富营养水注入海湾后，会导致浮游生物赖以生存的藻类快速生长，细菌则以浮游生物的排泄物和死藻类为主，消耗了水中的氧。为验证是否有这种情况发生，现测试某河流入海口开始的 4 个海洋区域中的平均溶解氧含量，得到如表 10.9 的数据：

表 10.9 不同海洋区域的平均溶解氧含量

距入海口距离/km	溶解氧含量/（mg/L）									
1	1	5	2	1	2	2	4	3	0	2
5	4	8	2	3	8	5	6	4	3	3
10	20	26	24	11	28	20	19	19	21	24
20	37	30	26	24	41	25	36	31	31	33

(1)对数据作正态性检验和方差齐次性检验；

(2)4 个海洋区域溶解氧含量是否有显著差异？

(3)如果有差异，哪些区域之间有差异？（注：请根据（1）的结果合理选择检验的方法）。

10.5 扩展阅读

10.5.1 检验构造方法

10.5.1.1 LSD 方法

LSD 方法称为最小显著性差异(Least Significant Difference)法。最小显著性差异法的字面就体现了其检验敏感性高的特点，即水平间的均值只要存在一定程度的微小差异就可能被检验出来。

正是如此，它利用全部观测变量值，而非仅使用某两组的数据。LSD 方法适用于各总体方差相等的情况，但它并没有对犯一类错误的概率问题加以有效控制。

10.5.1.2 S-N-K 方法

S-N-K 方法是一种有效划分相似性子集的方法。该方法适合于各水平观测值个数相等的情况。

10.5.1.3 其他方法

(1)先验对比检验

在多重比较检验中，如果发现某些水平与另外一些水平的均值差距显著，如有五个水平，其中 x_1、x_2、x_3 与 x_4、x_5 的均值有显著差异，就可以进一步分析比较这两组总的均值是否存在显著差异，即 $\frac{1}{3}\left(x_1+x_2+x_3\right)$ 与 $\frac{1}{2}\left(x_4+x_5\right)$ 是否有显著差异。这种事先指定各均值的系数，再对其线性组合进行检验的分析方法称为先验对比检验。通过先验对比检验能够更精确地掌握各水平间或各相似性子集间均值的差异程度。

(2)趋势检验

当控制变量为定序变量时，趋势检验能够分析随着控制变量水平的变化，观测变量值变化的总体趋势是怎样的，是呈现线性变化趋势，还是呈二次、三次等多项式变化。通过趋势检验，能够帮助人们从另一个角度把握控制变量不同水平对观测变量总体作用的程度。

10.5.2 协方差分析(ANCOVA)

有时，如果我们有像是/否或男/女等值的分类变量，简单的回归分析给出变量的每个值多个结果的分类。在这样的情况下，我们可以通过使用它连同预测变量和比较为分类变量的每个级别的回归线来研究分类变量的效果。这种分析就称为协方差分析。

10.5.2.1 示例

考虑建在数据集 mtcars 在 R 语言中。我们观测该字段 “am” 表示变速器的类型(自动或手动)。它是符合数值 0 和 1 的分类变量。每一辆汽车的每加仑值(mpg)的里程也可以依靠它除了马力(“hp”)的值。

我们研究“am”的值在“mpg”和“hp”之间的回归效果。它是通过使用 aov()函数之后的 anova()函数来比较多元回归完成。

10.5.2.2 输入

从数据集 mtcars 中创建一个包含字段 “mpg”,“hp” 和 “am” 的数据帧。在这里，我们以“mpg”作为响应变量，“hp”作为预测变量以及 “am” 作为分类变量。

```
> input <- mtcars[,c("am","mpg","hp")]
> print(head(input))
```

	am	mpg	hp
Mazda RX4	1	21.0	110
Mazda RX4 Wag	1	21.0	110
Datsun 710	1	22.8	93
Hornet 4 Drive	0	21.4	110
Hornet Sportabout	0	18.7	175
Valiant	0	18.1	105

10.5.2.3 ANCOVA 分析

我们创建回归模型以“hp”作为预测变量，“mpg”作为响应变量，考虑“am”和“hp”之间的相互作用。

以分类变量和预测变量之间的互动模式

```
# Get the dataset.
> input <- mtcars
# Create the regression model.
> result <- aov(mpg~hp*am,data=input)
> print(summary(result))
```

结果：

	Df	Sum Sq	Mean Sq	F value	Pr(> F)	
hp	1	678.4	678.4	77.391	1.50e-09	***
am	1	202.2	202.2	23.072	4.75e-05	***
hp:am	1	0.0	0.0	0.001	0.981	

```
Residuals     28   245.4        8.8
---
Signif. codes:   0 '***' 0.001 '**' 0.01 '*' 0.05 '.' 0.1 ' ' 1
```

这一结果表明，这两种马力和传输类型对每加仑英里显著效果，在这两种情况下 p 的值小于 0.05。但是这两个变量之间的相互作用是不显著的，p 值大于 0.05。

没有分类变量和预测变量之间的互动模式

```
# Get the dataset.
> input <- mtcars
# Create the regression model.
> result <- aov(mpg~hp+am,data=input)
> print(summary(result))
```

结果：

```
               Df Sum Sq Mean Sq F value    Pr(> F)
hp              1   678.4    678.4    80.15 7.63e-10 ***
am              1   202.2    202.2    23.89 3.46e-05 ***
Residuals     29   245.4        8.5
---
Signif. codes:   0 '***' 0.001 '**' 0.01 '*' 0.05 '.' 0.1 ' ' 1
```

这一结果表明，这两种马力和传输类型对每加仑英里显著效果，在这两种情况下 p 的值小于 0.05。

10.5.2.4 比较两种模式

现在，我们可以比较两个模型得出结论，如果变量之间的相互作用是真的 – 明显。对于这一点，我们使用方差分析 anova()函数。

```
# Get the dataset.
> input <- mtcars
# Create the regression models.
> result1 <- aov(mpg~hp*am,data=input)
> result2 <- aov(mpg~hp+am,data=input)
# Compare the two models.
> print(anova(result1,result2))
```

结果：

```
Model 1: mpg ~ hp * am
Model 2: mpg ~ hp + am
  Res.Df      RSS Df   Sum of Sq        F Pr(> F)

1        28 245.43
2        29 245.44 -1 -0.0052515 6e-04 0.9806
```

如 p 值大于 0.05，我们得出结论，马力和透射型之间的相互作用是不显著。所以每加仑里程将取决于在汽车中自动和手动变速模式的马力。

实验 11 典型相关分析及 R 语言实现

11.1 实验目的

1. 熟练掌握用 R 进行典型相关分析的方法；
2. 能够处理相应的典型相关性分析的实际问题。

11.2 实验原理

11.2.1 基本思想

典型相关分析方法 canonical correlation analysis 最早源于荷泰林 Hotelling。他所提出的方法于 1936 年在《生物统计》期刊上发表的一篇论文《两组变式之间的关系》经过多年的应用及发展，逐渐达到完善，在 70 年代臻于成熟。

由于典型相关分析涉及较大量的矩阵计算，其方法的应用在早期曾受到相当的限制。但随着当代计算机技术及其软件的迅速发展，弥补了应用典型相关分析中的困难，因此它的应用开始走向普及化。典型相关分析是研究两组变量之间相关关系的一种统计分析方法。

为了研究两组变量 $X_1,X_2,\cdots,X_p$ 和 $Y_1,Y_2,\cdots,Y_q$ 之间的相关关系，采用类似于主成分分析的方法，在两组变量中，分别选取若干有代表性的变量组成有代表性的综合指标，通过研究这两组综合指标之间的相关关系，来代替这两组变量间的相关关系，这些综合指标称为典型变量。

11.2.2 数学表述

假设有一组变量 $X_1,X_2,\cdots,X_p$ 与另一组变量 $Y_1,Y_2,\cdots,Y_q$，我们要研究这两组变量之间的相关关系，如何给两组变量之间的相关性以数量的描述。当 $p=q=1$ 时，就是我们常见的研究两个变量 X 与 Y 之间的简单相关关系，其相关系数是最常见的度量，定义为：

$$\rho_{xy}=\frac{Cov(X,Y)}{\sqrt{Var(X)}\sqrt{Var(Y)}}$$

当 $p\geq 1$，$q=1$（或 $q\geq 1$，$p=1$）时，p 维随机向量 X=($X_1,X_{2,}\cdots,X_p$)，设 $\begin{bmatrix}X\\Y\end{bmatrix}\sim N_{P+1}(\mu,\Sigma)$，$\Sigma=\begin{bmatrix}\Sigma_{11} & \Sigma_{12}\\ \Sigma_{21} & \Sigma_{22}\end{bmatrix}$，其中，$\Sigma_{11}$ 是第一组变量的协方差阵，Σ_{12} 是第一组与第二组变量的协方差阵，Σ_{22} 是第二组变量的协方差阵。则称 $R=\sqrt{\frac{\Sigma_{21}\Sigma_{11}^{-1}\Sigma_{12}}{\Sigma_{22}}}$ 为 Y 与 $X_1,X_{2,}\cdots,X_p$ 的全相关系数，全相关系数用于度量一个随机变量 Y 与另一组随机变量 $X_1,X_{2,}\cdots,X_p$ 的相关系数。当 $p,q>1$ 时，利用主成分分析的思想，可以把多个变量与多个变量之间的相关化为两个新的综合变量之间的相关。也就是做两组变量的线性组合即

$$U=\alpha_1X_1+\alpha_2X_2+\cdots+\alpha_pX_p=\alpha X$$
$$V=\beta_1Y_1+\beta_2Y_2+\cdots+\beta_qY_q=\beta Y$$

其中，$\alpha=(\alpha_1,\alpha_2,\cdots,\alpha_p)$ 和 $\beta=(\beta_1,\beta_2,\cdots,\beta_q)$ 为任意非零向量，于是我们把研究两组变量之间的问

题化为研究两个变量VU与之间的相关问题，希望寻求α,β使U，V之间最大可能的相关，我们称这种相关为典型相关，基于这种原则的分析方法就是典型相关分析。

11.3 实验过程

11.3.1 典型相关分析

典型相关分析是用于分析两组随机变量之间的相关程度的一种统计方法，它能够有效地揭示两组随机变量之间的相互(线性依赖)关系。例如：研究生入学考试成绩与本科阶段一些主要课程成绩的相关性。

将研究两组变量的相关性问题转化为研究两个变量的相关性问题，此类相关为典型相关。

11.3.1.1 分类

(1)总体典型相关

(2)样本典型相关

11.3.1.2 R语言提供的计算函数

在R中，cancor()函数可以进行典型相关计算，其使用格式为

cancor(x,y,xcenter = TRUE,ycenter = TRUE)

x，y: 相应的数据矩阵

xcenter，ycenter：逻辑变量，取值为TRUE（默认）时将数据中心化，取值为FALSE时不中心化

11.3.1.3 分析结果含义

cor 典型相关系数；

xcoef 对应于数据x的系数，又称关于数据x的典型载荷即样本典型变量U系数矩阵A的转置；

xcenter 数据X的中心，即数据X的样本均值#y是对应于数据x的系数，又称关于数据y的典型载荷即样本典型变量V系数矩阵B的转置；

ycenter 数据Y的中心，即数据Y的样本均值。

11.3.1.4 分析步骤

载入原始数据： data.frame；

原始数据标准化： scale

典型相关分析： cancor；

相关系数显著性检验：corcoef.test.R。

11.3.2 实例分析

例 11.1 现对20名中年人测得三个生理指标：体重(X1)，腰围(X2)，脉搏(X3)及三个训练指标：引体向上(Y1)，起座次数(Y2)，跳跃次数(Y3)，测得数据如表11.1所示，试分析这组数据的相关性。

解 R代码如下：

用数据框的形式输入数据：

```
> test<-data.frame(
  X1=c(191, 193, 189, 211, 176, 169, 154, 193, 176, 156,
       189, 162, 182, 167, 154, 166, 247, 202, 157, 138),
  X2=c(36, 38, 35, 38, 31, 34, 34, 36, 37, 33,
        37, 35, 36, 34, 33, 33, 46, 37, 32, 33),
```

表 11.1 生理指标与训练指标数据

体重	腰围	脉搏	引体向上	起座次数	跳跃次数
191	36	50	5	162	60
193	38	58	12	101	101
189	35	46	13	155	58
211	38	56	8	101	38
176	31	74	15	200	40
169	34	50	17	120	38
154	34	64	14	215	105
193	36	46	6	70	31
176	37	54	4	60	25
156	33	54	15	225	73
189	37	52	2	110	60
162	35	62	12	105	37
182	36	56	4	101	42
167	34	60	6	125	40
154	33	56	17	251	250
166	33	52	13	210	115
247	46	50	1	50	50
202	37	62	12	210	120
157	32	52	11	230	80
138	33	68	2	110	43

```
X3=c(50, 58, 46, 56, 74, 50, 64, 46, 54, 54,
      52, 62, 56, 60, 56, 52, 50, 62, 52, 68),
 Y1=c( 5, 12, 13, 8, 15, 17, 14, 6, 4, 15,
       2, 12, 4, 6, 17, 13, 1, 12, 11, 2),
 Y2=c(162, 101, 155, 101, 200, 120, 215, 70, 60, 225,
      110, 105, 101, 125, 251, 210, 50, 210, 230, 110),
 Y3=c(60, 101, 58, 38, 40, 38, 105, 31, 25, 73,
      60, 37, 42, 40, 250, 115, 50, 120, 80, 43)
 )
```

为了消除数量级的影响，将数据标准化处理，调用 scale 函数：

```
> test <- scale(test)
```

对标准化的数据做典型相关分析：

```
> ca <- cancor(test[,1:3],test[,4:6])
```

结果如下：

```
ca
$cor
[1] 0.79560815 0.20055604 0.07257029

$xcoef
        [,1]          [,2]          [,3]
X1 -0.17788841   -0.43230348   -0.04381432
X2 0.36232695     0.27085764    0.11608883
X3 -0.01356309   -0.05301954    0.24106633
$ycoef
        [,1]          [,2]          [,3]
Y1 -0.08018009   -0.08615561   -0.29745900
```

```
Y2 -0.24180670    0.02833066    0.28373986
Y3 0.16435956    0.24367781    -0.09608099

$xcenter
         X1              X2              X3
  2.289835e-16    4.315992e-16    -1.778959e-16

$ycenter
         Y1              Y2              Y3
  1.471046e-16    -1.776357e-16    4.996004e-17
```

结果分析：

第一部分($cor)：相关系数；

第二部分($xcoef，$ycoef)：载荷；

第三部分($xcenter，$ycenter)：中心；

计算数据在典型变量下的得分(U = AX，V = BY)

```
> U <- as.matrix(test[, 1:3])%*% ca$xcoef
> V <- as.matrix(test[, 4:6])%*% ca$ycoef
```

画出 U1、V1 和 U3、V3 为组表的数据散点图

```
> plot(U[,1],V[,1],xlab = "U1",ylab = "V1")
> plot(U[,3],V[,3],xlab = "U3",ylab = "V3")
```

结果：

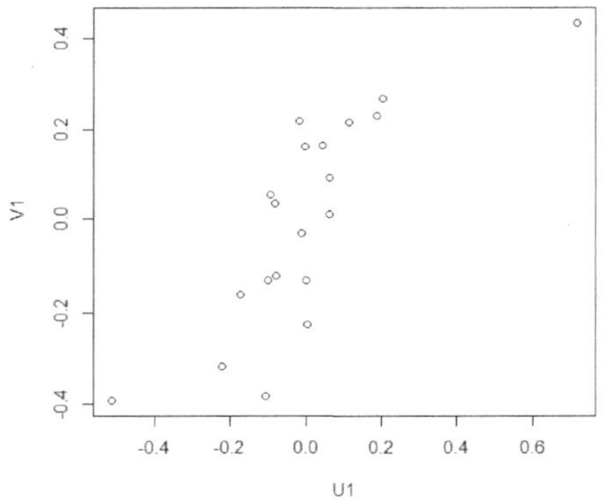

图 11.1　U1、V1 散点图

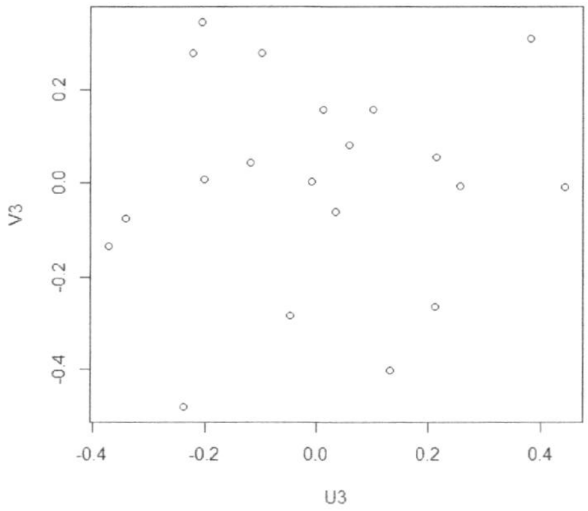

图 11.2　U3、V3 散点图

由散点图可知，第一典型相关变量分布在一条直线附近；第三典型相关变量数据很分散。

11.4 实验练习

1．一家公司正施工图对其销售员工的质量作评估，并且寻找一种考察或一系列测试，以期可以揭示是否有创造良好销售额的潜能。该公司已挑选了 50 个销售人员的随机样本，对每一个人就 3 项指标作了评估：销售增长 X1、销售利润 X2、和新客户的销售额 X3。同时，每人接受 4 项测试，分别是：创造力 Y1、机械推理 Y2、抽象推理 Y3 和数学能力 Y4.数据结果如表 11.2 所示，对指标评估和测试得分做典型相关分析，计算结果对该公司是否有帮助。

表 11.2 指标评估

销售人员	指标			得分			
	X1	X2	X3	Y1	Y2	Y3	Y4
1	93	96	97.8	9	12	9	20
2	88.8	91.8	96.8	7	10	10	15
3	95	100.3	99	8	12	9	26
4	101.3	103.8	106.8	13	14	12	29
5	102	107.8	103	10	15	12	32
6	96.8	97.5	99.3	10	14	11	21
7	95.5	99.5	99	9	12	9	25
8	110.8	122	115.3	18	20	15	51
9	102.8	108.3	103.8	10	17	13	31
10	106.8	120.5	102	14	18	11	39
11	103.3	109.8	104	12	17	12	32
12	99.5	111.8	100.3	10	18	8	31
13	103.5	112.5	107	16	17	11	34
14	99.5	105.5	102.3	8	10	11	34
15	100	107	102.8	13	10	8	34
16	81.5	93.5	95	7	9	5	16
17	101.3	105.3	102.8	11	12	11	32
18	103.3	110.8	103.5	11	14	11	35
19	95.3	104.3	103	5	14	13	30
20	99.5	105.3	106.3	17	17	11	27
21	88.5	95.3	95.8	10	12	7	15
22	99.3	115	104.3	5	11	11	42
23	87.5	92.5	95.8	9	9	7	16
24	105.3	114	105.3	12	15	12	37
25	107	121	109	16	19	12	39
26	93.3	102	97.8	10	15	7	23
27	106.8	118	107.3	14	16	12	39
28	106.8	120	104.8	10	16	11	49
29	92.3	90.8	99.8	8	10	13	17
30	106.3	121	104.5	9	17	11	44
31	106	119.5	110.5	18	15	10	43
32	88.3	92.8	96.8	13	11	8	10
33	96	103.3	100.5	7	15	11	27
34	94.3	94.5	99	10	12	11	19
35	106.5	115.5	107	8	13	14	47
36	106.5	115.5	107	8	13	14	47
37	92	99.5	103.5	18	16	8	18
38	102	99.8	103.3	13	12	14	28

续表

销售人员	指标			得分			
	X1	X2	X3	Y1	Y2	Y3	Y4
39	108.3	122.3	108.5	15	19	12	41
40	106.8	119	106.8	14	20	12	37
41	102.5	109.3	103.8	9	17	13	32
42	92.5	102.5	99.3	13	15	6	23
43	102.8	113.8	106.8	17	20	10	32
44	83.3	87.3	96.3	1	5	9	15
45	94.8	101.8	99.8	7	16	11	24
46	103.5	112	110.8	18	13	12	37
47	89.5	96	97.3	7	15	11	14
48	84.3	89.8	94.3	8	8	8	9
49	104.3	109.5	106.5	14	12	12	36
50	106	118.5	105	12	16	11	39

2．为研究空气温度与土壤温度的关系，考虑如下六个变量，X1：日最高土壤温度；X2：日最低土壤温度；X3：日土壤温度曲线积分值，它是一种日平均土壤温度的度量；Y1 日最高气温；Y2 日最低气温；Y3：日气温曲线积分值，它是一种日平均气温的度量。数据如表 11.3 所示。

表 11.3　空气温度与土壤温度的关系数据

X1	X2	X3	Y1	Y2	Y3
85	59	151	84	65	147
86	61	159	84	65	149
83	64	152	79	66	142
83	65	158	81	67	147
88	69	180	84	68	167
77	67	147	74	66	131
78	69	159	73	66	161
84	68	159	75	67	134
89	71	195	84	68	161
91	76	206	86	72	169
91	76	206	88	73	176
94	76	211	90	74	187
94	75	211	88	72	171
92	70	201	58	72	171
87	68	167	81	69	154
83	68	162	79	68	149
87	66	173	84	69	160
87	68	177	84	70	160
88	70	169	84	70	168
83	66	170	77	67	147
92	67	196	87	67	166
92	72	199	89	69	171
94	72	204	89	72	180
92	73	201	93	72	186
93	72	206	93	74	188
94	72	208	94	75	199
95	73	214	93	74	193
95	70	210	93	74	196
95	71	207	96	75	198
95	69	202	95	76	202
96	69	173	84	73	173
91	69	168	91	71	170
89	70	189	88	72	179

续表

X1	X2	X3	Y1	Y2	Y3
95	71	210	89	72	179
96	73	208	91	72	182
97	75	215	92	74	196
96	69	198	94	75	192
95	67	196	96	75	195
94	75	211	93	76	198
92	73	198	88	74	188
90	74	197	88	74	178
94	70	205	91	72	175
95	71	209	92	72	190
96	72	208	92	73	189
95	71	208	94	75	194
96	71	208	96	76	202

3．某医学院对 MEFV(最大呼气流速—容量)曲线进行研究，测定了 103 例 50～79 岁正常男性的 MEFV 曲线资料，这里挑选其中的 6 项指标，把它们分为 2 组：一组为 6 个(p=6)反映用力肺活量指标——X1(用力肺活量(L))和 X2(第 1 秒用力肺活量(L))；另一组为 1 个(q=4)反映呼气流速的指标—Y1(最大呼气中期流速(L/S))、Y2(用力呼气后期流速(L/S))、Y3(呼出 50%肺容量时最大流速(L/S))、Y4(呼出 75%肺容量时最大流速(L/S))。试作 MEFV 曲线中这两组指标的典型相关分析。数据如表 11.4 所示。

表 11.4 MEFV 曲线数据

X1	X2	Y1	Y2	Y3	Y4
1	0.8491	0.5106	0.2497	0.5285	0.3019
0.8491	1	0.8062	0.5438	0.7887	0.6064
0.5106	0.8062	1	0.7833	0.9284	0.8364
0.2497	0.5438	0.7833	1	0.6457	0.9051
0.5285	0.7887	0.9284	0.6457	1	0.7079
0.3019	0.6064	0.8364	0.9051	0.7079	1

4．对 n=140 名初中学生进行四项测试：阅读速度（X1），阅读才能（X2）,数学运算速度（Y3），数学运算才能（Y2）。这四项测试的样本相关矩阵为

$$\hat{R}=\left(\begin{array}{c|c} R_{11} & R_{12} \\ \hline R_{21} & R_{2} \end{array}\right)=\left(\begin{array}{cc|cc} 1.0000 & 0.6328 & 0.2412 & 0.0586 \\ 0.6328 & 1.0000 & -0.0553 & 0.0655 \\ \hline 0.2412 & -0.0553 & 1.0000 & 0.4248 \\ 0.0586 & 0.0655 & 0.4248 & 1.0000 \end{array}\right)$$

试对阅读与数学测试成绩之间进行典型相关分析。

5．表 11.5 列举了 25 个家庭的成年长子和次子的头长和头宽，可以想象，长子和次子之间有相当的相关性。试对长子和次子之间作出典型相关分析。

6．关于人对吸烟的渴望以及心理状态和身体状态的数据，从 n=110 个试验对象收集而来。数据是对 12 个问题（变量）的回答，编号为 1 到 5.与对吸烟的渴望有关的四个标准化变量为：

x_1^* = 吸烟1(第一措词），x_2^* = 吸烟2(第二措词)

x_3^* = 吸烟3(第三措词），x_4^* = 吸烟4(第四措词)

与心理和身体状态有关的八个标准化变量为：

y_1^* = 集中力，y_2^* = 烦恼，y_3^* = 睡眠，y_4^* = 紧张

y_5^* = 警惕，y_6^* = 急躁，y_7^* = 疲劳，y_8^* = 满意

表 11.5 长子与次子头长与头宽数据

长子头长 X1	长子头宽 X2	次子头长 Y1	次子头宽 Y2
191	155	179	145
195	149	201	152
181	148	185	149
183	153	183	149
176	144	171	142
208	157	192	152
189	150	190	149
197	159	189	152
188	152	197	159
192	150	187	151
179	158	186	148
183	147	174	147
174	150	185	152
190	159	195	157
188	151	187	158
163	137	161	130
195	155	183	158
186	153	173	148
181	145	182	146
175	140	165	137
192	154	185	152
174	143	178	147
176	139	176	143
197	167	200	158
190	163	187	150

由这些数据构成的样本相关矩阵为：

$$\hat{R}=\left(\begin{array}{c|c}\hat{R}_{11} & \hat{R}_{12}\\ \hline \hat{R}_{21} & \hat{R}_{22}\end{array}\right)$$

其中

$$\hat{R}_{11}=\begin{pmatrix}1.000 & & & \\ 0.785 & 1.000 & & \\ 0.810 & 0.816 & 1.000 & \\ 0.775 & 0823 & 0.845 & 1.000\end{pmatrix}$$

$$\hat{R}_{22}=\begin{pmatrix}1.000 & & & & & & & \\ 0.562 & 1.000 & & & & & & \\ 0.457 & 0.360 & 1.000 & & & & & \\ 0.579 & 0.705 & 0.273 & 1.000 & & & & \\ 0.802 & 0.578 & 0.606 & 0.594 & 1.000 & & & \\ 0.595 & 0.796 & 0.337 & 0.725 & 0.605 & 1.000 & & \\ 0.512 & 0.413 & 0.798 & 0.364 & 0.698 & 0.428 & 1.000 & \\ 0.492 & 0.739 & 0.240 & 0.711 & 0.605 & 0.697 & 0.394 & 1.000\end{pmatrix}$$

$$\hat{R}_{12}=\hat{R}_{21}=\begin{pmatrix}0.086 & 0.144 & 0.140 & 0.222 & 0.101 & 0.189 & 0.199 & 0.239\\ 0.200 & 0.119 & 0.211 & 0.301 & 0.223 & 0.221 & 0.274 & 0.235\\ 0.041 & 0.060 & 0.126 & 0.120 & 0.039 & 0.108 & 0.139 & 0.100\\ 0.288 & 0.122 & 0.277 & 0.214 & 0.201 & 0.156 & 0.271 & 0.171\end{pmatrix}$$

试作出典型相关分析。

11.5 扩展阅读

典型相关分析的用途很广。在实际分析问题中，当我们面临两组多变量数据，并希望研究两组变量之间的关系时，就要用到典型相关分析。例如，为了研究扩张性财政政策实施以后对宏观经济发展的影响，就需要考察有关财政政策的一系列指标如财政支出总额的增长率、财政赤字增长率、国债发行额的增长率、税率降低率等与经济发展的一系列指标如国内生产总值增长率、就业增长率、物价上涨率等两组变量之间的相关程度。

又如，为了研究宏观经济走势与股票市场走势之间的关系，就需要考察各种宏观经济指标如经济增长率、失业率、物价指数、进出口增长率等与各种反映股票市场状况的指标如股票价格指数、股票市场融资金额等两组变量之间的相关关系。再如，工厂要考察所使用的原料的质量对所生产的产品的质量的影响，就需要对所生产产品的各种质量指标与所使用的原料的各种质量指标之间的相关关系进行测度。

又如，在分析评估某种经济投入与产出系统时，研究投入和产出情况之间的联系时，投入情况面可以从人力、物力等多个方面反映，产出情况也可以从产值、利税等方面反映；再如在分析影响居民消费因素时，我们可以将劳动者报酬、家庭经营收入、转移性收入等变量构成反映居民收入的变量组，而将食品支出、医疗保健支出、交通和通讯支出等变量构成反映居民支出情况的变量组，然后通过研究两变量组之间关系来分析影响居民消费因素情况。典型相关分析先将较多变量转化为少数几个典型变量，再通过其间的典型相关系数来综合描述两组多元随机变量之间关系的统计方法。设 x 是 p 元随机变量,y 是 q 元随机变量，如何描述它们之间的相关程度?当然可逐一计算 x 的 p 个分量和 y 的 q 个分量之间的相关系数(p×q 个)，但这样既繁琐又不能反映事物的本质。如果运用典型相关分析，其基本程序是，从两组变量各自的线性函数中各抽取一个组成一对，它们应是相关系数达到最大值的一对，称为第 1 对典型变量,类似地还可以求出第 2 对、第 3 对等等，这些成对变量之间互不相关,各对典型变量的相关系数称为典型相关系数。所得到的典型相关系数的数目不超过原两组变量中任何一组变量的数目。

典型相关分析有助于综合地描述两组变量之间的典型的相关关系。其条件是,两组变量都是连续变量,其资料都必须服从多元正态分布。

以上几种多元分析方法各有优点和局限性。每一种方法都有它特定的假设、条件和数据要求，例如正态性、线性和同方差等。因此在应用多元分析方法时，应在研究计划阶段确定理论框架，以决定收集何种数据、怎样收集和如何分析数据资料。

实验12 判别分析及R语言实现

12.1 实验目的

1. 掌握判别分析的原理与过程；
2. 会用R语言进行判别归类；
3. 会用R语言以及判别的原理解决实际中相关的问题。

12.2 实验原理

设有 k 个总体 $G_1,G_2,\cdots,G_k$,它们都是p元总体,其数量指标是 $X=(X_1,X_2,\cdots,X_k)^T$ 。

设总体 G_i 分布函数是 $F_i(x)=F_i(x_1,x_2,\cdots,x_p)$， $i=1,2,\cdots,k$ ，对于任一新样品 $x=(x_1,x_2,\cdots,x_p)^T$ ，要判断它来自哪一个总体,一种重要的情况是两个总体的判别分析问题.通常各个总体的分布是未知的,它需要根据样本进行估计.然后构造一定的判别准则,判别新样品属于哪个总体,由于判别准则的不同,有各种不同的判别分析方法,一般有距离判别,贝叶斯判别法,费希尔判别,另外,我们还要进行判别效果的检验.

12.3 实验过程

判别分析(discriminant analysis)是一种分类技术。它通过一个已知类别的“训练样本”来建立判别准则，并通过预测变量来为未知类别的数据进行分类。

判别分析的方法大体上有三类，即Fisher判别、Bayes判别和距离判别。Fisher判别思想是投影降维，使多维问题简化为一维问题来处理。选择一个适当的投影轴,使所有的样品点都投影到这个轴上得到一个投影值。对这个投影轴的方向的要求是：使每一组内的投影值所形成的组内离差尽可能小，而不同组间的投影值所形成的类间离差尽可能大。Bayes 判别思想是根据先验概率求出后验概率，并依据后验概率分布作出统计推断。距离判别思想是根据已知分类的数据计算各类别的重心，对未知分类的数据，计算它与各类重心的距离，与某个重心距离最近则归于该类。

12.3.1 线性判别

当不同类样本的协方差矩阵相同时，我们可以在R中使用MASS包的lda函数实现线性判别。lda函数以Bayes判别思想为基础。当分类只有两种且总体服从多元正态分布条件下，Bayes判别与Fisher判别、距离判别是等价的。

lda()函数的调用格式为

lda(x, grouping, prior = proportions, tol = 1.0e-4, method, CV = FALSE, nu, ...)

其中：

x：　矩阵或数据框，或者包含解释变量的的矩阵

grouping：指定样本属于哪一类的因子向量

prior：　各类的先验概率，默认值是已有训练样本的计算结果

tol：　控制精度，用于判断矩阵是否奇异

method：　字符串，表示估计方法

moment：均值和方差的标准估计
mle： 极大似然估计
mve： 表示使用 cov.mve 作估计
t： 基于 t 分布的稳健估计
CV： 逻辑变量，如果取 TRUE，返回值中将包含留一法的交叉确认情况
nu： method = "t"的自由度
...： 进一步的附加变量

例 12.1 使用 iris 数据集来对花的品种进行分类。首先载入 MASS 包，建立判别模型，其中的 prior 参数表示先验概率。然后利用 table 函数建立混淆矩阵，比对真实类别和预测类别。

解 R 代码如下：

```
> library(MASS)
> model1 <- lda(Species~.,data = iris,prior = c(1,1,1)/3)
> table(iris$Species,predict(model1)$class)
```

运行结果：

	setosa	versicolor	virginica
setosa	50	0	0
versicolor	0	48	2
virginica	0	1	49

从以上结果可观察到，判断错误的样本只有三个。

12.3.2 二次判别

当不同类样本的协方差矩阵不同时，则应该使用二次判别。在 R 中可以使用 qda()函数实现，其调用格式为：

```
qda(x,grouping,prior = proportions,tol = 1.0e-4,method,CV = FALSE,nu,...)
```

其参数的含义与 lda()类似，在此不做详细说明。

在前例中，也可以使用 qda()实现，其代码如下：

```
> model2 <- qda(Species~.,data = iris,prior = c(1,1,1)/3)
> table(iris$Species,predict(model1)$class)
```

结果：

	setosa	versicolor	virginica
setosa	50	0	0
versicolor	0	48	2
virginica	0	1	49

此外还可以使用 predict(model)$posterior 提取后验概率，如：

```
predict(model2)$posterior
```

(结果太多，在此不显示结果。)

在使用 lda()和 qda()函数时注意：其假设是总体服从多元正态分布，若不满足的话则谨慎使用。

12.4 实验练习

1．已知两种盐矿(钾盐和钠盐)的历史数据如表 12.1 所示，其成分为 X1，X2，X3，X4(具体名称

略)。试用判别分析的方法分析待判数据是属于钾盐还是钠盐。

表 12.1 两种盐矿的历史数据

盐矿种类	X1	X2	X3	X4
钾盐	13.85	2.79	7.80	49.60
	22.31	4.67	12.31	47.80
	28.82	4.63	16.18	62.15
	15.29	3.54	7.58	43.20
	28.29	4.90	16.12	58.70
钠盐	2.18	1.06	1.22	20.60
	3.85	0.80	4.06	47.10
	11.40	0.00	3.50	0.00
	3.66	2.42	2.14	15.10
	12.10	0.00	5.68	0.00
待判	8.85	3.38	5.17	26.10
	28.60	2.40	1.20	127.0
	20.70	6.70	7.60	30.80
	7.90	2.40	4.30	33.20
	3.19	3.20	1.43	9.90
	12.40	5.10	4.48	24.60

2．表 12.2 所列数据是从病例中随机抽取的部分资料。这里有三个总体：胃癌、萎缩性胃炎和非胃炎患者。从每个总体抽 5 个病人,每人化验 4 项生化指标：血清铜蛋白（X1），蓝色反应（X2），尿吲哚乙酸（X3）和中性硫化物（X4）。试用广义平方距离判别法建立判别标准，并对这 15 个样品进行判别归类。

表 12.2 病例数据

类别		序号	血清铜蛋白 X1	蓝色反应 X2	尿吲哚乙酸 X3	中性硫化物 X4
胃癌患者	胃癌患者	1	228	134	20	11
		2	245	134	10	40
		3	200	167	12	27
		4	170	150	7	8
		5	100	167	20	14
非胃病患者	萎缩性胃炎患者	6	225	125	7	14
		7	130	100	6	12
		8	150	117	7	6
		9	120	133	10	26
		10	160	100	5	10
	非胃炎患者	11	185	115	5	19
		12	170	125	6	4
		13	165	142	5	3
		14	135	108	2	12
		15	100	117	7	2

3．利用上一题（实验练习 2）中的病例资料，试用逐步判别方法建立判别准则，并对 15 个样品进行判别归类。

4．1991 年全国各省、区、市城镇居民月平均消费情况见表 12.3。1~20 号省份为第一类，21~27 号省份为第二类。考察下列指标：X1：人均粮食支出（元/人）；X2：人均副食支出（元/人）；X3：人均烟酒茶支出（元/人）；X4：人均其他副食支出（元/人）；X5：人均一周商品支出（元/人）；X6：人均日用品支出（元/人）；X7：人均燃料支出（元/人）；X8：人均非商品支出（元/人）。试判别西藏、上海、广东应归属哪一类。

表 12.3 1991 年全国 30 个省区市城镇居民月平均消费

序号	省（区、市）名	类型	X1	X2	X3	X4	X5	X6	X7	X8
1	山西	1	8.35	23.53	7.51	8.62	17.42	10	1.04	11.21
2	内蒙古	1	9.25	23.75	6.61	9.19	17.77	10.48	1.72	10.51
3	吉林	1	8.19	30.5	4.72	9.78	16.28	7.6	2.52	10.32
4	黑龙江	1	7.73	29.2	5.42	9.43	19.29	8.49	2.52	10
5	河南	1	9.42	27.93	8.2	8.14	16.17	9.42	1.55	9.76
6	甘肃	1	9.16	27.98	9.01	9.32	15.99	9.1	1.82	11.35
7	青海	1	10.06	28.64	10.52	10.05	16.18	8.39	1.96	10.81
8	河北	1	9.09	28.12	7.4	9.62	17.26	11.12	2.49	12.65
9	陕西	1	9.41	28.2	5.77	10.8	16.36	11.56	1.53	12.17
10	宁夏	1	8.7	28.12	7.21	10.53	19.45	13.3	1.66	11.96
11	新疆	1	6.93	29.85	4.54	9.49	16.62	10.65	1.88	13.61
12	湖北	1	8.67	36.05	7.31	7.75	16.67	11.68	2.38	12.88
13	云南	1	9.98	37.69	7.01	8.94	16.15	11.08	0.83	11.67
14	湖南	1	6.77	38.69	6.01	8.82	14.79	11.44	1.74	13.23
15	安徽	1	8.14	37.75	9.61	8.49	13.15	9.76	1.28	11.28
16	贵州	1	7.67	35.71	8.04	8.31	15.13	7.76	1.41	13.25
17	辽宁	1	7.9	39.77	8.49	12.94	19.27	11.05	2.04	13.29
18	四川	1	7.18	40.91	7.32	8.94	17.6	12.75	1.14	14.8
24	天津	2	10.85	44.68	7.32	14.51	17.13	12.08	1.26	11.57
25	江苏	2	7.21	45.79	7.66	10.36	16.56	12.86	2.25	11.69
26	浙江	2	7.68	50.37	11.35	13.3	19.25	14.59	2.75	14.87
27	北京	2	7.78	48.44	8	20.51	22.12	15.73	1.15	16.61
1	西藏	待判	7.94	39.65	20.97	20.82	22.52	12.41	1.75	7.9
2	上海	待判	8.28	64.34	8	22.22	20.06	15.12	0.72	22.89
3	广东	待判	12.47	76.39	5.52	11.24	14.52	22	5.46	25.5

5．（续实验练习 4）对上一题中的数据，先验概率采用按比例分配，即

$$p_1=\frac{20}{27}=0.7407,\quad p_2=\frac{7}{27}=0.2593$$

（1）在 $\sum_1=\sum_2=\sum$ 的假定下进行 Bayes 判别，并用交叉确认法对误判率进行估计；

（2）对待判杨平西藏、上海、广东进行 Bayes 判别。

6．利用 R 中内置的 iris 数据集，判别如下几种花属于哪一类？

slen	swid	plen	pwid
49	30	14	2
50	36	14	2
57	26	35	10
57	29	42	13
60	30	48	18
65	32	51	20
49	30	14	2
50	36	14	2
57	26	35	10
57	29	42	13
60	30	48	18
65	32	51	20

7．表 12.4 中的数据是气象站监测前 14 年气象的实际资料，有两项综合预报因子（气象含义略），其中有春旱的是 6 个年份的资料，无春旱的是 8 个年份的资料。今年测到两个指标的数据为（23.5，-1.6），试用 lda（）函数和 qda（）函数对数据作判别分析，并预报今年是否有春旱。

表 12.4 气象站监测前 14 年数据

序号	春旱		无春旱	
1	24.8	-2	22.1	-0.7
2	24.1	-2.4	21.6	-1.4
3	266	-3	22	-0.8
4	23.5	-1.9	22.8	-1.6
5	25.5	-2.1	22.7	-1.5
6	27.4	-3.1	21.5	-1
7			22.1	-1.2
8			21.4	-1.3

8．设 G_1，G_2 为两个二元总体，从中分别抽取容量为 3 的训练样本如下：

G_1

x_1	x_2
3	7
2	4
4	7

G_2

x_1	x_2
6	9
5	7
4	8

（1）建立距离判别准则；

（2）设有一新样品 $x_0=(x_1,x_2)^T=(2,7)^T$，进行距离判别。

9．已知两总体的概率密度分别为 $f_1(x)$ 和 $f_2(x)$，且总体的先验分布为 $p_1=0.2, p_2=0.8$，误判损失为 $c(2|1)=50, c(1|2)=100$。

(1)建立 Bayes 判别准则；

(2)设有一新样品 x_0 满足 $f_1(x_0)=6.3, f_2(x_0)=0.5$，判定 x_0 的归属问题。

10．设两总体 G_1，G_2 的概率密度分别为

$$f_1(x)=1-|x|,|x|\le 1$$

$$f_1(x)=1-|x-0.5|,0.5\le x<1.5$$

(1)做出 $f_1(x)$，$f_2(x)$ 的图像。若假定先验概率 $p_1=p_2$，$c(1|2)=c(2|1)$，求 Bayes 判别区间临界点；

(2)若 $p_1=0.2, p_2=0.8, c(1|2)=c(2|1)$，求 Bayes 判别区间临界点。

12.5 参考文献

[1]Modern Applied Statistics With S
[2]Data_Analysis_and_Graphics_Using_R__An_Example_Based_Approach

12.6 扩展阅读

12.6.1 距离判别法

距离判别法的基本思想：样品和哪个总体的距离最近,就判断他属于哪个总体。

12.6.1.1 两总体情况

设有两个总体 G_1 和 G_2，若定义样品 X 到 G_1 和 G_2 的距离分别为 $d^2(X,G_1)$ 和 $d^2(X,G_2)$，则距离判别的判别规则是：

$$\begin{cases} 若 d^2(X,G_1)<d^2(X,G_2), & 则 X\in G_1 \\ 若 d^2(X,G_1)>d^2(X,G_2), & 则 X\in G_2 \\ 若 d^2(X,G_1)=d^2(X,G_2), & 则 X 待判 \end{cases}$$

即未知所属总体的样品 X 离哪个总体较近，就判断 X 属于哪个总体。

当 G_1 和 G_2 为正态总体时，距离选用马氏距离，公式为

$$d^2(X,G_1)=(X-\mu_1)'\Sigma_1^{-1}(X-\mu_1)$$
$$d^2(X,G_2)=(X-\mu_2)'\Sigma_2^{-1}(X-\mu_2)$$

式中，$\mu_1,\mu_2,\Sigma_1,\Sigma_2$ 分别为总体 G_1 和 G_2 的均值和协方差阵。

当 $\Sigma_1=\Sigma_2=\Sigma$ 时，可以证明

$$d^2(X,G_1)-d^2(X,G_2)=-[x-(\mu_1+\mu_2)/2]'\Sigma^{-1}(\mu_1-\mu_2)$$

令

$$\overline{\mu}=(\mu_1+\mu_2)/2,W(X)=(X-\overline{\mu})'\Sigma^{-1}(\mu_1-\mu_2)$$

于是判别规则可以表示为

$$\begin{cases}若W(X)>0,则X\in G_1\\若W(X)<0,则X\in G_2\\若W(X)=0,则X待判\end{cases}$$

称 $W(X)$ 为判别函数。由于它是 X 的线性函数，因此又称为线性判别函数。线性判别函数的应用为最广泛。

如果 $\Sigma_1\neq\Sigma_2$ 时，则判别函数 W(X)为

$$W(X)=d^2(X,G_1)-d^2(X,G_2)=(X-\mu_1)'\Sigma_1^{-1}(X-\mu_1)-(X-\mu_2)'\Sigma_2^{-1}(X-\mu_2)$$

式中：$W(X)$ 是 X 的二次函数。

12.6.1.2 多总体情况

设有 m 个总体：$G_1,G_2,\cdots,G_m(m>2)$，它们的均值，协方差阵分别为 $\mu_i,\Sigma_i,(i=1,2,\cdots,m)$。对任意给定的样品 X，要判断它来自哪个总体。

多个总体的情况，按距离最近的准则对 X 进行判别归类，首先计算样品 X 到 m 个总体的马氏距离 $d_i^2(X)(i=1,2,\cdots,m)$，然后进行比较，把 X 归类距离最小的那个总体。

即若 $d_h^2=\min\{d_i^2(X),i=1,2,\cdots,m\}$，则 $X\in G_h$。

计算马氏距离时 $d_i^2(X)(i=1,2,\cdots,m)$ 时，类似地可以考虑 $\Sigma_1=\Sigma_2=\cdots=\Sigma_m$ 或 Σ_i 不全相等的两种情况，并用样本统计量作为 μ_i 和 Σ_i 的估计。

12.6.2 贝叶斯判别

贝叶斯思想是假定对所研究的对象已有一定的认识，常用先验概率分布来描述这种认识，当抽取一个样本后，用来修正先验概率分布，得到后验概率分布。各种统计推断都通过后验概率分布来进行。

采用后验概率的判别准则为：

当 $P(t|X)>P(i|X)\ (i\neq t,i=1,\cdots,k)$ 时，判 $X\in G_t$。

其中

$$P(j|X)=\frac{q_jf_j(X)}{\sum_{i=1}^{m}q_jf_j(X)}，j=1,2,\cdots,m$$

在正态总体的假设下，按后验概率最大进行归类的准则(贝叶斯判别的思想)，在错判造成的损失认为相等的情况下得到的判别函数其实就是马氏距离判别在考虑先验概率及协方差阵是否相等情况下

的推广，故也称为广义平方距离判别法。

即

$$D_t^2(X) = D^2(X, G_t) = d_t^2(X) + g_1(t) + g_2(t)$$

其中

$$g_1(t) = \begin{cases} \ln|S_t|, & \text{若各组的协方差阵}\Sigma_i\text{不全相等} \\ 0, & \text{若各组的协方差阵}\Sigma_i\text{全相等} \end{cases}$$

$$g_1(t) = \begin{cases} -2\ln|q_t|, & \text{若先验概率不全相等} \\ 0, & \text{若先验概率全相等} \end{cases}$$

12.6.3 逐步判别法

12.6.3.1 基本思想

前面讨论了用全部的 m 个变量：$X_1, X_2, \cdots, X_m$ 来建立判别函数，用以对样品进行判别归类的几种方法。在这 m 个变量中，有的变量区分 k 个总体的判别能力很强，有的可能很微弱。如果不加区别地把 m 个变量全部用来建立判别函数，则会极大地增加计算量，这可能因为变量间的相关性引起计算上的困难(病态或退化等)及计算精度的降低。另一方面由于一些对区分 k 个总体的判别能力很小的变量引入，产生干扰，致使建立的判别函数不稳定，反而影响判别效果，因此自然提出一个变量的选择问题，即如何从 m 个变量中挑选出对区分 k 个总体有显著能力的变量，来建立判别函数，用以判别归类。

类似于回归分析，判别分析的变量选择也有向前法，后退法和逐步筛选法。

逐步判别法的基本思想和逐步回归是类似的。逐个引入变量，每次把一个判别能力最强的变量引入判别式，每引入一个新变量，对判别式中的老变量逐个检验，如期判别能力因新变量的引入而变得不显著，应把它从判别式中剔除。这种通过逐步筛选变量使得建立的判别函数中仅保留判别能力显著的变量方法，就是逐步判别法。

12.6.3.2 基本步骤

(1)逐步筛选变量

根据各个变量对区分 k 个总体的判别能力的大小，按基本思想所介绍的过程来筛选变量。该过程利用逐步筛选的方法来选择区分 k 个总体的最佳子集。

(2)判别归类

对已选出来的变量子集，使用以上介绍的判别方法对样品进行判别归类。

12.6.4 费希尔判别

费希尔判别的思想是通过将多维数据投影到某个方向上，投影的原则是将总体与总体之间尽可能的分开，然后再选择合适的判别规则，将待判的样品进行分类判别。

两个总体为例

$$m = \frac{L'\mu_1 + L'\mu_2}{2} = \frac{1}{2}(\mu_1 - \mu_2)'\Sigma^{-1}(\mu_1 + \mu_2)$$

其判别规则为

$$\begin{cases} \text{当}y \geq m\text{时，} x \in G_1 \\ \text{当}y < m\text{时，} x \in G_2 \end{cases}$$

实验 13 聚类分析及 R 语言实现

13.1 实验目的

1. 熟练掌握使用 R 进行聚类分析；
2. 会使用相应的方法处理实际问题。

13.2 实验原理

13.2.1 谱系聚类方法

采用谱系聚类方法，首先视各种样品自成一类，然后把最相似(距离最小或相似系数最大)的样品聚为小类，再将已聚合的小类按其相似性再聚合，随着相似性的减弱，最后将一切兹雷都聚合成一个大类，从而得到一个按相似性大小聚合起来的一个谱系图。

距离作为样品间相似程度的度量本文采用的样品间距离采用欧式距离来度量，即：

$$d(x_i,x_j)=[\sum_{k=1}^{p}(x_{ik}-x_{jk})^2]^{\frac{1}{2}}$$

其基本思想是在样品之间定义距离，在变量之间定义相似系数，距离或相似系数代表样品或变量之间的相似程度。

我们还可以对变量进行聚类，其基本思想就是先计算变量之间的相关(或相似)系数矩阵 R，然后将起转化为距离矩阵，最后用此距离矩阵进行谱系聚类。

13.2.2 k-means 聚类方法

首先从 n 个数据对象任意选择 k 个对象作为初始聚类中心;而对于所剩下其它对象，则根据它们与这些聚类中心的相似度(距离)，分别将它们分配给与其最相似的(聚类中心所代表的)聚类;然后再计算每个所获新聚类的聚类中心(该聚类中所有对象的均值);不断重复这一过程直到标准测度函数开始收敛为止。一般都采用均方差作为标准测度函数。

13.3 实验过程

聚类分析(clusteranalysis)是把研究对象(样本或变量)分组成为由类似的对象组成多个类的一种统计方法。聚类结果一般在 4-6 类，不宜太多，或太少。聚类分析目的在于将相似的事物归类，同一类中的个体有较大的相似性，不同类的个体差异性很大。两个个体间(或变量间)的对应程度或联系紧密程度的度量可以用两种方式来测量：

(1)采用描述个体对(变量对)之间的接近程度的指标，例如“距离”，“距离”越小的个体(变量)越具有相似性；

(2)采用表示相似程度的指标，例如“相关系数”，“相关系数”越大的个体(变量)越具有相似性。

聚类分析方法包括：系统聚类法、动态聚类法、有序样本聚类法和模糊聚类法等等。

在 R 中可以使用 hclust()函数系统聚类，其调用格式为

```
hclust(d,method ="complete",members = NULL)
```

其中：

d: 由 dist()函数产生的对象，即距离

method: 系统聚类的方法

members: 或者为 NULL(默认值)，或者为与 d 有相同变量长度的向量

建立好聚类模型后，可以用 plot()函数画出谱系图，其使用格式为

```
plot(x,labels = NULL, hang = 0.1, axes = TRUE, frame.plot = FALSE,
     ann = TRUE,main = "ClusterDendrogram",sub = NULL,xlab = NULL,ylab = "Height",...)
```

其中：

x: hclust()函数生成的对象

labels: 树叶的标记，默认值为 NULL

hang: 数值，表明谱系图中各类所在的位置，默认值为 0.1，取负值表示谱系图中的类从底部画起。

其它参数的意义与通常的 plot()函数相同。也可以使用 plclust()画谱系图。

例 13.1 以 R 基础包自带的鸢尾花(Iris)数据进行聚类分析。

解 分析代码如下：

读入数据：

```
> data(iris)
> attach(iris)
```

产生聚类模型

```
> iris.hc <- hclust(dist(iris[,1:4]))
#plot(iris.hc,hang = -1)
```

画谱系图

```
> plclust(iris.hc,labels = FALSE,hang = -1)
```

结果图 13.1 所示。

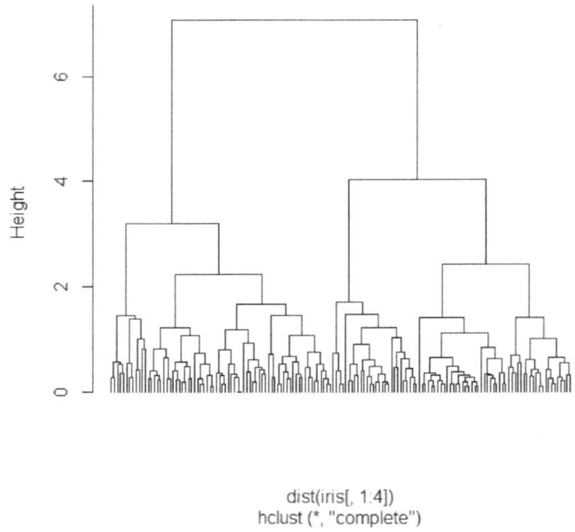

图 13.1 谱系图

查看聚类结果：

```
> re <- rect.hclust(iris.hc, k = 3)
> iris.id <- cutree(iris.hc, 3)
```

```
> table(iris.id, Species)
       Species
iris.id setosa versicolor virginica
      1     50          0         0
      2      0         23        49
      3      0         27         1
```

如果要进行动态聚类(如 K-means 聚类)，则可以使用 R 中的函数 kmeans()，其调用格式为

kmeans(x,centers,iter.max=10,nstart =1,algorithm=c("Hartigan -Wong","Lloyd","Forgy","MacQueen"))

其中 x 为数据构成的数值，或可以被强制转换成矩阵的对象(如数值向量或数据框)。centers 或者为整数，表示聚类的个数；或者为初始类的聚类中心。当为整数时，将随机产生聚类中心。iter.max 为最大迭代次数；默认值为 10。nstart 为随机集合的个数，当 center 为聚类的个数时用。algorithm 为动态聚类的算法。

例 13.2 仍以 R 基础包自带的鸢尾花(iris)数据进行 K-均值聚类分析。

解 分析代码如下：

(1)加载 fpc 程序包：

```
> library(fpc)#要确保已安装了该程序包
```

(2)读入数据：

```
> data(iris)
> df <- iris[,c(1:4)]
> set.seed(252964)#设置随机值，为了得到一致结果。
```

(3)进行聚类：

```
> kmeans <- kmeans(na.omit(df),3)#显示 K-均值聚类结果
```

(4)显示聚类结果：

```
> plotcluster(na.omit(df),kmeans$cluster)#生成聚类图
```

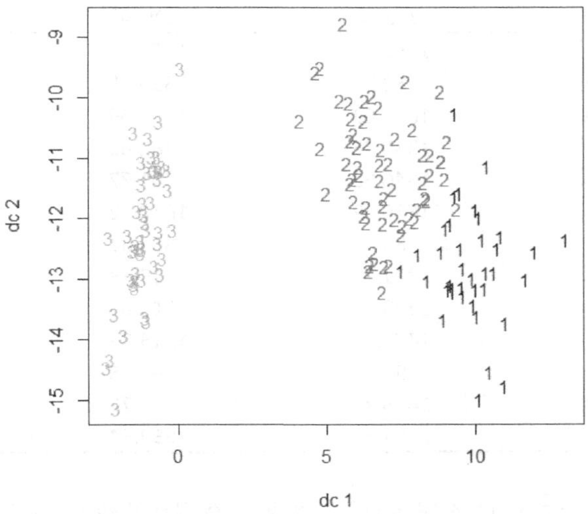

图 13.2 聚类结果图

13.4 实验练习

1. 为了更深入了解我国人口的文化程度状况，现利用 1990 年全国人口普查数据对全国 30 个省、

自治区、直辖市进行聚类分析。原始数据如表 13.1 所示。分析选用了 3 个指标：(1)大学以上文化程度的人口占全部人口的比率(DXBZ)；(2)初中文化程度的人口占全部人口的比例(CZBZ)(3)文盲半文盲人口占全部人口的比例(WMBZ)分别用来反映较高、中等、较低文化程度人口的状况。请完成以下工作：

(1)计算样本的 Euclid 距离，分别用最长距离法、均值法、重心法和 ward 方法作聚类分析，并画出相应的谱系图。如果将所有的样本分为 4 类，试写出各种方法的分类结果；

(2)用动态聚类方法(共分为 4 类)，给出相应的分类结果。

表 13.1　我国人口文化程序状况

地区	DXBZ	CZBZ	WMBZ	地区	DXBZ	CZBZ	WMBZ
北京	9.30	30.55	8.70	河南	0.85	26.55	16.15
天津	4.67	29.38	8.92	湖北	1.57	23.16	15.79
河北	0.96	24.69	15.21	湖南	1.14	22.57	12.10
山西	1.38	29.24	11.30	广东	1.34	23.04	10.45
内蒙古	1.48	25.47	15.39	广西	0.79	19.14	10.61
辽宁	2.60	32.32	8.81	海南	1.24	22.53	13.97
吉林	2.15	26.31	10.49	四川	0.96	21.65	16.24
黑龙江	2.14	28.46	10.87	贵州	0.78	14.65	24.27
上海	6.53	31.59	11.04	云南	0.81	13.85	25.44
江苏	1.47	26.43	17.23	西藏	0.57	3.85	44.43
浙江	1.17	23.74	17.46	陕西	1.67	24.36	17.62
安徽	0.88	19.97	24.43	甘肃	1.10	16.85	27.93
福建	1.23	16.87	15.63	青海	1.49	17.76	27.70
江西	0.99	18.84	16.22	宁夏	1.61	20.27	22.06
山东	0.98	25.18	16，87	新疆	1.85	20.66	12.75

2．对 13 个国家 1990 年，1995 你那与 2000 年的可持续发展综合国力做评估，其得分值如表 13.2 所示。试用快速聚点法将上诉 13 个国家聚为 4 类。

表 13.2　13 个国家可持续发展综合国力的评估得分

序号	国　家	1990 年	1995 年	2000 年
1	澳大利亚	1249.39	1273.61	1282.68
2	巴　西	821.6	859.85	919.73
3	加拿大	1641.01	1591.54	1608.32
4	中　国	1330.45	1382.68	1462.08
5	法　国	1546.55	1501.77	1525.95
6	德　国	1656.52	1630.52	1570.69
7	印　度	861.3	862.51	945.11
8	意大利	1321.77	1232.3	1243.51
9	日　本	1873.68	1949.89	1851.2
10	俄罗斯	1475.16	1315.87	1297
11	南　非	794.25	787.48	782.38
12	英　国	1486.75	1441.71	1465.12
13	美　国	2824.29	2659.64	2740.12

3.（续实验练习 2）对表 13.2 的 13 个国家可持续发展综合国力的数据，利用 L_m 距离快速聚类（分 4 类）：

(1)用绝对距离（m=1）；

(2)用 $L_{1.5}$ 距离（m=1.5）。

4．现有 48 名应聘者应聘某公司的某职位，公司为这些应聘者的 15 项指标打分如表 13.3 所示，这 15 项指标分别是：求职信、外貌、专业能力、讨人喜欢、自信心、洞察力、诚实、推销能力、经验、驾驶水平、事业心、理解能力、潜在能力、交际能力和适应性。试对打分数据作变量聚类分析，并画出相应的谱系图。

表 13.3 15 项指标得分情况

求职信	外貌	专业能力	讨人喜欢	自信心	洞察力	诚实	推销能力	经验	驾驶水平	事业心	理解能力	潜在能力	交际能力	适应性
6	7	2	5	8	7	8	8	3	8	9	7	5	7	10
9	10	5	8	10	9	9	10	5	9	9	8	8	8	10
7	8	3	6	9	8	9	7	4	9	9	8	6	8	10
5	6	8	5	6	5	9	2	8	4	5	8	7	6	5
6	8	8	8	4	4	9	5	8	5	5	8	8	7	7
7	7	7	6	8	7	10	5	9	6	5	8	6	6	6
9	9	8	8	8	8	8	8	10	8	10	8	9	8	10
9	9	9	8	9	9	8	8	10	9	10	9	9	9	10
9	9	7	8	8	8	8	5	9	8	9	8	8	8	10
4	7	10	2	10	10	7	10	3	10	10	10	9	3	10
4	7	10	0	10	8	3	9	5	9	10	8	10	2	5
4	7	10	4	10	10	7	8	2	8	8	10	10	3	7
6	9	8	10	5	4	9	4	4	4	5	4	7	6	8
8	9	8	9	6	3	8	2	5	2	6	6	7	5	6
4	8	8	7	5	4	10	2	7	5	3	6	6	4	6
6	9	6	7	8	9	8	9	8	8	7	6	8	6	10
8	7	7	7	9	5	8	6	6	7	8	6	6	7	8
6	8	8	4	8	8	6	4	3	3	6	7	2	6	4
6	7	8	4	7	8	5	4	4	2	6	8	3	5	4
4	8	7	8	8	9	10	5	2	6	7	9	8	8	9
3	8	6	8	8	8	10	5	3	6	7	8	8	5	8
9	8	7	8	9	10	10	10	3	10	8	10	8	10	8
7	10	7	9	9	9	10	10	3	9	9	10	9	10	8
9	8	7	10	8	10	10	10	2	9	7	9	9	10	8
6	9	7	7	4	5	9	3	2	4	4	4	4	5	4
7	8	7	8	5	4	8	2	3	4	5	6	5	5	6
2	10	7	9	8	9	10	5	3	5	6	7	6	4	5
6	3	5	3	5	3	5	0	0	3	3	0	0	5	0
4	3	4	3	3	0	0	0	0	4	4	0	0	5	0
4	6	5	6	9	4	10	3	1	3	3	2	2	7	3
5	5	4	7	8	4	10	3	2	5	5	3	4	8	3
3	3	5	7	7	9	10	3	2	5	3	7	5	5	2
2	3	5	7	7	9	10	3	2	2	3	6	4	5	2
3	4	6	4	3	3	8	1	1	3	3	3	2	5	2
6	7	4	3	3	0	9	0	1	0	2	3	1	5	3
9	8	5	5	6	6	8	2	2	2	4	5	6	6	3
4	9	6	4	10	8	8	9	1	3	9	7	5	3	2
4	9	6	6	9	9	7	9	1	2	10	8	5	5	2
10	6	9	10	9	10	10	10	10	10	8	10	10	10	10
10	6	9	10	9	10	10	10	10	10	10	10	10	10	10
10	7	8	0	2	1	2	0	10	2	0	3	0	0	10
10	3	8	0	1	1	0	0	10	0	0	0	0	0	10
3	4	9	8	2	4	5	3	6	2	1	3	3	3	8
7	7	7	6	9	8	8	6	8	8	10	8	8	6	5
9	6	10	9	7	7	10	2	1	5	5	7	8	4	5
9	8	10	10	7	9	10	3	1	5	7	9	9	4	4
0	7	10	3	5	0	10	0	0	2	2	0	0	0	0
0	6	10	1	5	0	10	0	0	2	2	0	0	0	0

5．对 24 个菌株用气相色谱法测得 12 种脂肪酸的百分含量（x1~x12）如表 13.4 所示。试采用系统聚类法对 24 个菌株作聚类分析。

表 13.4　24 个菌株的 12 种脂肪酸百分含量

编号	x1	x2	x3	x4	x5	x6	x7	x8	x9	x10	x11	x12
1	0.12	25.42	0	7.72	0	0	0	29.06	25.92	0	11.76	0
2	0.09	7.3	0	5.04	0	0	0	24.65	22.54	0	39.58	0
3	0.02	4.94	0	4.02	0	0	0	27.12	23.38	1.82	38.52	0
4	0.02	7.52	0.03	3.76	0	0.03	0	15.02	19.2	2.54	51.97	0
5	0.03	29.13	0	9.06	0	0	0	14.31	10.99	3.19	34.02	0
6	1.19	23.79	0	8.16	0	0	0	21.03	37.64	0	8.26	0
7	0.03	12.39	1.66	4.17	0	0.02	0	20.7	19.11	1.34	41.05	0
8	0.21	12.58	0.02	5.37	0	0	0	20.34	30.11	3	28.29	0
9	0.14	5.59	0.12	3.17	0	0.06	0	20.05	42.3	5.43	22.97	0
10	0	4.15	0	36.32	21.15	0	0	0	36.06	0	0	0
11	0	5.33	0	37.84	8.59	0	0	0	48.25	0	0	0
12	0	9.96	0	37.96	20.18	0	0	0	25.3	3.35	0	0
13	0	10.45	0	45.65	6.21	0	0	0	22.02	0	15.67	0
14	0	1.62	0	41.36	16.27	0	0	0	30.65	4.65	15.45	0
15	0	5.76	0.75	34.52	7.14	0	0	0	31.75	0	19.93	0
16	0	12.93	0	46.53	5.41	0	0	0	20.39	0	14.72	0
17	0	15.68	0	34.77	19.85	0	0	0	17.52	0	7.72	0
18	0	7.6	0	35.88	21.46	0	0	0	29.7	5.34	0	0
19	0	7.23	0	41.78	5.51	0	0	0	27.83	0	17.67	0
20	0	1.87	0	35.13	1.91	0	0	0	51.89	0	9.3	0
21	0.41	3.34	0.21	33.59	11.45	0	14.79	0.23	26.31	0	9.35	0.3
22	2.26	2.23	1.66	27.81	15.64	0	11.71	1.77	17.69	0	17.92	1.31
23	4.49	4.5	0.2	31.62	15.44	0	12.44	5.89	17.96	0	6.64	0.83
24	3.85	6.76	0.19	38.95	10.1	0	12.24	2.47	18.95	0	6.4	0.1

6．表 13.5 是我国 16 个地区农民 1982 年支出情况的抽样调查的汇总资料，每个地区都调查了反映每人平均生活消费支出情况的六个指标，试利用调查资料对 16 个地区进行聚类分析。

表 13.5　我国 16 个地区农民 1982 年支出情况

地区	食品（X1）	衣食（X2）	燃料（X3）	住房（X4）	生活用品及其他（X5）	文化生活服务支出（X6）
北京	190.33	43.77	9.73	60.54	49.01	9.04
天津	135.2	36.4	10.47	44.16	36.49	3.94
河北	95.21	22.83	9.3	22.44	22.81	2.8
山西	104.78	25.11	6.4	9.89	18.17	3.25
内蒙	128.41	27.63	8.94	12.58	23.99	3.27
辽宁	145.68	32.83	17.79	27.29	39.09	3.47
吉林	159.37	33.38	18.37	11.81	25.29	5.22
黑龙江	116.22	29.57	13.24	13.76	21.75	6.04
上海	221.11	38.64	12.53	115.65	50.82	5.89
江苏	144.98	29.12	11.67	42.6	27.3	5.74
浙江	169.92	32.75	12.72	47.12	34.35	5
安徽	153.11	23.09	15.62	23.54	18.18	6.39
福建	144.92	21.26	16.96	19.52	21.75	6.73
江西	140.54	21.5	17.64	19.19	15.97	4.94
山东	115.84	30.26	12.2	33.61	33.77	3.85
河南	101.18	23.26	8.46	20.5	20.5	4.3

7．考虑下列 4 个样品的距离矩阵

$$D=\begin{pmatrix} 0 & & & \\ 1 & 0 & & \\ 11 & 2 & 0 & \\ 5 & 3 & 4 & 0 \end{pmatrix}$$

用最短距离法，最长距离法和类平均法对这 4 个样品聚类，并画出谱系图。

8.对 1975 年 1 月至 1976 年 12 月纽约证券交易所的 5 中股票的周反弹率的连续 100 周观测数据，求得样本相关矩阵

$$D=\begin{pmatrix} 1 & & & & \\ 0.58 & 1 & & & \\ 0.51 & 0.60 & 1 & & \\ 0.39 & 0.39 & 0.44 & 1 & \\ 0.46 & 0.32 & 0.43 & 0.52 & 1 \end{pmatrix}$$

分别用最短距离法、最长距离法、类平均法进行变量聚类，并画出谱系图。

9．试对表 13.4 中的 12 种脂肪酸的百分含量进行变量聚类分析。

10．试对表 13.6 中某市工业部门 13 个行业 8 项指标的数据进行变量聚类分析。

表 13.6 某市工业部门 13 个行业 8 项指标的数据

行业	年末固定资产净值(万元) X1	职工人数(人) X2	工业总产值(万元) X3	全员劳动生产率(元 / 人年) X4	百元固定原资产值实现产值 (元) X5	资 金利税率(%) X6	标准燃料消费量(吨) X7	能源利用效 果(万元 / 吨) X8
l (冶金)	90342	52455	101091	19272	82	16.1	197435	0.172
2 (电力)	4903	1973	2035	10313	34.2	7.1	592077	0.003
3 (煤炭)	6735	21139	3767	1780	36.1	8.20	726396	0.003
4 (化学)	49454	36241	81557	22504	98.1	25.9	348226	0.985
5 (机械)	139190	203505	215898	10609	93.2	12.6	139572	0.628
6 (建材)	12215	16219	10351	6382	62.5	8.7	145818	0.066
7 (森工)	2372	6572	8103	12329	184.4	22.2	20921	0.152
8 (食品)	11062	23078	54935	23804	370.4	41	65486	0.263
9 (纺织)	17111	23907	52108	21796	221.5	21.5	63806	0.276
10 (缝纫)	1206	3930	6126	15586	330.4	29.5	1840	0.437
11 (皮革)	2150	5704	6200	10870	184.2	12	8913	0.274
12 (造纸)	5251	6155	10383	16875	146.4	27.5	78796	0.151
13 (文教艺术用品)	14341	13203	19396	14691	94.6	17.8	6354	1.574

13.5 参考文献

[1]范金城，梅长林.数据分析[M].北京:科学出版社，2010.

13.6 扩展阅读

13.6.1 谱系聚类法

即系统聚类法,是目前实际中使用最多的一类方法,它是将类由多变少的一种方法.

系统聚类分析的方法决定于类间间的距离的定义,由此有 8 种方法

(1)最短距离法(SINgle linkage)

(2)最长距离法(COMplete method)

(3)中间距离法(MEDian method)

(4)重心法(CENtroid method)

(5)类平均法(AVErange linkage)

(6)可变类平均法(FLExible-betemethod)

(7)可变法及McQuitty相似分析法(MCQ)

(8)离差平方和法(WARD)

13.6.2 谱系聚类的统计量

(1) R^2 统计量

此统计量可用于评价每次合并时的聚类效果。

(2)半偏相关统计量 SPRSQ

半偏相关统计量是上一步的 R^2 与该步 R^2 值的差值，当 SPRSQ 值越大时，说明上一次合并效果越好。

(3)伪 F 统计量

$$PSF = \frac{(T - P_k)/(k-1)}{P_k/(n-k)}$$

其值越大表示这些观测可显著地分为 K 类。

(4)伪 t^2 统计量

$$PSF2 = \frac{B_{KL}^2}{(W_K + W_L)/(n_K + n_L - 2)}$$

该统计量用以评价此步骤合并类 G_K 和 G_L 的效果，如该值越大，表示 G_K 和 G_L 合并为后类内离差平方和的增量相对 G_K 和 G_L 两类的类内离差平方和大，这表明上一次被合并的两个类时很分开的。

13.6.3 变量聚类

主要是将变量进行分类，就可以尽量减少变量之间的相关性，便于统计分析，一般我们采用变量系统聚类法。

实验 14 主成分分析及 R 语言实现

14.1 实验目的

1. 熟练掌握用 R 实现主成分分析的方法;
2. 能够用 R 语言的主成分分析方法处理实际问题。

14.2 实验原理

14.2.1 主成分分析基本思想及数学模型

主成分分析是数学上对数据降维的一种方法，其基本思想是设法将原来众多的具有一定相关性的指标重新组合成一组新的互不相关的综合指标来代替原来的指标。

设有 n 个样品(多元观测)，每个样品有 p 项指标：$X_1,X_2,\cdots,X_P$，得到原是数据设计阵：

$$X=\begin{pmatrix} x_{11} & x_{12} & \cdots & x_{1p} \\ x_{21} & x_{22} & \cdots & x_{2p} \\ \vdots & \vdots & \ddots & \vdots \\ x_{n1} & x_{n2} & \cdots & x_{np} \end{pmatrix}=(X_1,X_2,\cdots,X_P)$$

其中：$X_i=(x_{1i},x_{2i},\cdots,x_{3i})'$，$i=1,2,\cdots,p$ 。

用设计阵 X 的 p 个列向量(即 p 个指标) $X_1,X_2,\cdots,X_P$ 作线性组合，得到综合指标向量：

$$\begin{cases} F_1=a_{11}X_1+a_{21}X_2+\cdots+a_{p1}X_p \\ F_2=a_{12}X_1+a_{22}X_2+\cdots+a_{p2}X_p \\ \cdots \\ F_p=a_{1p}X_1+a_{2p}X_2+\cdots+a_{pp}X_p \end{cases}$$

简写成：$F_i=a_{1i}X_1+a_{2i}X_2+\cdots+a_{pi}X_p$，$i=1,2,\cdots,p$

为了加以限制，对组合系数 $a_i'=(a_{1i},a_{2i},\cdots.a_{pi})$ 作如下要求：$a_{1i}^2+a_{2i}^2+\cdots+a_{pi}^2=1$

即 a_i 为单位向量：$a_i'a_i=1$，且由下列原则决定：

(1) F_i与$F_j(i\neq j)$ 互不相关，即 $\text{cov}(F_i,F_j)=a_i'\Sigma a_i=0$，其中 Σ 是 X 的协方差阵。

(2) F_1 是 $X_1,X_2,\cdots,X_P$ 的一切线性组合中方差最大的，即

$$Var(F_1)=\max Var(\sum_{i=1}^{p}c_iX_i)$$

F_2 是与 F_1 不相关的 $X_1,X_2,\cdots,X_P$ 的一切线性组合中方差最大的，F_p 是与 $F_1,F_2,\cdots,F_{p-1}$ 都不相关的 $X_1,X_2,\cdots,X_P$ 的一切线性组合中方差最大的。

满足上述要求的综合指标向量 $F_1,F_2,\cdots,F_p$ 就是主成分，这 p 个主成分从原始指标所提供的信息总量中所提取的信息量依次递减，每一个主成分所提取的信息量用方差来度量，主成分方差的贡献就等于原指标相关系数矩阵相应的特征值 λ_i，每一个主成分的组合系数就是相应特征值 λ_i 所对应的单位特征向量。贡献率越大，说明相应的主成分反映综合信息的能力越强。

14.2.2 主成分的步骤

14.2.2.1 计算协方差矩阵

计算样品数据的协方差矩阵：

$$\Sigma=(s_{ij})_{p\times p}$$

其中

$$s_{ij}=\frac{1}{n-1}\sum_{k=1}^{n}(x_{ki}-\overline{x_i})(x_{kj}-\overline{x_j}),\quad i,j=1,2,\cdots,p$$

14.2.2.2 求出Σ的特征值及相应的特征向量

求出协方差矩阵Σ的特征值$\lambda_1,\lambda_2,\cdots,\lambda_p>0$及相应的正交单位化特征向量：

$$a_1=\begin{pmatrix}a_{11}\\a_{21}\\\vdots\\a_{p1}\end{pmatrix},\ a_2=\begin{pmatrix}a_{12}\\a_{22}\\\vdots\\a_{p2}\end{pmatrix},\ \cdots,\ a_p=\begin{pmatrix}a_{1p}\\a_{2p}\\\vdots\\a_{pp}\end{pmatrix}$$

则X的第i个主成分为$F_i=a_i'X$。

14.2.2.3 选择主成分

在已确定的全部p个主成分中合理选择m个来实现最终的评价分析，一般用贡献率$\alpha_i=\lambda_i/\sum_{i=1}^{p}\lambda_i$来解释主成分$F_i$所反映的信息量的大小，$m$的确定以累计贡献率$G(m)=\sum_{i=1}^{m}\lambda_i/\sum_{k=1}^{p}\lambda_k$达到足够大(一般在85%以上)原则。

14.2.2.4 计算主成分得分

计算n个样品在m个主成分上的得分：$F_i=a_{1i}X_1+a_{2i}X_2+\cdots+a_{pi}X_p$，$i=1,2,\cdots,m$。

14.2.2.5 标准化

实际应用时，指标的量纲往往不同，所以在主成分计算之前应现消除量纲的影响，即做如下数据变换：

$$x_{ij}^*=\frac{x_{ij}-\overline{x_j}}{s_j}\quad(i=1,2,\cdots,n;\ j=1,2,\cdots,p)$$

式中

$$\overline{x_j}=\frac{1}{n}\sum_{i=1}^{n}x_{ij},\ s_j^2=\frac{1}{n-1}\sum_{i=1}^{n}(x_{ij}-\overline{x_j})^2$$

标准化后的设计阵记为X^*。

标准化后的协方差矩阵$\Sigma=(s_{ij})_{p\times p}$，即为原变量的相关系数矩阵$R=(r_{ij})_{p\times p}$；

$$s_{ij}=\frac{1}{n-1}\sum_{k=1}^{n}x_{ki}^*x_{kj}^*=\frac{1}{n-1}\sum_{k=1}^{n}\frac{x_{ki}-\overline{x_i}}{\sqrt{\frac{\sum_{t=1}^{n}(x_{ti}-\overline{x_i})}{n-1}}}\frac{x_{kj}-\overline{x_j}}{\sqrt{\frac{\sum_{t=1}^{n}(x_{tj}-\overline{x_j})}{n-1}}}=\frac{\sum_{k=1}^{n}(x_{ki}-\overline{x_i})(x_{kj}-\overline{x_j})}{\sqrt{\sum_{t=1}^{n}(x_{ti}-\overline{x_i})}\sqrt{\sum_{t=1}^{n}(x_{tj}-\overline{x_j})}}=r_{ij}$$

此时n个样品在m个主成分上的得分应为：

$$F_i=a_{1i}X_1^*+a_{2i}X_2^*+\cdots+a_{pi}X_p^*,\ i=1,2,\cdots,m$$

14.3 实验过程

主成分分析是将多指标化为少数几个综合指标的一种统计分析方法主成分分析是一种通过降维技术把多个变量化成少数几个主成分的方法，这些主成分能够反映原始变量的大部分信息，他们通常表示为原始变量的线性组合。

14.3.1 函数总结

R 中作为主成分分析最主要的函数是 princomp()函数，其主要有两种调用格式：

princomp(formula,data = NULL,subset,na.action,...)

princomp(x,cor = FALSE,scores = TRUE,covmat = NULL,subset = rep(TRUE,nrow(as.matrix(x))),...)

各参数解析如下：

formula　一个没有响应变量的公式，只指数字变量；

data　数据框(或类似：看到 model.frame)，包含公式 formula 的变量；

subset　可选的向量用于选择数据矩阵 x 行；

na.action　函数，指示当数据存在 NA 值时该如何处理；

x　数字矩阵或数据框提供了主成分分析的数据；

cor　逻辑值，该值指示是否计算应使用相关矩阵或协方差矩阵；

covmat　协方差矩阵或协列表返回 cov.wt(和 cov.mve 或 cov.mcd 包 MASS)。

此外，在 R 中做出成分分析是还可以用到以下函数。

用 summary()函数提取主成分信息；

用 loadings()函数显示主成分分析或因子分析中载荷的内容；

用 predict()函数预测主成分的值；

用 screeplot()函数画出主成分的碎石图；

用 biplot()函数画出数据关于主成分的散点图和原坐标在主成分下的方向。

例 14.1 有 30 名中学生身高、体重、胸围、坐高数据如表 14.1 所示，试对身体的四项指标数据做主成分分析。

表 14.1 30 名中学生的体检数据

序号	X1	X2	X3	X4	序号	X1	X2	X3	X4
1	148	41	72	78	16	152	35	73	79
2	139	34	71	76	17	149	47	82	79
3	160	49	77	86	18	145	35	70	77
4	149	36	67	79	19	160	47	74	87
5	159	45	80	86	20	156	44	78	85
6	142	31	66	76	21	151	42	73	78
7	153	43	77	79	22	147	38	73	78
8	150	43	77	79	23	157	39	68	80
9	151	42	77	80	24	147	30	65	75
10	139	31	68	74	25	157	48	80	88
11	140	29	64	74	26	151	36	74	80
12	161	47	78	83	27	144	36	68	76
13	158	49	78	83	28	141	30	67	76
14	140	33	67	77	29	139	32	68	73
15	137	31	66	73	30	148	38	70	78

解 过程及 R 代码：

(1)载入原始数据：

```
> test<-data.frame(X1=c(148, 139, 160, 149, 159, 142, 153, 150, 151, 139,140, 161, 158, 140, 137, 152, 149, 145, 160, 156, 151, 147, 157, 147, 157, 151, 144, 141, 139, 148),
  X2=c(41, 34, 49, 36, 45, 31, 43, 43, 42, 31,29, 47, 49, 33, 31, 35, 47, 35, 47, 44, 42, 38, 39, 30, 48, 36, 36, 30, 32, 38),
  X3=c(72, 71, 77, 67, 80, 66, 76, 77, 77, 68, 64, 78, 78, 67, 66, 73, 82, 70, 74, 78, 73, 73, 68, 65, 80, 74, 68, 67, 68, 70),
  X4=c(78, 76, 86, 79, 86, 76, 83, 79, 80, 74, 74, 84, 83, 77, 73, 79, 79, 77, 87, 85, 82, 78, 80, 75, 88, 80, 76, 76, 73, 78))
```

(2)作主成分分析并显示分析结果：

```
> test.pr <- princomp(test,cor = TRUE)
> summary(test.pr,loadings = TRUE)
```

其中，loading 是逻辑变量，当 loading = TRUE 时表示显示 loading 的内容，loadings 的输出结果为载荷，是主成分对应于原始变量的系数即 Q 矩阵。

结果显示为：

```
Importance of components:
                         Comp.1     Comp.2     Comp.3     Comp.4
Standard deviation      1.8817805 0.55980636 0.28179594 0.25711844
Proportion of Variance 0.8852745 0.07834579 0.01985224 0.01652747
Cumulative Proportion 0.8852745 0.96362029 0.98347253 1.00000000

Loadings:
   Comp.1 Comp.2 Comp.3 Comp.4
X1 0.497 0.543 -0.450 0.506
X2 0.515 -0.210 -0.462 -0.691
X3 0.481 -0.725 0.175 0.461
X4 0.507 0.368 0.744 -0.232
```

分析结果含义：

Standarddeviation　　标准差，其平方为方差 = 特征值；

ProportionofVariance　　方差贡献率；

CumulativeProportion　　方差累计贡献率。

由结果显示：前两个主成分的累计贡献率已经达到 96%可以舍去另外两个主成分，达到降维的目的，因此可以得到函数表达式：

$$Z_1 = -0.497X_1 - 0.515X_2 - 0.481X_3 - 0.507X_4$$
$$Z_2 = 0.543X_1 - 0.210X_2 - 0.725X_3 - 0.368X_4$$

(3)画主成分的碎石图并预测：

```
> screeplot(test.pr,type = "lines")
> p <- predict(test.pr)
```

结果如图 14.1 所示。

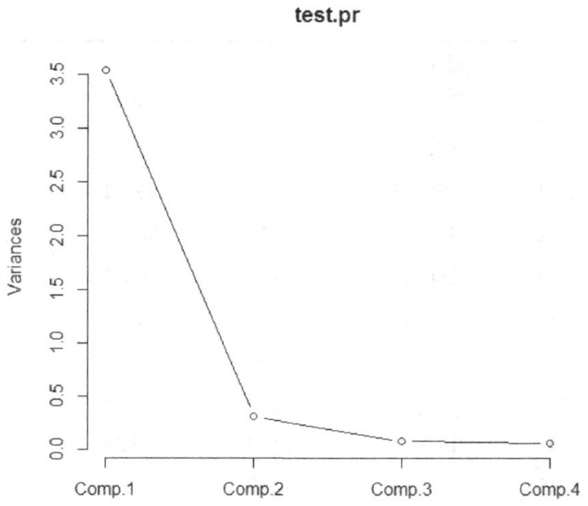

图 14.1 碎石图

由碎石图可以看出，第二个主成分之后，图线变化趋于平稳，因此可以选择前两个主成分做分析。预测的值结果太多，在此省略。

14.4 实验练习

1．对下列数据中的全国 30 个省市自治区经济发展基本情况的 8 项指标作主成分分析（表 14.2）。其中八个指标依次为 GDP、居民消费水平、固定资产投资、职工平均工资、货物周转量、居民消费价格指数、商品零售价格指数、工业总产值。

表 14.2 全国 30 个省市自治区经济发展基本情况

地区	GDP	居民消费水平	固定资产投资	职工平均工资	货物周转量	居民消费价格指数	商品零售价格指数	工业总产值
北京	1394.89	2505	519.01	8144	373.9	117.3	112.6	843.43
天津	920.11	2720	345.46	6501	342.8	115.2	110.6	582.51
河北	2849.52	1258	704.87	4839	2033.3	115.2	115.8	1234.85
山西	1092.48	1250	290.9	4721	717.3	116.9	115.6	697.25
内蒙	832.88	1387	250.23	4134	781.7	117.5	116.8	419.39
辽宁	2793.37	2397	387.99	4911	1371.1	116.1	114	1840.55
吉林	1129.2	1872	320.45	4430	497.4	115.2	114.2	762.47
黑龙江	2014.53	2334	435.73	4145	824.8	116.1	114.3	1240.37
上海	2462.57	5343	996.48	9279	207.4	118.7	113	1642.95
江苏	5155.25	1926	1434.95	5943	1025.5	115.8	114.3	2026.64
浙江	3524.79	2249	1006.39	6619	754.4	116.6	113.5	916.59
安徽	2003.58	1254	474	4609	908.3	114.8	112.7	824.14
福建	2160.52	2320	553.97	5857	609.3	115.2	114.4	433.67
江西	1205.11	1182	282.84	4211	411.7	116.9	115.9	571.84
山东	5002.34	1527	1229.55	5145	1196.6	117.6	114.2	2207.69
河南	3002.74	1034	670.35	4344	1574.4	116.5	114.9	1367.92
湖北	2391.42	1527	571.68	4685	849	120	116.6	1220.72
湖南	2195.7	1408	422.61	4797	1011.8	119	115.5	843.83
广东	5381.72	2699	1639.83	8250	656.5	114	111.6	1396.35

续表

地区	GDP	居民消费水平	固定资产投资	职工平均工资	货　物周转量	居民消费价格指数	商品零售价格指数	工　业总产值
广西	1606.15	1314	382.59	5150	556	118.4	116.4	554.97
海南	364.17	1814	198.35	5340	232.1	113.5	111.3	64.33
四川	3534	1261	822.54	4645	902.3	118.5	117	1431.81
贵州	630.07	942	150.84	4475	301.1	121.4	117.2	324.72
云南	1206.68	1261	334	5149	310.4	121.3	118.1	716.65
西藏	55.98	1110	17.87	7382	4.2	117.3	114.9	5.57
陕西	1000.03	1208	300.27	4396	500.9	119	117	600.98
甘肃	553.35	1007	114.81	5493	507	119.8	116.5	468.79
青海	165.31	1445	47.76	5753	61.6	118	116.3	105.8
宁夏	169.75	1355	61.98	5079	121.8	117.1	115.3	114.4
新疆	834.57	1469	376.96	5348	339	119.7	116.7	428.76

2．在下列数据集 CRIME（表 14.3）中，给出了某年美国各个州的各种类型犯罪的犯罪率数据。对这些犯罪率数据进行主成分分析，根据实验结果分析美国犯罪的特征与规律。

表 14.3　美国各州的各种类型犯罪数据

STATE	MURDER	RAPE	ROBBERY	ASSAULT	BURGLARY	LARCENY	AUTO
ALABAMA	14.2	25.2	96.8	278.3	1135.5	1881.9	280.7
ALASKA	10.8	51.6	96.8	284	1331.7	3369.8	753.3
ARIZONA	9.5	34.2	138.2	312.3	2346.1	4467.4	439.5
ARKANSAS	8.8	27.6	83.2	203.4	972.6	1862.1	183.4
CALIFORNIA	11.5	49.4	287	358	2139.4	3499.8	663.5
COLORADO	6.3	42	170.7	292.9	1935.2	3903.2	477.1
CONNECTICUT	4.2	16.8	129.5	131.8	1346	2620.7	593.2
DELAWARE	6	24.9	157	194.2	1682.6	3678.4	467
FLORIDA	10.2	39.6	187.9	449.1	1859.9	3840.5	351.4
GEORGIA	11.7	31.1	140.5	256.5	1351.1	2170.2	297.9
HAWAII	7.2	25.5	128	64.1	1911.5	3920.4	489.4
IDAHO	5.5	19.4	39.6	172.5	1050.8	2599.6	237.6
ILLINOIS	9.9	21.8	211.3	209	1085	2828.5	528.6
INDIANA	7.4	26.5	123.2	153.5	1086.2	2498.7	377.4
IOWA	2.3	10.6	41.2	89.8	812.5	2685.1	219.9
KANSAS	6.6	22	100.7	180.5	1270.4	2739.3	244.3
KENTUCKY	10.1	19.1	81.1	123.3	872.2	1662.1	245.4
LOUISIANA	15.5	30.9	142.9	335.5	1165.5	2469.9	337.7
MAINE	2.4	13.5	38.7	170	1253.1	2350.7	246.9
MARYLAND	8	34.8	292.1	358.9	1400	3177.7	428.5
MASSACHUSETTS	3.1	20.8	169.1	231.6	1532.2	2311.3	1140.1
MICHIGAN	9.3	38.9	261.9	274.6	1522.7	3159	545.5
MINNESOTA	2.7	19.5	85.9	85.8	1134.7	2559.3	343.1
MISSISSIPPI	14.3	19.6	65.7	189.1	915.6	1239.9	144.4
MISSOURI	9.6	28.3	189	233.5	1318.3	2424.2	378.4
MONTANA	5.4	16.7	39.2	156.8	804.9	2773.2	309.2
NEBRASKA	3.9	18.1	64.7	112.7	760	2316.1	249.1
NEVADA	15.8	49.1	323.1	355	2453.1	4212.6	559.2
NEW HAMPSHIRE	3.2	10.7	23.2	76	1041.7	2343.9	293.4

续表

STATE	MURDER	RAPE	ROBBERY	ASSAULT	BURGLARY	LARCENY	AUTO
NEW JERSEY	5.6	21	180.4	185.1	1435.8	2774.5	511.5
NEW MEXICO	8.8	39.1	109.6	343.4	1418.7	3008.6	259.5
NEW YORK	10.7	29.4	472.6	319.1	1728	2782	745.8
NORTH CAROLINA	10.6	17	61.3	318.3	1154.1	2037.8	192.1
NORTH DAKOTA	0.9	9	13.3	43.8	446.1	1843	144.7
OHIO	7.8	27.3	190.5	181.1	1216	2696.8	400.4
OKLAHOMA	8.6	29.2	73.8	205	1288.2	2228.1	326.8
OREGON	4.9	39.9	124.1	286.9	1636.4	3506.1	388.9
PENNSYLVANIA	5.6	19	130.3	128	877.5	1624.1	333.2
RHODE ISLAND	3.6	10.5	86.5	201	1489.5	2844.1	791.4
SOUTH CAROLINA	11.9	33	105.9	485.3	1613.6	2342.4	245.1
SOUTH DAKOTA	2	13.5	17.9	155.7	570.5	1704.4	147.5
TENNESSEE	10.1	29.7	145.8	203.9	1259.7	1776.5	314
TEXAS	13.3	33.8	152.4	208.2	1603.1	2988.7	397.6
UTAH	3.5	20.3	68.8	147.3	1171.6	3004.6	334.5
VERMONT	1.4	15.9	30.8	101.2	1348.2	2201	265.2
VIRGINIA	9	23.3	92.1	165.7	986.2	2521.2	226.7
WASHINGTON	4.3	39.6	106.2	224.8	1605.6	3386.9	360.3
WEST VIRGINIA	6	13.2	42.2	90.9	597.4	1341.7	163.3
WISCONSIN	2.8	12.9	52.2	63.7	846.9	2614.2	220.7
WYOMING	5.4	21.9	39.7	173.9	811.6	2772.2	282

3．2003 年各地区农村居民家庭平均每人生活消费支出情况如表 14.4 所示。试用主成分分析法分析评价各地区的消费情况，并给出排名结果。

表 14.4　各地区农村居民家庭平均每人生活消费支出情况（单位：元）

地区	食品	衣着	居住	家庭设备及服务	医疗保健	交通和通讯	文教娱乐	其他商品及服务
北京	1331.69	288.25	787.84	216.25	356.31	393.35	691.39	82.22
天津	887.14	183.28	377.55	76.96	167.67	198.5	379.44	48.97
河北	639.1	114.97	311.46	71.65	101.63	149.52	186.48	25.28
山西	620.62	149.73	169.55	55.03	81.22	119	213.15	26.09
内蒙古	731.12	121.81	246.85	65.73	124.42	192	256.17	32.46
辽宁	813.66	147.72	289.86	68.42	132.63	170.6	218.99	42.2
吉林	799.16	118.08	253.45	57.63	153.75	173.82	221.7	37.98
黑龙江	676.14	119.05	309.48	48.63	135.2	157.9	188.22	27.08
上海	2004.14	250.3	1436.72	296.51	332.77	587.02	675.56	86.55
江苏	1118.55	140.56	441.87	137.74	142.11	268.53	379.15	75.86
浙江	1635.64	229.47	774.99	206.69	306.31	496.08	531.11	104.84
安徽	734.75	79.55	281.28	74.96	87.14	126.07	184.64	27.87
福建	1222.23	144.58	398.15	146.66	128.95	278.43	296.65	99.85
江西	986.07	99.85	264.12	62.68	91.98	141.69	223.8	37.39
山东	891.82	134.3	341.69	92.17	138.8	187.03	291.33	56.07
河南	726.57	96.36	238.44	63.32	91.39	100.17	160.94	31.49
湖北	930.98	80.19	223.41	73	95.55	122.05	223.92	52.53
湖南	1111.27	106.16	271.97	79.63	105.23	146.85	270.54	47.51
广东	1402.04	117.68	469.48	121.85	137.43	286.66	305.86	86.35

续表

地区	食品	衣着	居住	家庭设备及服务	医疗保健	交通和通讯	文教娱乐	其他商品及服务
广西	899.07	61.12	323.28	63.69	74.81	121.45	175.55	32.26
海南	947.1	52.59	147.69	75.8	96.05	107.8	158.32	59.44
重庆	831.63	70.49	212.38	76.68	89.42	102.4	180.28	20.03
四川	941.7	85.94	224.8	64.85	91.36	105.19	202.27	30.92
贵州	674.71	54.46	170.56	41.51	46.62	49.59	128.13	19.59
云南	744.58	57.27	257.65	51.42	79.93	59.54	131.49	23.82
西藏	669.91	114.66	85.99	53.34	21.27	37.06	32.22	15.68
陕西	572.67	85.15	236.33	63.52	106.66	97.33	267.87	25.86
甘肃	586.38	74.02	201.57	57.45	96.18	109.34	191.83	20.08
青海	775.89	113.88	192.17	60.94	115.73	145.85	131.71	26.98
宁夏	680.15	109.19	286.09	56.09	116.31	170.52	178.34	40.44
新疆	667.11	135.65	254.63	50.92	116.48	99.04	112.93	28.54

4．2003 年全国各地区的市政建设指标如表 14.5 所示。试用主成分分析方法对各地区的市政建设情况作出评价。

表 14.5　2003 年各地区市政建设指标

地区	年末实有道路长度	年末实有道路面积	城市排水管道长度	城市污水日处理能力	城市路灯
北京	7947.7	10569.8	6649.3	216.1	256032
天津	4084.1	5489	9123.7	76	178826
河北	7736.7	14133.8	8911.3	242.3	286120
山西	4421	6371.1	2858.4	91.9	204034
内蒙古	3393.1	5344.4	3785.1	88.8	193870
辽宁	10203.6	14885	9120.3	376	634979
吉林	4485.9	6950.5	4713.6	139.8	171797
黑龙江	8839.1	10654.5	5465	252.8	337943
上海	9802	15933	5882	519.6	237623
江苏	25540.8	31859.1	20342.5	906.6	970896
浙江	10341.7	16743.2	15331.2	501.7	565675
安徽	6931.2	11355.4	5982	292.1	231452
福建	4355	6091.6	4957.3	162.5	219511
江西	3430.5	5466	2952.6	74	255084
山东	20915.2	34165.7	18152.6	462.5	550687
河南	5987	12409.6	7801.3	231.1	351287
湖北	13837.6	18815	8314.7	412	277892
湖南	5368.9	7980.8	4404	223	224858
广东	18408.7	30323.8	23321	489.3	844968
广西	4268.4	6326.9	3430.5	206.7	271357
海南	1074.8	2184.1	1822.3	41.2	64122
重庆	3278.8	4784.1	3267.5	71	165155
四川	7840	13295.8	8282.2	116.4	505575
贵州	1804.1	2079.3	1988.9	8	84032
云南	2430.8	3270.9	2557.2	146.8	144560
西藏	407.9	429	220.2		11085
陕西	2909.1	4686.4	2801.6	48.8	111729
甘肃	2967.5	5281.7	2591.4	61.1	100579
青海	514.3	843.5	485	8.5	20322
宁夏	1044.6	1797.3	669.7	37	100513
新疆	3482	5124.8	2460.5	122.8	158580

5. 用主成分分析方法探讨城市工业主体结构。表 14.6 是某市工业部门 13 个行业 8 项指标的数据。

表 14.6 某市工业部门 13 个行业 8 项指标的数据

	年末固定资产净值（万元）	职工人数（人）	工业总产值（万元）	全员劳动产率（元/人年）	百元固定原资产值实现产值（元）	资金利税率（%）	标准燃料消费量（吨）	能源利用效果（万元/吨）
1 (冶金)	90342	52455	101091	19272	82	16.1	197435	0.172
2 (电力)	4903	1973	2035	10313	34.2	7.1	592077	0.003
3 (煤炭)	6735	21139	3767	1780	36.1	8.2	726396	0.003
4 (化学)	49454	36241	81557	22504	98.1	25.9	348226	0.985
5 (机械)	139190	203505	215898	10609	93.2	12.6	139572	0.628
6 (建材)	12215	16219	10351	6382	62.5	8.7	145818	0.066
7 (森工)	2372	6572	8103	12329	184.4	22.2	20921	0.152
8 (食品)	11062	23078	54935	23804	370.4	41	65486	0.263
9 (纺织)	17111	23907	52108	21796	221.5	21.5	63806	0.276
10 (缝纫)	1206	3930	6126	15586	330.4	29.5	1840	0.437
11 (皮革)	2150	5704	6200	10870	184.2	12	8913	0.274
12 (造纸)	5251	6155	10383	16875	146.4	27.5	78796	0.151
13 (文教艺术用品)	14341	13203	19396	14691	94.6	17.8	6354	1.574

(1)试用主成分分析方法确定 8 项指标的样本主成分（综合变量）；若要求损失信息不超过 15%，应取几个主成分；并对这几个主成分进行解释；

(2)利用主成分得分对 13 个行业进行排序和分类。

6. 表 14.7 是某城市在 42 天中的中午 12 点的空气污染数据。

表 14.7 空气污染数据

风速	太阳辐射	CO	NO	NO_2	O_3	HC
8	98	7	2	12	8	2
7	107	4	3	9	5	3
7	103	4	3	5	6	3
10	88	5	2	8	15	4
6	91	4	2	8	10	3
8	90	5	2	12	12	4
9	84	7	4	12	15	5
8	72	6	4	21	14	4
7	82	5	1	11	11	3
8	64	5	2	13	9	4
6	71	5	4	10	3	3
6	91	4	2	12	7	3
7	72	7	4	18	10	3
10	70	4	2	11	7	3
10	72	4	1	8	10	3
9	77	4	1	9	10	3
8	76	4	1	7	7	3
8	71	5	3	16	4	4
9	67	4	2	13	2	3
9	69	3	3	9	5	3
10	62	5	3	14	4	4

续表

风速	太阳辐射	CO	NO	NO_2	O_3	HC
9	88	4	2	7	6	3
8	80	4	2	1 3	11	4
5	30	3	3	5	2	3
6	83	5	1	10	23	4
8	84	3	2	7	6	3
6	78	4	2	11	11	3
8	79	2	1	7	10	3
6	62	4	3	9	8	3
10	37	3	1	7	2	3
8	71	4	1	10	7	3
7	52	4	1	12	8	4
5	48	6	5	8	4	3
6	75	4	1	10	24	3
10	35	4	1	6	9	2
8	85	4	1	9	10	2
5	86	3	1	6	12	2
5	86	7	2	13	18	2
7	79	7	4	9	25	3
7	79	5	2	8	6	2
6	68	6	2	11	14	3
8	40	4	3	6	5	2

请你利用尽可能少的变量提取原数据集的信息。分别利用样本的协方差矩阵和样本相关矩阵作出成分分析，二者的结果有何差异？原始数据的变化可否由三个或者更少的主成分反映。你能否给所选的主成分做出解释。

7．某市为了全面分析机械类各企业的经济效益。选择了 8 个不同的利润指标，14 家企业关于这 8 个指标的统计数据如表 14.8 所示。试进行主成分分析。

表 14.8　14 家企业的利润指标的统计数据

序号	净产值利润率	固定资产利润率	总产值利润率	销售收入利润率	产品成本利润率	物耗利润率	人均利润率	流动资金利润率
1	40.4	24.7	7.2	6.1	8.3	8.7	2.442	20
2	25	12.7	11.2	11	12.9	20.2	3.542	9.1
3	13.2	3.3	3.9	4.3	4.4	5.5	0.578	3.6
4	22.3	6.7	5.6	3.7	6	7.4	0.176	7.3
5	34.3	11.8	7.1	7.1	8	8.9	1.726	27.5
6	35.6	12.5	16.4	16.7	22.8	29.3	3.017	26.6
7	22	7.8	9.9	10.2	12.6	17.6	0.847	10.6
8	48.4	13.4	10.9	9.9	10.9	13.9	1.772	17.8
9	40.6	19.1	19.8	19	29.7	39.6	2.449	35.8
10	24.8	8	9.8	8.9	11.9	16.2	0.789	13.7
11	12.5	9.7	4.2	4.2	4.6	6.5	0.874	3.9
12	1.8	0.6	0.7	0.7	0.8	1.1	0.056	1
13	32.3	13.9	9.4	8.3	9.8	13.3	2.126	17.1
14	38.5	9.1	11.3	9.5	12.2	16.4	1.327	11.6

8．设总体 $X=(X_1,X_2)^T$ 的协方差矩阵为 $\sum\begin{bmatrix}5 & 2\\2 & 2\end{bmatrix}$。求 X 的主成分 Y_1 和 Y_2，并计算第一主成分 Y_1

的贡献率。

9. 变换实验练习 8 中的协方差矩阵为相关矩阵 ρ 。

(1)求其标准化变量的主成分和及第一主成分的贡献率。

(2)与实验练习 8 中的结果作比较，看有什么差异。

14.5 参考文献

[1]迟国泰，曹婷婷，张昆.基于相关主成分分析的人的全面发展评价指标体系的构建[J].系统工程理论与实践，2013，32(1):112-119.

[2]李鸿禧.基于相关主成分分析的港口物流评价研究[D].辽宁大连:大连理工大学，2013.

[3]孙慧，刘媛媛，张娜娜.基于主成分分析的煤炭产业竞争力实证研究[J].资源与产业，2012，14(1):145-149.

14.6 扩展阅读

在社会调查中，对于同一个变量，研究者往往用多个不同的问题来测量一个人的意见。这些不同的问题构成了所谓的测度项，它们代表一个变量的不同方面。主成分分析法被用来对这些变量进行降维处理，使它们“浓缩”为一个变量，称为因子。

在用主成分分析法进行因子求解时，我们最多可以得到与测度项个数一样多的因子。如果保留所有的因子，就起不到降维的目的了。但是我们知道因子的大小排列，我们可以对它们进行舍取。哪有那么多小的因子需要舍弃呢？在一般的行为研究中，我们常常用到的判断方法有两个：特征根大于 1 法与碎石坡法。

因为因子中的信息可以用特征根来表示，所以我们有特征根大于 1 这个规则。如果一个因子的特征根大于 1 就保留，否则抛弃。这个规则，虽然简单易用，却只是一个经验法则，没有明确的统计检验。不幸的是，统计检验的方法在实际中并不比这个经验法则更有效(Gorsuch,1983)。所以这个经验法则至今仍是最常用的法则。作为一个经验法则，它不总是正确的。它会高估或者低估实际的因子个数。它的适用范围是 20 到 40 个的测度项，每个理论因子对应 3 到 5 个测度项，并且样本量是大的(3100)。

14.6.1 碎石坡法

碎石坡法是一种看图方法。如果我们以因子的次序为 X 轴、以特征根大小为 Y 轴，我们可以把特征根随因子的变化画在一个坐标上，因子特征根呈下降趋势。这个趋势线的头部快速下降，而尾部则变得平坦。从尾部开始逆向对尾部画一条回归线，远高于回归线的点代表主要的因子，回归线两旁的点代表次要因子。但是碎石坡法往往高估因子的个数。这种方法相对于第一种方法更不可靠，所以在实际研究中一般不用。

抛弃小因子、保留大因子之后，降维的目的就达到了。

14.6.2 折叠问题

在对社会调查数据进行分析时，除了把相关的问题综合成因子并保留大的因子，研究者往往还需要对因子与测度项之间的关系进行检验，以确保每一个主要的因子(主成分)对应于一组意义相关的测度项。为了更清楚的展现因子与测度项之间的关系，研究者需要进行因子旋转。常见的旋转方法是 VARIMAX 旋转。旋转之后，如果一个测度项与对应的因子的相关度很高(> 0.5)就被认为是可以接受的。如果一个测度项与一个不对应的因子的相关度过高(> 0.4)，则是不可接受的，这样的测度项可能需要修改或淘汰。用主成分分析法得到因子，并用因子旋转分析测度项与因子关系的过程往往被称为探索性因子分析。在探索性因子分析被接受之后，研究者可以对这些因子之间的关系进行进一步测试，比如用结构方程分析来做假设检验。

问题提出主成分分析是一种降维的方法，便于分析问题，在诸多领域中都有广泛的应用。但有些教科书与论文使用主成分分析时，出现了一些错误与不足，不能解决实际问题。如一些多元统计分析的教材中，用协方差矩阵的主成分分析出现了如下错误与不足：

(1)没有明确和判断该数据降维的条件是否成立。

(2)主成分系数的平方和不为 1。

(3)没有明确和判断所用数据是否适合作单独的主成分分析。

(4)选取的主成分对原始变量没有代表性。以下从相关性等理论与结果上依次解决上述问题，并给出相应建议。

14.6.3 主成分分析法和层次分析法异同

14.6.3.1 基于相关性分析的指标筛选原理

两个指标之间的相关系数，反映了两个指标之间的相关性。相关系数越大，两个指标反映的信息相关性就越高。而为了使评价指标体系简洁有效，就需要避免指标反映信息重复。通过计算同一准则层中各个评价指标之间的相关系数，删除相关系数较大的指标，避免了评价指标所反映的信息重复。通过相关性分析，简化了指标体系，保证了指标体系的简洁有效。

14.6.3.2 基于主成分分析的指标筛选原理

(1)因子载荷的原理

通过对剩余多个指标进行主成分分析，得到每个指标的因子载荷。因子载荷的绝对值小于等于 1，而绝对值越是趋向于 1，指标对评价结果越重要。

(2)基于主成分分析的指标筛选原理

因子载荷反映指标对评价结果的影响程度，因子载荷绝对值越大表示指标对评价结果越重要，越应该保留;反之，越应该删除。通过对相关性分析筛选后的指标进行主成分分析，得到每个指标的因子载荷，从而删除因子载荷小的指标，保证筛选出重要的指标。

14.6.3.3 相关性分析和主成分分析相同点

(1)基于相关性分析的指标筛选和基于主成分分析的指标筛选，均是在准则层内进行指标的筛选处理，准则层之间不进行筛选。这种做法的原因是，通过人为地划分不同准则层，反映评价事物不同层面的状况，避免误删反应信息不同的重要指标。

(2)基于相关性分析的指标筛选和基于主成分分析的指标筛选的思路，均是筛选出少量具有代表性的指标。

14.6.3.4 相关性分析和主成分分析不同点

(1)两次筛选的目的不同：基于相关性分析的指标筛选的目的是删除反应信息冗余的评价指标。基于主成分分析的指标筛选的目的是删除对评价结果影响较小的评价指标[2]。

(2)两次筛选的作用不同：基于相关性分析的指标筛选的作用是保证蹄选出的评价指标体系简洁明快。基于主成分分析的指标简选的目的是筛选出重要的指标。

第八章 R 语言实现关联规则

关联规则最初提出的动机是针对购物篮分析(Market Basket Analysis)问题提出的。为回答该问题，可以对商店的顾客事物零售数量进行购物篮分析。该过程通过发现顾客放入"购物篮"中的不同商品之间的关联，分析顾客的购物习惯。这种关联的发现可以帮助零售商了解哪些商品频繁的被顾客同时购买，从而帮助他们开发更好的营销策略。本章学习用 R 软件实现关联规则并处理现实中的问题。

实验 15 关联规则挖掘及 R 语言实现

15.1 实验目的

1．熟练掌握用 R 语言进行关联规则挖掘；
2．会用相应的方法解决实际问题。

15.2 实验原理

设 $I=\left\{i_1,i_2,\cdots,\ i_m\right\}$ 是项(Item)的集合。记 D 为事务(Transaction)的集合(事物数据库)，事务 T 是项的集合，并且 $T\subseteq I$ 。

设 A 是 I 中一个项集，如果 $A\subseteq I$ ，那么称事物 T 包含 A。有一下几种定义：

(1)关联规则是形如 $A\to B$ 的蕴涵式，这里 $A\subseteq I$ ，$B\subseteq I$ ，并且 $A\cap B=\Phi$ 。

(2)规则的支持度：规则 $A\to B$ 在数据库 D 中具有支持度 S，表示 S 是 D 中事物同时包含 AB 的百分比，它是概率 *P(AB)*，即：

$$S\left(A\to B\right)=P(AB)=\frac{|AB|}{|D|}$$

其中，$|\square|$表示□中事务的个数。

(3)规则的可信度：规则 $A\to B$ 具有可信度 C，表示 C 是包含 A 项集的同时也包含 B 项集，相对于包含 A 项集的百分比，这是条件概率 P(B|A)，即：

$$C\left(A\to B\right)=P(B\mid A)=\frac{|AB|}{|A|}$$

(4)阈值：在事物数据库中找出有用的关联规则，需要由用户确定两份阈值：最小支持度(min_sup)和最小可信度(min_conf)。

(5)项的集合称为项集(Itemset)，包含 k 个项的项集称为 k-项集。如果项集满足最小支持度，则它称为频繁项集(FrequentItemset)。

(6)同时满足最小支持度(min_sup)和最小可信度(min_conf)的规则称为关联规则，即

$$S\left(A\to B\right)>\min\_\sup\ \text{且}\ C\left(A\to B\right)>\min\_\text{conf}$$

成立时，也可以称为强关联规则。

15.3 实验过程

关联规则(AssociationRules)是无监督的机器学习方法，用于知识发现，而非预测。

关联规则的学习器(learner)无需事先对训练数据进行打标签，因为无监督学习没有训练这个步骤。缺点是很难对关联规则学习器进行模型评估，一般都可以通过肉眼观测结果是否合理。

关联规则主要用来发现有意义的模式，最经典的应用是购物篮分析，当然其他类似于购物篮交易数据的案例也可以应用关联规则进行模式发现，如电影推荐、约会网站或者药物间的相互副作用。

在 R 中要实现关联规则挖掘可以使用 apriori()，但使用之前要加载 arules 包，以下以 R 自带的数

据 Groceries 演示关联规则挖掘的过程。

(1)首先加载 arules 程序包(要确保已安装该程序包)：

```
> library(Matrix)#先加载此包
> library(arules)
```

(2)调用数据文件：

```
> data(Groceries)
```

(3)求频繁项集：

```
> frequentsets = eclat(Groceries,parameter = list(support = 0.05,maxlen = 10))
> inspect(frequentsets[1:10])#察看求得的频繁项集
> inspect(sort(frequentsets,by = "support")[1:10])
#根据支持度对求得的频繁项集排序并察看(等价于 inspect(sort(frequentsets)[1:10])
```

运行结果：

```
   items              support
4 {whole milk}        0.25551601
5 {other vegetables} 0.19349263
6 {rolls/buns}        0.18393493
8 {soda}              0.17437722
7 {yogurt}            0.13950178
11 {bottled water}    0.11052364
9 {root vegetables}   0.10899847
10 {tropical fruit}   0.10493137
13 {shopping bags}    0.09852567
12 {sausage}          0.09395018
```

(4)求关联规则：

```
> rules = apriori(Groceries,parameter = list(support = 0.01,confidence = 0.01))
> summary(rules)#察看求得的关联规则之摘要
```

运行结果：

```
set of 610 rules

rule length distribution (lhs + rhs):sizes
  1   2   3
 88 426 96

   Min. 1st Qu. Median    Mean 3rd Qu.    Max.
  1.000   2.000   2.000   2.013   2.000   3.000

summary of quality measures:
    support             confidence          lift
 Min.    :0.01007   Min.    :0.01027   Min.    :0.7899
 1st Qu.:0.01159   1st Qu.:0.08892   1st Qu.:1.1494
 Median :0.01464   Median :0.15901   Median :1.4905
 Mean    :0.02138   Mean    :0.19096   Mean    :1.5578
 3rd Qu.:0.02227   3rd Qu.:0.26185   3rd Qu.:1.8338
```

Max. :0.25552 Max. :0.58621 Max. :3.3723

mining info:
 data ntransactions support confidence
 Groceries 9835 0.01 0.01

(5)求所需要的关联规则子集：

> x = subset(rules,subset = rhs%in%"wholemilk"&lift> = 1.2)
> inspect(sort(x,by = "support")[1:5])#根据支持度对求得的关联规则子集排序并察看

结果：

lhs rhs support confidence lift
1 {other vegetables} => {whole milk} 0.07483477 0.3867578 1.513634
2 {rolls/buns} => {whole milk} 0.05663447 0.3079049 1.205032
3 {yogurt} => {whole milk} 0.05602440 0.4016035 1.571735
4 {root vegetables} => {whole milk} 0.04890696 0.4486940 1.756031
5 {tropical fruit} => {whole milk} 0.04229792 0.4031008 1.577595

15.4 实验练习

1．考虑表 15.1 中显示的数据集。

表 15.1 购物篮事务例子

顾客 ID	事务 ID	购买项
1	0001	{a,d,e}
1	0024	{a,b,c,e}
2	0012	{a,b,d,e}
2	0031	{a,c,d,e}
3	0015	{b,c,e}
3	0022	{b,d,e}
4	0029	{c,d}
4	0040	{a,b,c}
5	0033	{a,d,e}
5	0038	{a,b,e}

(1)将事务 ID 视为一个购物篮，计算项集{e}，{b,d}和{b,d,e}的支持度。

(2)使用（1）的计算结果，计算关联规则{b,d}→{e}和{e}→{b,d}的置信度。

(3)将每个顾客 ID 作为购物篮，重复（1）。应当将每个项看作是一个二元变量（如果一个项在顾客的购买事务中至少出现一次，则为 1；否则，为 0）。

(4)使用（3）的计算结果，计算关联规则{b,d}→{e}和{e}→{b,d}的置信度。

2．考虑表 15.2 中显示的购物篮事务。

(1)从这些数据中，能够提取出的关联规则的最大数量是多少（包括零支持度的规则）？

(2)能够提取的频繁项集的最大长度是多少（假定最小支持度>0）？

(3)写出从该数据集中能够提取的 3-项集的最大数量的表达式。

(4)找出一个具有最大支持度的项集（长度为 2 或更大）。

(5)找出一对项 a 和 b，使得规则{a}→{b}和{b}→{a}具有相同的置信度。

表 15.2 购物篮事务

事务 ID	购买项
1	{牛奶，啤酒，尿布}
2	{面包，黄油，牛奶}
3	{牛奶，尿布，饼干}
4	{面包，黄油，饼干}
5	{啤酒，饼干，尿布}
6	{牛奶，尿布，饼干，黄油}
7	{面包，黄油，尿布}
8	{啤酒，尿布}
9	{牛奶，尿布，面包，黄油}
10	{啤酒，饼干}

3．考虑下面的频繁 3-项集的集合：

{1,2,3}，{1,2,4}，{1,2,5}，{1,3,4}，{1,3,5}，{2,3,4}，{2,3,5}，{3,4,5}

假定数据集中只有 5 个项。

(1)列出采用 $F_{kl1} \times F_1$ 合并策略，由候选产生过程得到的所有候选 4-项集。

(2)列出由 Apriori 算法的候选产生过程得到的所有候选 4-项集。

(3)列出 Apriori 算法候选剪枝步骤后剩下的所有候选 4-项集。

4．Apriori 算法使用产生-计数的策略找出频繁项集。通过合并一对大小为 k 的频繁项集得到一个大小为 k+1 的候选项集（称作候选产生步骤）。在候选项集剪枝步骤中，如果一个候选项集的任何一个子集是不频繁的，则该候选项集将被丢弃。假定将 Apriori 算法用于下列表中的数据，最小支持度为 30%，即任何一个项集在少于 3 个事务中出现就被认为是非频繁的。

事务 ID	购买项
1	{a,b,d,e}
2	{b,c,d}
3	{a,b,d,e}
4	{a,c,d,e}
5	{b,c,d,e}
6	{b,d,e}
7	{c,d}
8	{a,b,c}
9	{a,d,e}
10	{b,d}

(1)频繁项集的百分比是多少？（考虑格中所有项集）

(2)对于该数据集，Apriori 算法的剪枝率是多少？（剪枝率定义为由于如下原因不认为是候选的项集所占的百分比：在候选项集产生时未被产生，后再候选剪枝步骤被丢掉。）

(3)假警告率是多少？（假警告率是指经过支持度计算后被发现是非频繁的候选项集所占的百分比。）

5．考虑下面的候选 3-项集的集合：{1,2,3}，{1,2,6}，{1,3,4}，{2,3,4}，{2,4,5}，{3,4,6}，{4,5,6}。

构造以上候选 3-项集的 Hash 树。假定 Hash 树使用这样一个 Hash 函数：所有的奇数项都被散列到结点的左子女，所有偶数项都被散列到结点的右子女。一个候选 k-项集按如下方法插入到 Hash 树中：散列候选项集中的每个相继项，然后再按照散列值到相应的分支，一旦到达叶结点，候选项集将按照小面的条件插入。

条件 1：如果该叶结点的深度等于 k（假定根结点的深度为 0），则不管该结点已经存储了多少个项集，将该候选插入该结点。

条件 2：如果该叶结点的深度小于 k，则只要该结点存储的项集不超过 maxsize，就把它插入到该叶结点。这里，假定 maxsize 为 2.

条件 3：如果该叶结点的深度小于 k 且该结点已存储的项集数量等于 maxsize，则这个叶结点转变为内部结点，并创建新的叶结点作为老的叶结点的子女。先前老叶结点中存放的候选项集按照散列值分布到其子女中。新的候选项集也按照散列值存储到相应的叶结点。

6. 传统的关联规则挖掘方法使用支持度和置信度度量来剪裁没有兴趣的规则。使用表 15.3 中的事务数据，绘制下面每个规则对应的相依表。

规则：{b}→{a}，{a}→{d}，{b}→{d}，{e}→{c}，{c}→{a}

表 15.3 事务数据

事务 ID	购买项
1	{a,b,d,e}
2	{b,c,d}
3	{a,b,d,e}
4	{a,c,d,e}
5	{b,c,d,e}
6	{b,d,e}
7	{c,d}
8	{a,b,c}
9	{a,d,e}
10	{b,d}

7. 考虑表 15.4 所示交通事故数据。

(1)给出数据集的二元化版本。

(2)在二元化数据中，每个事务的最大宽度是多少？

(3)假定支持度阈值是 30%，将产生多少候选和频繁项集？

(4)创建一个数据集，只包含如下非对称二元属性：(天气条件=坏，驾驶员状态=饮酒，交通违章=是，安全带=无，损坏程度=较大)。对于交通违章，无违章取值 0，其余情况属性值均为 1。假定支持度阈值是 30%，将产生多少候选和频繁项？

(5)比较（3）和（4）产生的候选和频繁项集的数量。

表 15.4 交通事故数据

天气条件	驾驶员状态	交通违章	安全带	损毁程度
好	饮酒	超速	无	较大
坏	清醒	无	有	较小
好	清醒	不遵守停车指示	有	较小
好	清醒	超速	有	较大
坏	清醒	不遵守交通信号	无	较大
好	饮酒	不遵守停车指示	有	较小
坏	饮酒	无	有	较大
好	清醒	不遵守交通信号	有	较大
好	饮酒	无	无	较大
坏	清醒	不遵守交通信号	无	较大
好	饮酒	超速	有	较大
坏	清醒	不遵守停车指示	有	较小

8．考虑如表 15.5 数据集。假定对数据集的连续属性使用如下离散化策略。

表 15.5 温度与气压的关系数据

TID	温度	气压	警报 1	警报 2	警报 3
1	95	1105	0	0	1
2	85	1040	1	1	0
3	103	1090	1	1	1
4	97	1084	1	0	0
5	80	1038	0	1	1
6	100	1080	1	1	0
7	83	1025	1	0	1
8	86	1030	1	0	0
9	101	1100	1	1	1

D1：将每个连续属性的值域划分成 3 个等宽的箱。

D2：将每个连续属性的值域划分成 3 个箱，每个箱包含的事务个数相同。

对于每种策略，回答如下问题：

Ⅰ．构造数据集的二元化版本。

Ⅱ．导出支持度大于或等于 30%的所有频繁项集。

9．考虑表 15.6 所示数据集。第一个属性是连续的，而其余两个属性是非对称二元的。一个规则是强规则，如果它的支持度超过 15%且置信度超过 60%。下表给出的数据支持如下两个规则。

表 15.6 连续属性数据

A	B	C
1	1	1
2	1	1
3	1	0
4	1	0
5	1	1
6	0	1
7	0	0
8	1	1
9	0	0
10	0	0
11	0	0
12	0	1

（i）$\{(1 \le A \le 2), B = 1\} \to \{C = 1\}$ }

（ii）$(5\,5 \le A \le 8), B = 1\} \to \{C = 1\}$

计算这两个规则的支持度和置信度。

15.5 扩展阅读

(1)Vijay Kotu; Bala Deshpande, Predictive Analytics and Data Mining（理论）

(2)Brett Lantz, Machine Learning with R （案例：购物篮）

(3)Nina Zumel and John Mount, Practical Data Science with R （案例：其他）

(4)Modeling Techniques in Predictive Analytics （案例：购物篮）

(5)http://michael.hahsler.net/SMU/EMIS7332/ （理论和案例）

15.5.1 分类

15.5.1.1 基于规则中处理的变量的类别

关联规则处理的变量可以分为布尔型和数值型。布尔型关联规则处理的值都是离散的、种类化的，它显示了这些变量之间的关系；而数值型关联规则可以和多维关联或多层关联规则结合起来，对数值型字段进行处理，将其进行动态的分割，或者直接对原始的数据进行处理，当然数值型关联规则中也可以包含种类变量。例如：性别 ="女"=> 职业 ="秘书"，是布尔型关联规则；性别 ="女"=>avg(收入)=2300，涉及的收入是数值类型，所以是一个数值型关联规则。

15.5.1.2 基于规则中数据的抽象层次

基于规则中数据的抽象层次，可以分为单层关联规则和多层关联规则。在单层的关联规则中，所有的变量都没有考虑到现实的数据是具有多个不同的层次的；而在多层的关联规则中，对数据的多层性已经进行了充分的考虑。例如：IBM 台式机 => Sony 打印机，是一个细节数据上的单层关联规则；台式机 => Sony 打印机，是一个较高层次和细节层次之间的多层关联规则。

15.5.1.3 基于规则中涉及到的数据的维数

关联规则中的数据，可以分为单维的和多维的。在单维的关联规则中，我们只涉及到数据的一个维，如用户购买的物品；而在多维的关联规则中，要处理的数据将会涉及多个维。换成另一句话，单维关联规则是处理单个属性中的一些关系;多维关联规则是处理各个属性之间的某些关系。例如:啤酒 => 尿布，这条规则只涉及到用户的购买的物品;性别 ="女"=> 职业 ="秘书"，这条规则就涉及到两个字段的信息，是两个维上的一条关联规则。

15.5.2 相关算法

15.5.2.1 Apriori 算法

Apriori 算法：使用候选项集找频繁项集。

Apriori 算法是一种最有影响的挖掘布尔关联规则频繁项集的算法。其核心是基于两阶段频集思想的递推算法。该关联规则在分类上属于单维、单层、布尔关联规则。在这里，所有支持度大于最小支持度的项集称为频繁项集，简称频集。

该算法的基本思想是：首先找出所有的频集，这些项集出现的频繁性至少和预定义的最小支持度一样。然后由频集产生强关联规则，这些规则必须满足最小支持度和最小可信度。然后使用第 1 步找到的频集产生期望的规则，产生只包含集合的项的所有规则，其中每一条规则的右部只有一项，这里采用的是中规则的定义。一旦这些规则被生成，那么只有那些大于用户给定的最小可信度的规则才被留下来。为了生成所有频集，使用了递推的方法。

Apriori 算法采用了逐层搜索的迭代的方法，算法简单明了，没有复杂的理论推导，也易于实现。但其有一些难以克服的缺点：

对数据库的扫描次数过多。

Apriori 算法会产生大量的中间项集。

采用唯一支持度。

算法的适应面窄。

15.5.2.2 基于划分的算法

Savasere 等设计了一个基于划分的算法。这个算法先把数据库从逻辑上分成几个互不相交的块，每次单独考虑一个分块并对它生成所有的频集，然后把产生的频集合并，用来生成所有可能的频集，最后计算这些项集的支持度。这里分块的大小选择要使得每个分块可以被放入主存，每个阶段只需被扫描一次。而算法的正确性是由每一个可能的频集至少在某一个分块中是频集保证的。该算法是可以高度并行的，可以把每一分块分别分配给某一个处理器生成频集。产生频集的每一个循环结束后，处理器之间进行通信来产生全局的候选 k-项集。通常这里的通信过程是算法执行时间的主要瓶颈；而另一方面，每个独立的处理器生成频集的时间也是一个瓶颈。

15.5.2.3 FP-树频集算法

针对 Apriori 算法的固有缺陷，J.Han 等提出了不产生候选挖掘频繁项集的方法:FP-树频集算法。采用分而治之的策略，在经过第一遍扫描之后，把数据库中的频集压缩进一棵频繁模式树(FP-tree)，同时依然保留其中的关联信息，随后再将 FP-tree 分化成一些条件库，每个库和一个长度为 1 的频集相关，然后再对这些条件库分别进行挖掘。当原始数据量很大的时候，也可以结合划分的方法,使得一个 FP-tree 可以放入主存中。实验表明，FP-growth 对不同长度的规则都有很好的适应性，同时在效率上较之 Apriori 算法有巨大的提高。

15.5.3 应用

关联规则挖掘技术已经被广泛应用在西方金融行业企业中，它可以成功预测银行客户需求。一旦获得了这些信息，银行就可以改善自身营销。银行天天都在开发新的沟通客户的方法。各银行在自己的 ATM 机上就捆绑了顾客可能感兴趣的本行产品信息，供使用本行 ATM 机的用户了解。如果数据库中显示，某个高信用限额的客户更换了地址，这个客户很有可能新近购买了一栋更大的住宅，因此会有可能需要更高信用限额，更高端的新信用卡，或者需要一个住房改善贷款，这些产品都可以通过信用卡账单邮寄给客户。当客户打电话咨询的时候，数据库可以有力地帮助电话销售代表。销售代表的电脑屏幕上可以显示出客户的特点，同时也可以显示出顾客会对什么产品感兴趣。

再比如市场的数据，它不仅十分庞大、复杂，而且包含着许多有用信息。随着数据挖掘技术的发展以及各种数据挖掘方法的应用，从大型超市数据库中可以发现一些潜在的、有用的、有价值的信息来，从而应用于超级市场的经营。通过对所积累的销售数据的分析，可以得出各种商品的销售信息。从而更合理地制定各种商品的定货情况，对各种商品的库存进行合理地控制。另外根据各种商品销售的相关情况，可分析商品的销售关联性，从而可以进行商品的货篮分析和组合管理，以更加有利于商品销售。

同时，一些知名的电子商务站点也从强大的关联规则挖掘中的受益。这些电子购物网站使用关联规则中规则进行挖掘，然后设置用户有意要一起购买的捆绑包。也有一些购物网站使用它们设置相应的交叉销售，也就是购买某种商品的顾客会看到相关的另外一种商品的广告。

但是在我国，“数据海量，信息缺乏”是商业银行在数据大集中之后普遍所面对的尴尬。金融业实施的大多数数据库只能实现数据的录入、查询、统计等较低层次的功能，却无法发现数据中存在的各种有用的信息，譬如对这些数据进行分析，发现其数据模式及特征，然后可能发现某个客户、消费群体或组织的金融和商业兴趣，并可观察金融市场的变化趋势。可以说，关联规则挖掘的技术在我国的研究与应用并不是很广泛深入。

15.5.4 研究

由于许多应用问题往往比超市购买问题更复杂，大量研究从不同的角度对关联规则做了扩展，将更多的因素集成到关联规则挖掘方法之中，以此丰富关联规则的应用领域，拓宽支持管理决策的范围。如考虑属性之间的类别层次关系，时态关系，多表挖掘等。围绕关联规则的研究主要集中于两个方面，即扩展经典关联规则能够解决问题的范围，改善经典关联规则挖掘算法效率和规则兴趣性。

第九章 综合性实验

实验 16 综合性试验实验

16.1 实验目标

1.掌握用 R 语言结合数据分析原理解决实际问题的方法。

16.2 实验过程

本次实验选择一个案例来介绍 R 语言如何解决实际问题。

16.2.1 案例

客户回复预测与效益最大化(本案例选自 KDD Cup 1998 年的竞赛题)

目标：估计一个直邮的回复量，以便获得最大的捐款额。为了提高募捐的效率，用 R 为工具创建决策树并基于客户的地理位置和推广历史来建立捐款模型，从而达到优化客户选择。

16.2.2 数据说明

学习数据集：cup98LRN.txt，包含 95412 条记录，481 个字段；

验证数据集：cup98VAL.txt，包含 96367 条记录，478 个字段；

每一条记录都包含一个 CONTROLN 字段，该字段是记录的唯一标识符；

在学习集中有两个目标变量，TARGET_B 和 TARGET_D。TARGET_B 是一个二进制变量，表示当一条记录中的 TARGET_D 变量中有捐款时，该条记录是否对邮件做了回复；

学习数据集和验证数据集的格式相同，但验证数据集中没有 TARGET_B 和 TARGET_D 字段。

16.2.3 使用 R 解决问题

16.2.3.1 查看数据

```
> cup98<-read.csv(“./Rdata/cup98LRN.txt”)
> dim(cup98)
> str(cup98[,1:30])
> head(cup98[,1:30])
> summary(cup98[,1:10])
```

16.2.3.2 查看 TARGET_B 和 TARGET_D 分布的情况

```
(response.percentage <- round(100*prop.table(table(cup98$TARGET_B)),digits=1))
> mylabels <- paste("TARGET_B=", names(response.percentage),"\n",response.percentage,"%",
sep=" ")
> pie(response.percentage,labels=mylabels)
```

16.2.3.3 查看捐款数额大于 0 的记录

```
> cup98pos <- cup98[cup98$TARGET_D> 0,]
> targetPos <- cup98pos$TARGET_D
> summary(targetPos)
> boxplot(targetPos)
```

16.2.3.4 各属性含义

ODATEDW:第一次捐款的日期

OSOURCE：捐款者最初收到的邮件列表

STATE：美国各州缩写

ZIP：邮政编码

PVASTATE：捐款者所在的州是否有募捐者的俱乐部

DOB：出生日期

RECINHSE：房屋文件标识

MDMAUD：捐款者的矩阵码

DOMAIN：域/簇的代码

CLUSTER：捐款者所属的组

16.2.3.5 主要操作

```
> varSet <- c(
 "ODATEDW","OSOURCE","STATE","ZIP","PVASTATE","DOB",
 "RECINHSE","MDMAUD","DOMAIN","CLUSTER","AGE","HOMEOWNR",
 "CHILD03","CHILD07","CHILD12","CHILD18","NUMCHLD",
 "INCOME","GENDER","WEALTH1","HIT",
 "COLLECT1","VETERANS","BIBLE","CATLG","HOMEE","PETS",
 "CDPLAY","STEREO","PCOWNERS","PHOTO","CRAFTS","FISHER",
 "GARDENIN","BOATS","WALKER","KIDSTUFF","CARDS","PLATES",
 "PEPSTRFL",
 "CARDPROM","MAXADATE","NUMPROM","CARDPM12","NUMPRM12",
 "RAMNTALL","NGIFTALL","CARDGIFT","MINRAMNT","MAXRAMNT",
 "LASTGIFT","LASTDATE","FISTDATE","TIMELAG","AVGGIFT",
 "CONTROLN","TARGET_B","TARGET_D","TARGET_D2","PHONE_D",
 "RFA_2F","RFA_2A","MDMAUD_R","MDMAUD_F","MDMAUD_A",
 "CLUSTER2","GEOCODE2")
> Cup98 <- cup98[,varSet]
> idx.num <- which(sapply(cup98,is.numeric))
> layout(matrix(c(1,2),1,2))
> myHist <- function(x){
 hist(cup98[,x],main=NULL,xlab=x)
 }
> sapply(names(idx.num[4:5]),myHist)
> layout(matrix(1))
> layout(matrix(c(1,2),1,2))
> boxplot(cup98$HIT)
> cup98$HIT[cup98$HIT> 200]
> boxplot(cup98$HIT[cup98$HIT> 200])
> AGE2 <- cut(cup98pos$AGE,rigth=F,breaks=seq(0,100,by=5))
> boxplot(cup98pos$TARGET_D~AGE2,ylim=c(0,40),las=3)
> attach(cup98pos)
> layout(matrix(c(1,2),1,2))
```

```
> boxplot(TARGET_D~GENDER,ylim=c(0,80))
> plot(density(TARGET_D[GENDER=="F"]),xlim=c(0,60),col=1,lty=1)
> lines(density(TARGET_D[GENDER=="M"]),col=2,lty=2)
> lines(density(TARGET_D[GENDER=="J"]),col=3,lty=3)
> legend("topright",c("Femal","Male","Joint account"),col=1:3,lty=1:3)
> correlation <- cor(cup98$TARGET_D,cup98[,idx.num],use="pairwise.complete.obs")
> correlation <- abs(correlation)
> (correlation <- correlation[,order(correlation,decreasing=T)])
> write.csv(correlation,"absolute_correlation.csv")
> cor(cup98[,idx.num])
> pairs(cup98)
> color <- ifelse(cup98$TARGET_D> 0,"blue","black")
> pch <- ifelse(cup98$TARGET_D> 0,"",".")
> plot(jitter(cup98$AGE),jitter(cup98$HIT),pch=pch,col=color,cex=0.7,ylim=c(0,70),
  xlab="AGE",ylab="HIT")
> legend("topleft",c("TARGET_D> 0","TARGET_D=0"),col=c("blue","black"),pch=c("+","."))
```

结果：

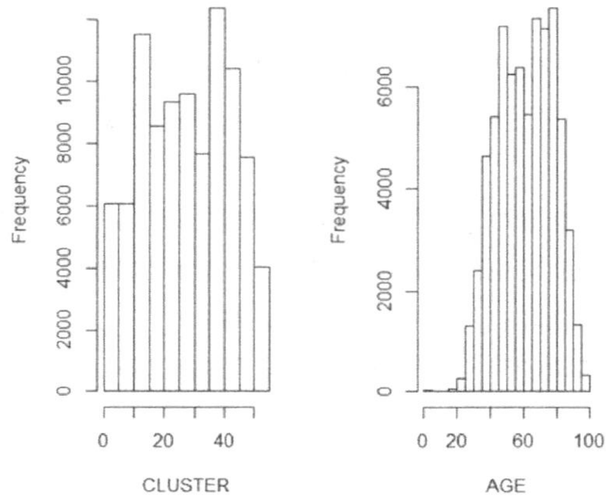

图 16. 1

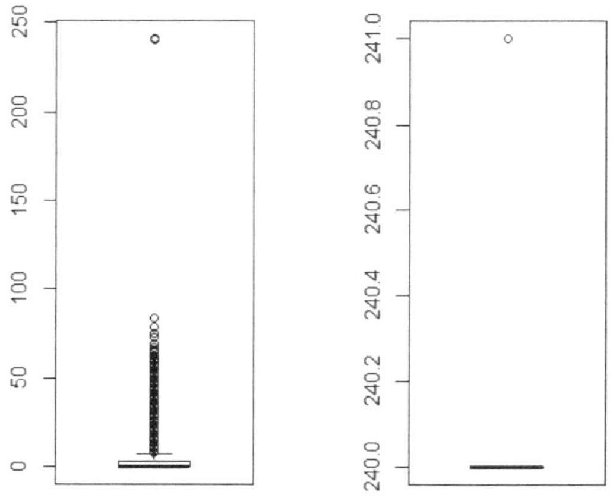

图 16. 2

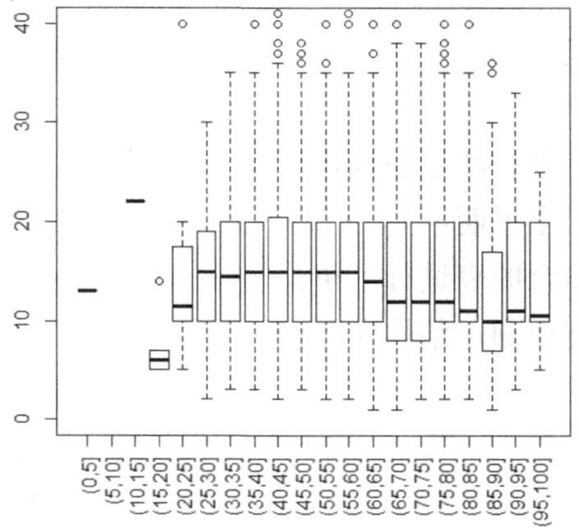

图 16.3

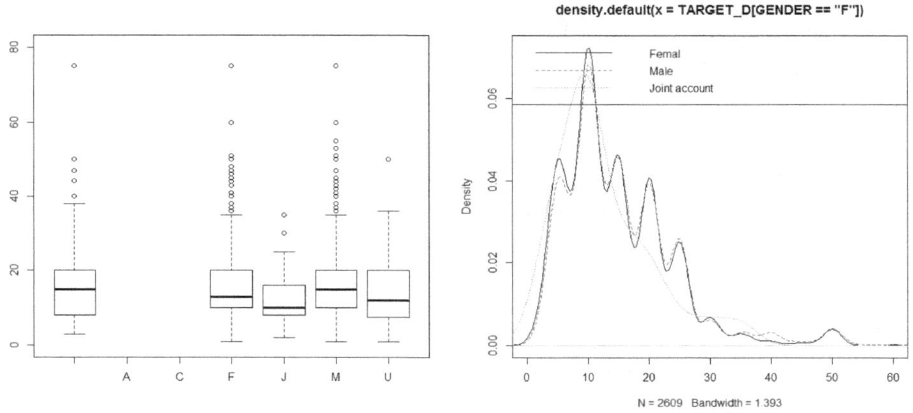

(a) (b)

图 16.4

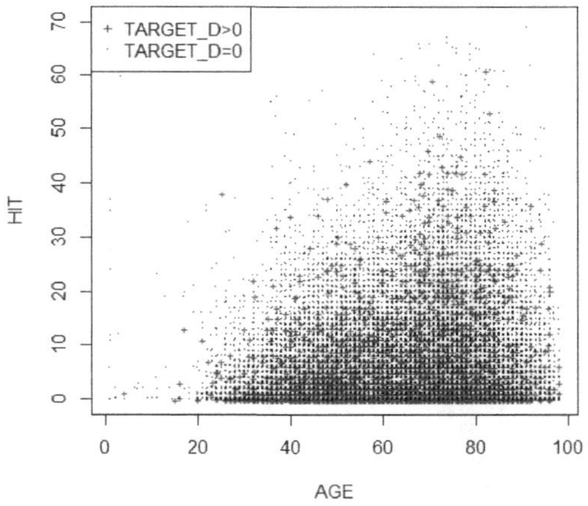

图 16.5

16.3 实验练习

对本实验指导书的实验十三中的习题：Titanic 号的生存人群分析，可以用关联规则分析，也可以使用判别分析和聚类分析进行处理。

要求：

1．使用综合实验报告格式；

2．要把问题先描述清楚；

3．针对你所采用的方法，把方法原理描述清楚；

4．要有详细代码，最好附上说明；

5．要有结果的分析，要结合图表进行分析；

6．报告排版要规范，语言通顺，结构完整。